电商精英系列教程

网店推广
店铺内功

淘宝大学 编著

電子工業出版社
Publishing House of Electronics Industry
北京•BEIJING

内 容 简 介

本系列丛书由淘宝网组织编写，将淘宝网第一本网店运营专才教程化整为零，得出网店运营细分门类：美工、客服、推广、数据化营销、流程化管理等，以满足日新月异的电子商务人才发展需求，也给各培训机构，职业院校作为教材使用，同时满足部分学员自学的需求。本系列丛书出版后受到读者的热烈欢迎。

本书深度讲解网店推广知识，主要包括精确定位、内页设计、活动策划、免费流量、数据分析等内容，其间穿插实用的案例。希望读者经过学习，迅速掌握以较低成本提升网店竞争力的方法和技巧。

本书适合电子商务从业人员和网店一线推广人员。

图书在版编目（CIP）数据

网店推广. 店铺内功 / 淘宝大学编著. —北京：电子工业出版社，2012.7
电商精英系列教程
ISBN 978-7-121-17355-4

Ⅰ. ①网… Ⅱ. ①淘… Ⅲ. ①电子商务－商业经营－中国 Ⅳ. ①F713.36

中国版本图书馆 CIP 数据核字（2012）第 125212 号

策划编辑：林瑞和
责任编辑：徐津平
文字编辑：张丹阳
印　　刷：中国电影出版社印刷厂
装　　订：三河市良远印务有限公司
出版发行：电子工业出版社
　　　　　北京市海淀区万寿路 173 信箱　邮编 100036
开　　本：787×980　1/16　印张：16　字数：352 千字
版　　次：2012 年 7 月第 1 版
印　　次：2017 年 2 月第 14 次印刷
印　　数：40501～41500 册　定价：69.00 元

凡所购买电子工业出版社图书有缺损问题，请向购买书店调换。若书店售缺，请与本社发行部联系，联系及邮购电话：（010）88254888，88258888。

质量投诉请发邮件至 zlts@phei.com.cn，盗版侵权举报请发邮件至 dbqq@phei.com.cn。

本书咨询联系方式：010-51260888-819，faq@phei.com.cn。

序言

可能因为我在公司做市场营销相关的工作，所以我的淘宝大学同事希望我来为本书写序言，我一口答应。可怜他们不知道，我做的这块工作是被马云批评最多的。

做市场，做营销推广，本是一件快乐的事情，因为它需要智慧、创意以及精算师一样的大胆想象和细密论证。于我而言，淘宝网的初创、发展，就是一个快乐的过程。

但是，推广有的时候又是枯燥、重复和辛苦的。你必须对自己产品的优、劣势有非常清晰的了解，对市场需求有明确的判断，对你的客户有换位对待的适应，你是自己，你又必须是别人。或者说，很多时候，你必须用自己未必喜欢的方式去做自己喜欢的事情。

而且，做推广，往往还有理论和实战的对立，投机和取巧的诱惑，发展的现实，结果的压力。市场永远是充满竞争的，竞争从来不温情脉脉，这对于每个人都是极其现实的问题。比如，当淘宝商城独立并改名为天猫之后，我以为我会坚持天猫的旗舰店的品牌调性，但实际上，我经常放行一些以促销为目的的活动。

这也是一种妥协，但是有一点我会坚持：无论何时，市场都是最好的老师。我不断提醒淘宝大学的同事们，千万不要以高高在上的专家或导师的面孔出现。其实，广大电商行业的弄潮儿才是我们的老师，是传道解惑的源头活水。淘宝大学要做的，就是建设一个总结教训、分享经验的平台，让大家不再犯同样的错误，能分享实在的经验。

这套书正是如此。

最后祝大家开心快乐，并恭祝各位发财。

阿里巴巴集团 首席市场官 王帅

2012 年 6 月

前言

店内推广是本书的重点，所占的篇幅也是最大的，这是因为店铺内功是基础，留客工作做不好，即便拉来顾客也不会产生成交。建议各位商家在做网店推广时也把大部分的时间和精力放在店内推广上。

店外推广是在店内推广的基础上，直接使店铺业绩翻番的工作。相对店内推广来说，店外推广的执行难度低了很多，但是它是把网店做大、做强的唯一选择。

本系列丛书一共有三本，从店铺内功、店外引流、创新案例三个大的方向分别展开。本书通过 5 章来阐述店铺内功：第 1 章主要讲解店铺定位，由刘霁瑶老师编写；第 2 章介绍页面优化，由江海榆和蔡同超两位老师共同编写；第 3 章介绍店内活动的策划与执行，由杨翊逸老师编写；第 4 章讲解流量优化的技巧，由石林老师撰写；第 5 章介绍数据分析，由李超杰老师编写。

一个网店的健康与否，只要关注两个信息，一个是转化量，一个是流量。有了健康的转化量做基础，我们引进店铺的流量才能最终变成销量，第 1 ～ 3 章的内容都是为了店铺的转化量而服务的，第 4 章介绍流量优化是在店铺转化量做到一定程度的基础上让流量倍增，是让店铺做大的唯一选择。

创业是艰难的，就业是辛苦的。阿里巴巴集团创始人马云先生曾说过这样一段话，“今天很残酷，明天很残酷，后天很美好；但大部分人死在明天的晚上，看不到后天早晨的太阳。”再好的理论，再精妙的实战经验，你吸收了但是不去做，那连明天的太阳你都看不到；

你去做了，遇到些小苦难就没有坚持下去，那你就不可能看到后天的太阳。

网络世界的发展是很快的，淘宝网也天天在发生着变化，很多人因为不适应各种各样的变化而被淘汰。马云先生曾经这样说过阿里巴巴和淘宝网的变化，“在阿里巴巴公司的文化里有一条非常重要的价值观：拥抱变化！我们认为，除了我们的梦想之外，唯一不变的是变化！这是个高速变化的世界，我们的产业在变，我们的环境在变，我们自己在变，我们的对手也在变……我们周围的一切全在变化之中！面对各种无法控制的变化，真正的创业者必须懂得用乐观和主动的心态去拥抱变化！当然变化往往是痛苦的，但机会却在适应变化的痛苦中获得。我们阿里巴巴在过去的七年里和我本人近十年的创业经验告诉我，懂得去了解变化、适应变化的人很容易成功！而真正的高手还在于制造变化，在变化来临之前变化自己！”

赢在执行——可以让你度过今天。

胜在坚持——可以让你挺过明天。

拥抱变化——可以让你沐浴后天幸福的阳光。

在写作的过程中，感谢淘宝大学讲师兄弟姐妹的帮助，淘大小二的支持，你们的健康、快乐就是我们最大的幸福。

蔡同超

2012 年 6 月

目 录

第 1 章

精准定位，洞察市场，确定方向

何谓定位？定位就是确定某个品牌、店铺、产品在电子商务这个市场中的位置。其本质和最终目的是在现有目标客户群或潜在消费者心里占据有利的位置，在扩散其影响力或提升销量的同时开展营销。

电子商务在市场中的定位正是一个探索和发展的初级阶段，不少商家在定位上有着超前的意识和行动，他们处在了这一市场的前端并且牢牢占据了自有的目标客户群的意识认知。而回过头来仔细品味他们的行为不难发现，定位仅仅是为了满足某一空白或相对空白的理念的一种细分化概念或升级版的产品服务。在经过调研分析、数据拆解、竞争对手解析、目标客户群锁定、确定定位等一系列步骤，定位的思路就会逐渐明确。某食品巨头在2011年大量投资电子商务，但是因为其定位模糊，且没有在竞争对手中找到适合自己的位置，最终导致其3000万元的投资无声无息的消失。

而定位成功的案例在淘宝上也比比皆是，例如，裂帛（女装知名淘品牌）发现，在女装的消费者群体中，大多数人选择日韩或欧美的风格，而对于传统的中国女性，对中国风的原始依赖和穿着理念并没有完全摒弃，是一个相当可观的、空白的细分市场，而在彼时很多卖家都没有充分意识到这一点。当然，仅仅宣传中国风是没有办法传达出这一理念的。在服装的设计上、面料上以及整体色感上，品牌传达的理念无不透露出其中国风的元素。以至于喜欢网购的买家在看到中国风元素的时候会脱口而出，是“裂帛”的吗？不仅如此，在图片的制作、文案的写作上，在产品描述和包装上无不流露出“中国风”这一定位。还记得笔者在2011年底的一次促销中购买裂帛的产品，赠送的是一个Q版中国风老虎的鼠标垫，连赠品和客户感激卡都这样古色古香，定位何其明确。

美国著名营销大师，定位之父艾尔·列斯与杰克·特劳特说：“我们目前已成为一个传播过多的社会，而消费者只能接受有限的信息，消费者抵御这种‘信息爆炸’的最有力的武器就是最小努力法则，即痛恨复杂，喜欢简单。”

面对铺天盖地的产品宣传、层出不穷的促销手段，电子商务是否应该回归产品最原始的本质？人们通常认为，网购第一平台是淘宝；阿芙就是精油；七格格的衣服就是“潮”；枣子还是和田玉枣好；打火机搜索人数最多的还是Zippo……很多淘品牌在无形之中占据了人们的认知意识，并在行为和形态上掌握了他们购买的欲望，形成了营销的核心目的。很多时候，商家选择了由俭入奢的繁复步骤，而那时电子商务正处在中国发展的初期；最终人们还是要回归营销的本质。并且，电子商务已经在不知不觉间进入到了定位和细分的领域，大刀阔斧！以上列举的商家均为淘品牌定位中的杰出代表。

电子商务在国内发展已有十年，从最初几年的摸索阶段，到 2008 年品牌爆发的“品牌年”（2008 年被称为淘品牌年），电子商务整体的大环境已经进入一个分水岭——品牌 & 产品。

房屋租赁成本、人员劳动成本、原材料成本上涨，竞争环境日趋恶劣。很多商家已经不再考虑应该如何度过电子商务的寒冬，更多的则是在思考“如何能够快速而准确的占领市场，确定自己的位置”。而在 2012 年的电子商务市场中，势必有一场“定位”之战。如何在芸芸对手中脱颖而出？如何在传统行业大刀阔斧进驻电商渠道时杀出一条血路？如何在众多细分类目下找到最适合自己产品的位置？

现今经济形势下，越来越多的传统行业将要进入电子商务领域，随着国内外知名品牌不断进入电子商务领域，曾经的蓝海——电商已经慢慢被红色竞争所吞噬。面对淘宝 500 万卖家的争夺战，如何成为不被吃掉的小鱼？

本章着重讲解如何定位市场、定位竞争对手并找到自己店铺的定位，同时希望能在战略定位中给迷茫的卖家以思考和启示。

1.1 市场定位

电子商务市场是一块巨大的蛋糕，如何在市场中寻找适合商家的定位是进入这个领域最重要的一步。在本章中，我们要了解什么是定位及定位对于商家的意义。其次，还要了解对于初涉电商市场或者即将转型的商家来说，定位有着什么样的特殊意义。

1.1.1 定位的概念

定位的概念是，在网购人群中，找到适合他们的位置，并且占据这一位置；而定位的表现形式是，在电子商务市场中，找到适合自己产品、店铺、品牌的位置。

1.1.2 行业定位

市场定位中的行业定位，是在一个整体的大环境下，选择自己的行业。那么在选择行业的过程中，会面临几种情况：首先，传统行业进入电子商务，这样的商家一般不做重新定位，他们在现有的产业链优势的前提下，会选择已有的、成型的行业体系；其次，那些经营了一段时间的公司，想换一个行业，或者再开一个公司，重新进入一个类目的时候，也要做行业的选择，而他们要做一个事情便是要选择一个行业，确定一个行业，这就是行业定位。在行业定位的前提下，普遍会选择三个大的方向：大众化定位也就是无明确定位可言、差异化定位、细分化定位。

1.1.3 大众化定位

大众化的定位，在现今的淘宝还是最常见的一种定位方式，主要的表现形式分为以下4种，如图1-1所示。

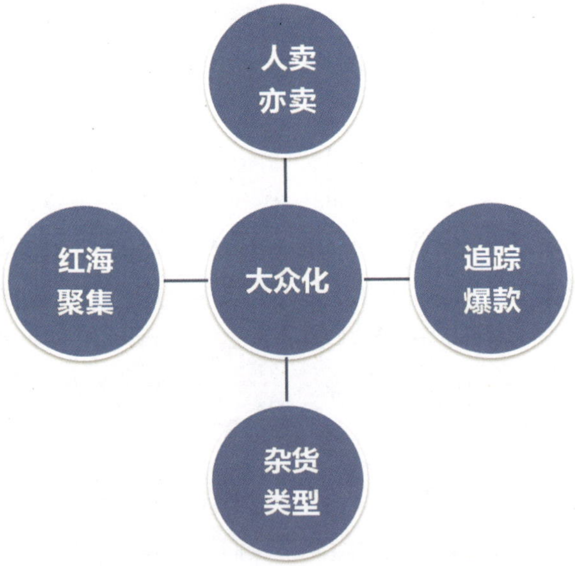

图1-1 大众化定位的4种趋势

1. 人卖亦卖

很多人采用这样的定位方式取决于渠道和行业的限制，如 3C 数码、家居、配饰等一些在设计上无法快速更新换代的产品。或者由于分销、一件代发、厂家销售额限制等因素决定的。很多中小卖家在行业和渠道上无法脱离造就了这样的局面，在短期内，或者在发展初期是无力改变的。

2. 红海聚集

现在的淘宝没有绝对的蓝海，大多数卖家都在红海领域聚集形成集中竞争，寻机蛰伏。诸如大的类目，如女装、化妆品、家居、家纺、3C 配件等类目，更是商家们首先看重的。这样大的类目，市场份额大，有足够的动力驱使商家进驻。所以很多商家、传统行业会前仆后继地涌进来。

3. 杂货类型

这样的商家普遍出现两种情况，一种是先天的，如前面两点人卖亦卖和红海聚集，导致了最终成为一个杂货类型的店铺，产品线很长，没有重点突出的产品。这样的店铺共同面临的一个问题就是资金周转率低，即库存量大。另一种是后天造成的，如一个卖化妆品的 C 店，初始只有 3 款主打产品，后期追加了 5 款产品。本来销量很好，店铺呈现以月度倍增的趋势，但是随着顾客需求的不断增加、对业绩的不断追求，最终店内产品线达到了 102 款。

有时候，面对诱惑和取舍，商家往往是不理智的。得到的越多，反而舍去的更多。

4. 追踪爆款

此类商家为克隆技术的先驱实践者。有着快速的追踪和庞大的复制能力。他们对于热卖品的嗅觉敏锐度处于行业的前端，是这类人中的佼佼者。而爆款的追踪，一般是在爆款周期的发展期或者成熟期才会被捕捉到，所以这类卖家会持续到爆款的衰退期。生命力短暂和后续产品良莠不齐是这类商家的通病。拿来主义，也适用此类商家，一旦对于爆款的把握不准确，或对于渠道的依赖性发生崩盘，往往就失去了核心竞争力。

1.1.4 差异化定位

1. 理念差异

对于同类化或同质化产品，由于产品本身在理念上、文化上的不同，可以造就差异化的定位，如食品类目知名品牌“壳壳果”，如图 1-2 所示，其主打的是新鲜的理念，以快速精准的定位手法迅速占领了市场，和其竞争对手“新农哥”的性价比理念形成了差异化。“壳壳果”在市场中发现，很多线下购买的坚果无法满足消费者对“新鲜”的追求。在基于定位“新鲜”这个理念的前提下，其产品从原材料的采购、生产环节、产品包装、店铺装修完全贯彻这一思路。将“壳壳果”打造成坚果类目中的特色品牌和产品。让消费者充分感受到对产品理念的贯彻，而其售后服务更为这一定位起到了巩固作用。

COCO。NUT™
壳壳果
只提供15天内生产的新鲜坚果
虽然很难！但是我们一直在坚持......

图 1-2 “壳壳果”的定位是“新鲜”的理念

2. 赢利模式差异

赢利模式的差异化可以普遍分为几个导向：批发、低利润、性价比、高利润；或从产品本身的赢利模式分为：设计走质为卖点、批发以量为衡量标准等。

3. 风格差异

从风格定位入手的以服饰类目居多，其中又以服装为主流。将风格与产品的功能性融合也是风格定位的另一分支。“裂帛”以其“中国风”的鲜明定位，在电子商务以“日韩”、“欧美”为主打风格的女装类目中，以迅雷不及掩耳之势占领了市场并占据了 TOP10 的稳定地位。其产品风格鲜明突出，文案和视觉效果严格符合产品的特色，看似小众却掠夺着大众的眼球，是风格差异化定位的不二代表，如图 1-3 所示。

图 1-3 风格差异化定位——女装品牌“裂帛”的中国风

4. 受众人群差异

2011 年，妈妈装、老年装等以中老年服饰为受众人群的服饰占据了女装市场的一席之地，如图 1-4 所示，而大码女装也没有慢慢淡出历史舞台，反而越演越烈。受众人群的差异化已经成为越来越多的商家走定位捷径的一种方式。受众人群的差异化、精准的定位、消费能力的把握、对特殊人群的把握以及对于这类相对空白的市场的探索已经成为定位的一朵奇葩。2012 年，受众人群的差异化会更加明朗，将带领无数商家开辟新的战场。

图 1-4 受众人群差异化——老年装

小结：差异化的 4 种趋势包含理念差异，即创造一种新的理念，区别于其他的竞争对手；赢利模式的差异，即广义的在高溢价和低利润抢占市场；风格差异，即包含了很多种风格，这里大多应用在风格区分较明显的类目上，如女装、男装等；最后是受众人群的差异，而受众人群的差异比较好区分，很多店铺的产品一目了然，所面对的目标客户群的年龄差异很大（具体定位参照本章 1.3.3 节）。如图 1-5 所示。

图 1-5 差异化的 4 种趋势

1.1.5 细分化定位

市场定位，以细分和突出产品卖点为核心，结合电子商务市场，细分成为一种较容易入手且最为精准的定位方式。在淘宝中，会具体落实到类目的细分，如一级类目向二级类目的细分、三级类目的细分、风格的细分、单品的细分等。

1. 一级类目向二级类目扩展

大类目下专做某唯一的二级类目的产品为细分化的第一步，如传统行业的毛毯巨头“真爱”品牌毛毯，在 2011 年对产品线做了一个重大的调整，其中一级类目向二级类目延伸时选择了自己最有优势的核心产品“毛毯”，如图 1-6 所示。将某一类目冲至类目第一，也成为很多对于产品线严苛追求的商家的选择。

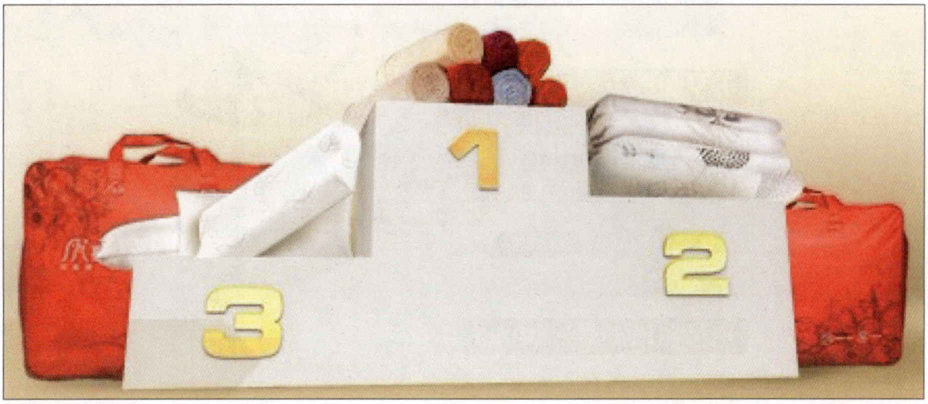

图 1-6 传统行业毛毯品牌“真爱美家”的二级类目定位“毛毯”

和很多传统行业进驻电子商务面临的问题一样，真爱美家在运营初期也存在定位模糊的问题，其在 2011 年下半年开始进行调整，将市场二级类目中的毛毯作为定位切入点，迅速占领市场，单日销量突破 2 万条，成为二级类目定位和调整定位的成功典型。

2. 横纵与纵横

横纵与纵横是细分类目未来的一个趋势，即定位会进入到细分的时代、整合的时代，遵循在整合的基础上继续细分，细分过后继续整合的循环模式。其中，和田玉枣就是这一领域的杰出代表，其单品按照大小进行细分，再进行整合，根据不同的生产时间进行再次细分，年产值过亿元让很多同行艳羡不已。如图 1-7 所示，和田玉枣是按照种类、大小、星级进行细分，同时根据包装和用途的不同进行二次整合营销。对于横纵与纵横（即细分整合和整合细分，产品横向和纵向的细分）的定位细分，和田玉枣是电子商务产品和店铺中杰出的代表。

图 1-7 “和田玉枣”是横纵与纵横定位方式中杰出的代表

3. 细分风格

细分风格在服饰类目中居多，而在其他类目中的表现形式主要为功能性的细分，如男裤品牌“麻吉”，如图 1-8 所示，其产品一年四季为工装裤，将风格细分做到极致。

图 1-8 “麻吉”的二级类目风格细分为工装裤

4. 精细化二级类目或三级类目

精细化二级类目或三级类目在现在很多的集市卖家中最为常见，其中如“丝瓜水”、“芦荟胶”等化妆品类卖家初尝甜果。如某集市卖家店内只有一款产品，细分到三级类目，月营业额 60 万元，纯利润 20 万元，甚为可观。精细化类目除了在产品线上的缩减和瘦身之外，在淘宝中还出现了一种极致的现象，即细分至三级类目下的唯一单品。

小结：行业定位在差异化和细分化上已经摸索出一套属于自己的体系，其中更多的新晋电商或调整定位的电商卖家选择细分化，如图 1-9 所示。而细分定位就是一级类目向二级类目的延伸，只做二级类目中的一个分支，做专做细，如真爱美家、大码女装、老年装等；细分定位也可以是一个大的行业中的一部分分支，如和田玉枣、手工皂、精油等；极端的细分定位，甚至只有一种或一款产品，如丝瓜水、芦荟胶等。

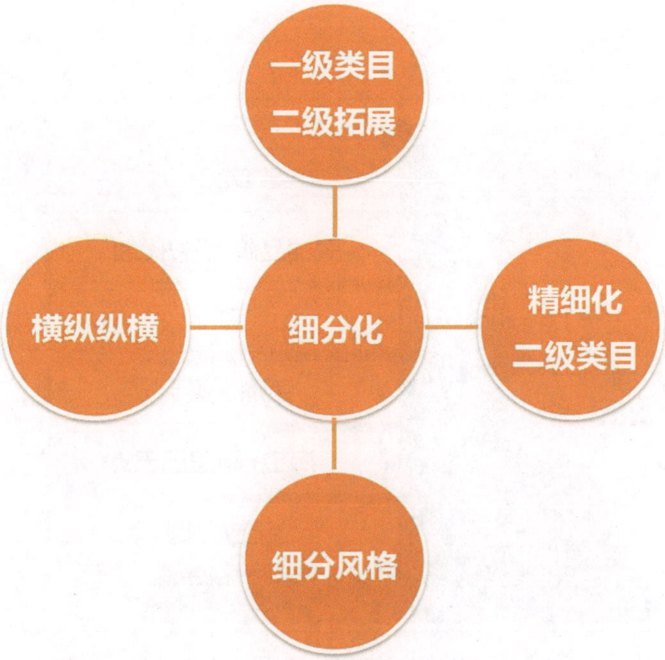

图 1-9 细分化的 4 种模式

1.1.6 渠道定位

渠道定位往往是被动选择或主动的预设式选择。很多中小卖家在店铺发展初期会选择在淘宝（分销）、阿里巴巴等进货。进入店铺的成长期后，会选择工厂采购、市场进货等渠道。在战略的第二个飞跃期后，会选择和工厂合作等模式。而 D2C 和高端品牌、线下知名品牌的进驻则是有先天的渠道优势。如图 1-10 所示，很多初级的卖家刚刚进驻电子商务时没有渠道优势，会选择在淘宝的分销平台进货；而发展一段时间后，现有货源无法满足其需要时就会选择分销 + 阿里巴巴或混批网站等；当店铺形成规模，有稳定的销售业绩后会选用采购、买手或直接从生产厂家进货的形式。而本身具有生产优势的卖家会直接在网络上开设自己的店铺，直接进驻电子商务这一市场。发展至今，国内外知名品牌陆续进驻电子商务或开设独立 B2C 网站；高端设计师的 D2C（Do-It- Yourself-to-Consumer）设计市场也开始入驻电子商务，而这一比例相对较少，其对渠道的考验，对设计师创新能力要求更高，难度更大。

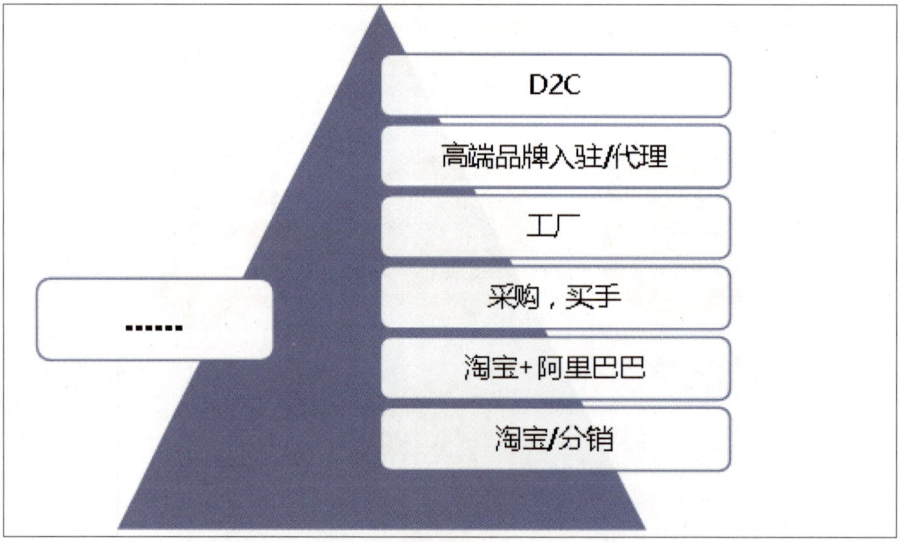

图 1-10 渠道定位的阶段性选择，按照市场选择率呈上升趋势

1.2 店铺定位

1.2.1 店铺类型的定位

店铺类型的定位，可以看做是战略上的首要开端，在哪里选择平台，在哪个平台开设店铺都成为重要的一步。淘宝现今的两大平台各有优势。

店铺类型的模式选择是开店的重中之重，集市店铺和天猫店铺，无论在宣传推广、市场份额、人群定位、资源配备等方面，都有很大的差异，所以在选择最适合自己店铺的类型时，商家应该着重针对自己的各项优势，结合自己的资源和团队配备进行选择。当然，现在有很多公司式的运作已经将淘宝网和天猫当做两个平台进行两线齐开的运作了，如图 1-11 所示。

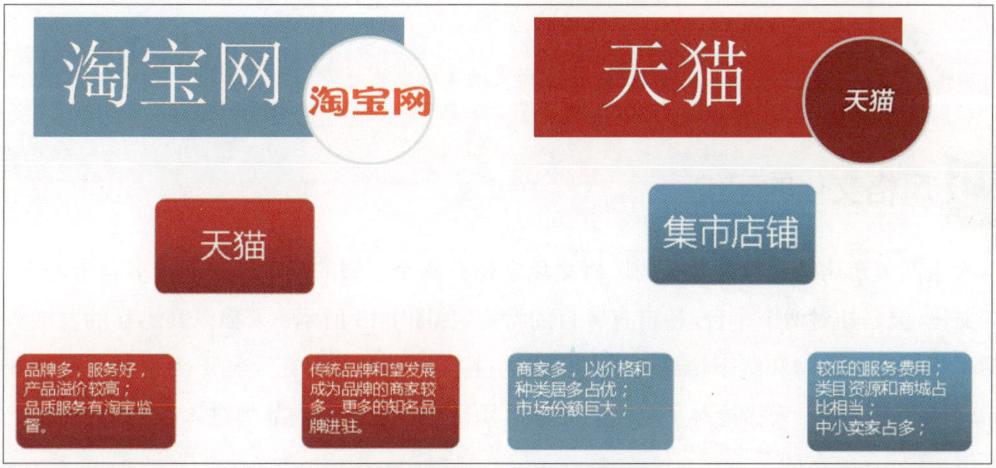

图 1-11 电子商务两大平台

与此同时，很多集市卖家也相继开创了属于自己品牌的天猫店铺。

1.2.2 赢利模式的定位

赢利模式也能造就一个店铺的定位。部分品牌或自身有优势的产品，将高利润作为自己赢利模式的唯一定位。集市卖家，根据以批发为目的、自有渠道等优势，迅速占领市场份额，以分销的模式，增大出货量。传统线下品牌、知名品牌等迅速占领电商市场，提倡高的市场占有率。新晋卖家，在分销平台进货、同类同质产品居多且无核心竞争优势，多以低利润抢占市场为先机。如图 1-12 所示。

图 1-12 赢利模式的 4 种发展趋势

1.2.3 风格文化的定位

淘宝网集市店铺和天猫现有的风格文化定位有两个不同的类型。虽然很多集市的大卖家自有文化，但是相对两个平台，各自有各自的特点，如图 1-13 所示。天猫以其迅猛的发展势头，囊括了很多自主品牌和线下传统品牌的入驻，主打的品牌风格在天猫更为常见。在 2008 年后品牌风迅速飙升，天猫抢占了电商的大量市场份额，更多的淘品牌进入人们的视线。

图 1-13 风格文化整体定位的两种路线

而淘宝网自身有着很大的卖家基数，其庞大的市场规模和市场占有率是自身的先天优势。大多数的淘宝集市卖家以售卖产品为目的，少数卖家以品牌为最终追求的目标，而两大平台最终会聚的目标必然是这个巨大的电子商务市场，如图 1-14 所示。

图 1-14 两种平台最终会聚的是市场

1.2.4 目标客户群的定位

目标客户群的定位可以细分为很多个维度，例如，针对性别的定位除了包含男人、女人、中性、儿童、情侣外，不同的组合会有不同的定位，亲子装就是性别定位下的延伸品。而除了性别外还有年龄、职业、生活、工作场景等不同的定位维度。

1. 性别

首先要明确目标客户群的性别是什么，或许很多人觉得这是一句很好笑的话。其实，本意是商家需要了解，真正为此付费形成购买的人是谁，例如，男装，他的目标客户群就是男性群体吗？从数据显示，有 40% 左右的男装购买人群为女性群体；而母婴类目、老年装、保健品等，更是需要在目标客户群的性别上仔细斟酌。并不是产品本身决定了目标客户群的性别，电子商务的目标客户群，有时候是在显示器的另一端悄悄地发生变化。如图 1-15 所示。

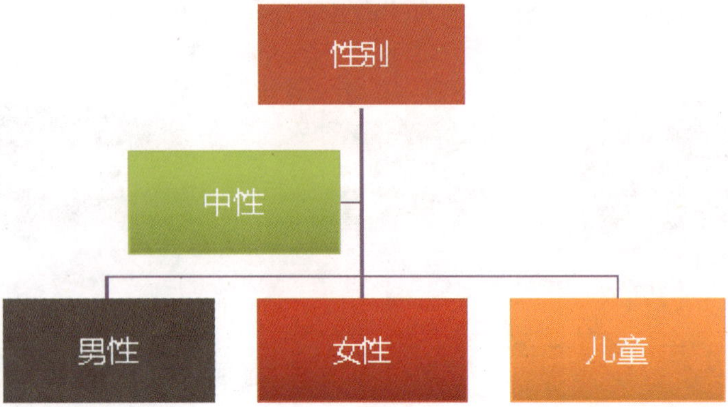

图 1-15 目标客户群性别定位

通常在性别的选择上，除了产品本身的定位外，对于一些居家使用、装饰用途的产品也需要有定位的性别之分，如中性美的一些产品，需要单独明确其定位。而特殊的产品，如儿童类的产品，商家是否明确受众人群究竟是谁？显然，在儿童类产品中，受众人群通常为女性，因为在实际购买中，孩子本身是不可能在网上购物的，所以儿童产品的定位其实是女性群体，她们才是实际的购买人群，也就是受众人群。

2. 年龄

很多商家针对年龄的定位，认为自己的目标客户群是 18 ～ 35 岁之间的女性群体，或 25 ～ 35 岁的女性群体，其实不然。我们仔细分析一下目标客户群的年龄段问题，首先，18 ～ 23 岁的消费者大多为在校学生，有一定的消费基础，消费的是家长的钱，所以他们在低价和高性价比上有过分的追求，但也有人喜欢一些昂贵的东西；其次，24 ～ 28 岁的消费者为刚刚走出校门或处在就业的升职期，往往需要构建家庭，在普通的理念中，这样的人是最有消费能力的，但是多方数据显示，迫于家庭的压力等因素，这部分人消费能力略有下滑；再次，29 ～ 35 岁的消费者，在为父母、子女购买商品的时候，偶有大手笔的投入，消费能力呈现上升趋势；而 36 岁以上的消费者，因网络使用问题，消费能力略下滑。如图 1-16 所示。

在服饰方面，女性每 3 年为一个社会角色的转变期，所以女性年龄层次可以细分到每 3 岁为一个年龄段；而每个年龄段的跨度甚至囊括了功能性和风格的产品特征。

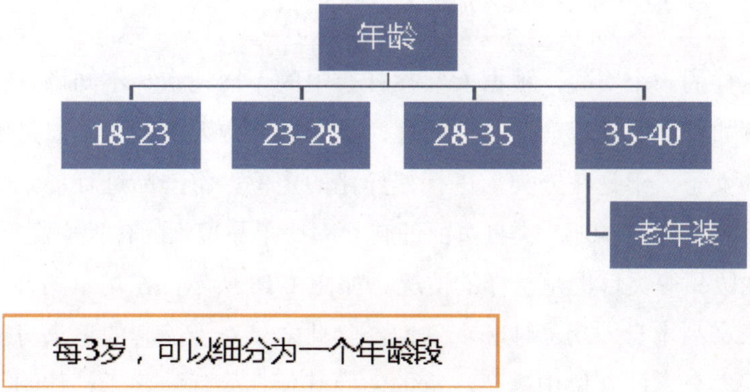

图 1-16 目标客户群的年龄定位

3. 职业

根据目标客户群的职业，定位也有所不同。除了其职业化的功能性用途、风格性用途，还有这类人对于产品文化定位的追求，对于品牌附加值的心理追求因素等。单单划分收入的高低，可以看出职业的定位对于产品本身的价格策略和店铺的赢利模式都能起到决定作用，倘若有一点背道而驰，最终的定位结果都会显得不切实际，或是无法完全切合定位。例如，收入水平较高的一些白领或金领的办公室人员，他们具有一定的消费能力，对于这样的受众人群，定位和定价要相对偏高；而收入水平相对较低的受众人群，他们更加追求产品本身的性价比，对于这样的受众人群，定价和定位要相对较低。如图 1-17 所示。

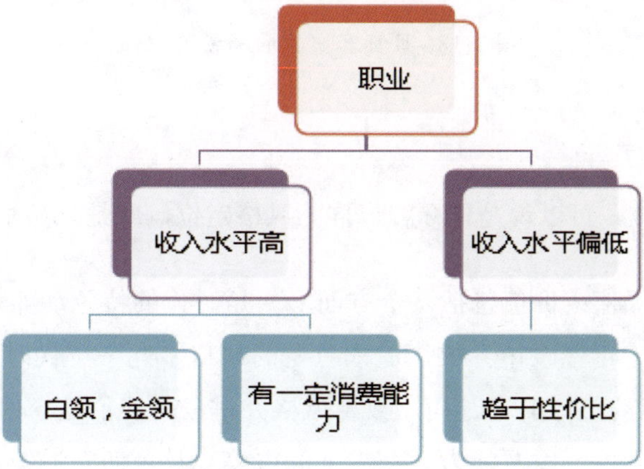

图 1-17 目标客户群的职业定位

4. 场景

曾经做过这样的一个实验，根据女性在社会中的不同地点、不同场合、不同角色，进行场景定位。例如，某女是管理层职业女性，高端的消费人群代表，但是她可能在生活中是一个很萝莉的女子，于是在分类上进行差异化的定位，将产品进行场景分类。类目页面点击量占全页面的30%～40%，类目页面的转换率比单品搜索的转换率高近1倍。而户外、家居、家纺、化妆品等类目也是一样的情况。如图1-18所示，在场景的办公环境下，一般的消费者更追求产品本身的功能性和观赏性，除此之外对于品牌的追求可能成为工作之余的谈资，也是在办公室的定位中需要注意的；而其他在生活（娱乐、休闲、旅行等）中会追求产品的舒适感、实用性等更加切合实际的功能。

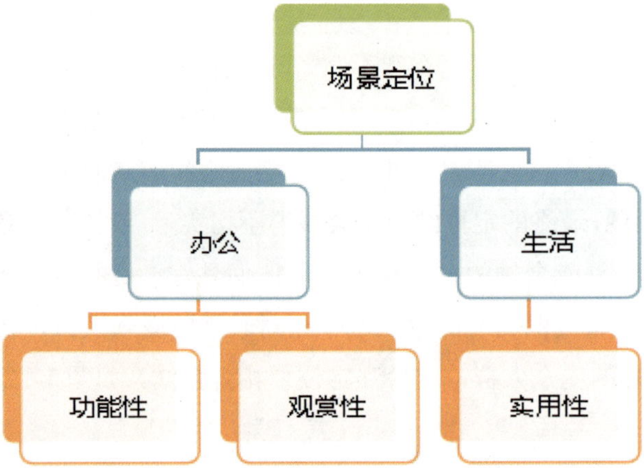

图1-18 目标客户群的场景定位

5. 风格

这里说的风格定位，可以说是目标客户群的风格定位，或是产品本身的风格定位。

风格所反映的附加值或价值包括三个方面：一是时代的特色，如六七十年代人们追求质朴实用的风格；八十年代改革开放，追求时髦的风格；九十年代时尚运动成为代名词；而20世纪初，回归简约、怀旧、时尚，数种风格并进成为我们这个时代的共同特色风格。二是材质和技术的区别性，以及能为大众带来的审美观是否切合消费者的习惯。三是在消费水平日益提升的今天，人们对于心灵的追求，对于产品本身文化的追求，对于品牌赋予产品的生命力的追求。如图 1-19 所示。

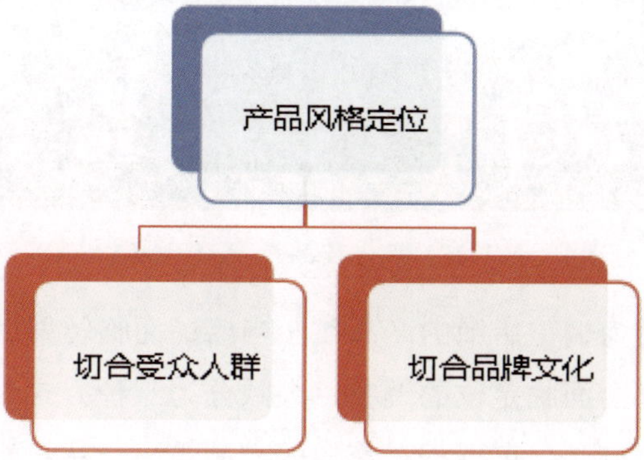

图 1-19 产品风格定位的手段

时下，对于女装类目的风格已经出现 46 种风格细分的流派，而主流的服装风格有 18 种，分别是瑞丽、嘻皮、百搭、淑女、韩版、民族、欧美、学院、通勤、中性、嘻哈、田园、朋克、OL、洛丽塔、街头、简约、波西米亚等。

文化塑造产品定位，或者说，文化切合产品的定位，而文化，除了在店铺的装修上有所展现外，包装也是另一个传播的途径。

1.2.5 如何调整店铺定位

某化妆品店铺 2005 年创店至今，信用为 4 皇冠，日均销售额在 2000 ～ 4000 元，且始终呈现销售量递减的趋势，尝试多种方式都没能改变店铺的现状，如加大推广力度、促销等。2011 年 10 月至 12 月期间，为了改变现状，迅速提升店铺的销售额，开始着重调整产品线，通过产品线瘦身，将 146 款单品删减至 30 余件有销售业绩和销售前景的单品；产品线整合，将可以整体销售的产品进行统一包装，如手工皂包装成数只装、高端包装、不同用途的包装等，提升客单价；产品线更替，对于一些没有销量的产品，替换成类似有销量的产品，进行销售。截止到 2012 年初，日均销售额近 1 万元，并持续增长。如图 1-20 所示。

产品线过长在实际运营中存在诸多问题，如资金周转率低、人工成本高、推广成本高、店铺内无重点打造的明星单品。该店在 2011 年间，销售最佳的产品为一款价值 1 元的赠品。

此类现象在很多客单价不高的店铺都是常见现象。

图 1-20 某化妆品三皇冠 C 店

调整店铺定位，通常为调整店铺的产品线。当店铺面临转型期、赢利模式变更期、产品至品牌化的升级期时都会面临定位的调整。大致分为三种方式：产品线瘦身，即保留现有热卖产品、核心竞争力产品、市场相对空白的产品等；产品线整合，使现有的产品经过细分、整合、再细分、再整合的一个过渡期；产品线更替，这是较大的变动，换产品如换血的大动作往往需要天时、地利和人和，牵一发则动全身。如图 1-21 所示。

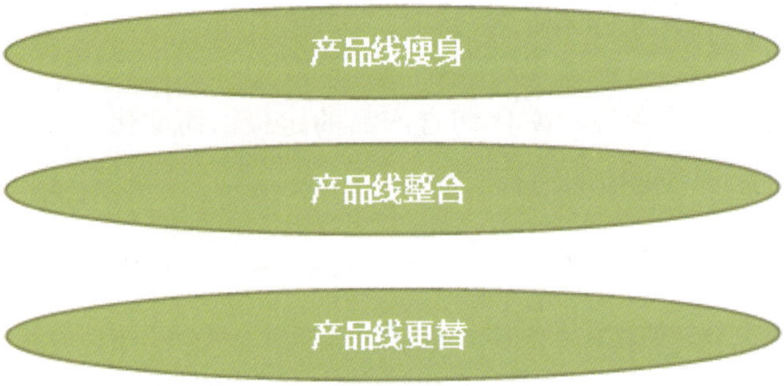

图 1-21 调整定位常见的三种方法

如何确定你的定位是否正确？通过量子恒道统计，当发现不同地理区域访问时段，目标客户群购买的客单价与定位严重不符时；或通过数据魔方，发现购买的消费者和定位的年龄层次发生严重偏差时，那么毫无疑问，定位错了！需要调整！

1.2.6 价格定位

对于很多中小卖家，或者初级电子商务卖家来说，很多是在价格定位上做文章的。受渠道影响，如分销、混批、一件代发等，无法在价格上取得优势的卖家，往往会选择亏本销售或者无利润销售，从而抢占市场，在价格的区分上没有过多的选择；而对于一些渠道上有优势的卖家或自产自销的卖家来说，在价格上会更多元化地选择，有利于自己的定价方法或定价策略。

1. 定价方法

（1）成本导向定价法：即成本加成定价法（cost-plus pricing），是指按产品单位成本加上一定比例的毛利定出销售价。其计算公式为：$P=c\times(1+r)$，其中 P 代表商品的单价，c 代表商品的单位总成本，r 代表商品的加成率。

（2）竞争导向定价法：根据同类产品竞争对手的价格进行定价。

（3）顾客导向定价法：以受众人群，即目标客户群体的消费能力进行定价，了解该客户群的承受能力，以产品本身价格的能力区间为最终的定价参考界限。

（4）9 元定价法：9 元定价法顾名思义，就是以单品的 9 元为尾数进行产品的价格定价。

（5）非整数定价法：产品定价带小数点，更能引起消费者的注意和共鸣，最终形成信赖感，形成购买，而单纯的十的倍数，往往不会形成好感。

（6）节日定价法：节假日的促销会有其独树一帜的定价方法，诸如五一、十一、双十一、双十二这样的定价方法，涵盖产品本身的宣传噱头，结合符合节日的促销概念，此类定价法多为节日大促时使用。

（7）意义定价法：意义定价法为很多商家偶然之作，如配合店铺内的活动，生日、特别限售数量等，都会成为意义定价法的促销手段。

（8）其他：电商定价方法以及促销定价大体遵循传统行业的定价策略，但是因网银的使用，所以非整数定价方法和打折策略层出不穷，根据商家的喜好，无论什么样的定价方法，在不违背其赢利为目的的前提下，都是合理的。而很多初入电商的卖家或以竞争对手为导向时，偶尔会选择亏本定价法。对于初级的卖家大多选择成本导向定价法或竞争定价法，高级的卖家会选择意义定价法或顾客导向定价法，而在节假日等特殊情况下，会选择节日定价法等。如图 1-22 所示。

图 1-22 8 种常见的定价方法

2. 定价策略

（1）常规款：常规款为店铺的主营产品。此类产品多以成本导向为定价方法进行销售。区别于流量款有价格优势，区别于活动款有折扣优势，区别于利润款，毛利率并不是很高。

（2）流量款：流量款多为引流产品，除有自身的产品优势外，其性价比也很占优。对于同类同质产品能在价格的引导上做出很好的示范，起到吸引店铺流量的作用。

（3）利润款：顾名思义，利润款为产品本身具有核心优势或产品类别同质同类竞争少，所以在利润的追求上会过多。

（4）活动款：活动款的定价需要留有一定的折扣空间，刺激消费者购买，往往作为促销使用。

（5）爆款：爆款的定价策略为区间浮动，根据爆款的预热期，产品价格偏低，追求性价比；到爆款的发展期，产品价格保持优势；到爆款的成熟期，价格可以略微上涨；到爆款的衰退期，低价引流为其他爆款做预热，或将爆款转为利润款，榨干该爆款的剩余价值。

（6）边缘款：此类产品销售形势较低迷，没有爆款或相对爆款的潜质，不具备其他定价策略的核心特点，往往被卖家和消费者忽视。

其中常规款占据店铺中最多的单品数量，而流量款作为吸引流量的广告效应型单品占据了另外的百分比，而在此两款的基础上，利润款成为卖家另一重要的选择。而其他如活动款、爆款、边缘款在款数上相对较少。对于很多中小卖家或初级卖家，店铺内的大多数利润来自于爆款。

1.2.7 店铺风格的定位

店铺风格的表现形式如图 1-23 所示。

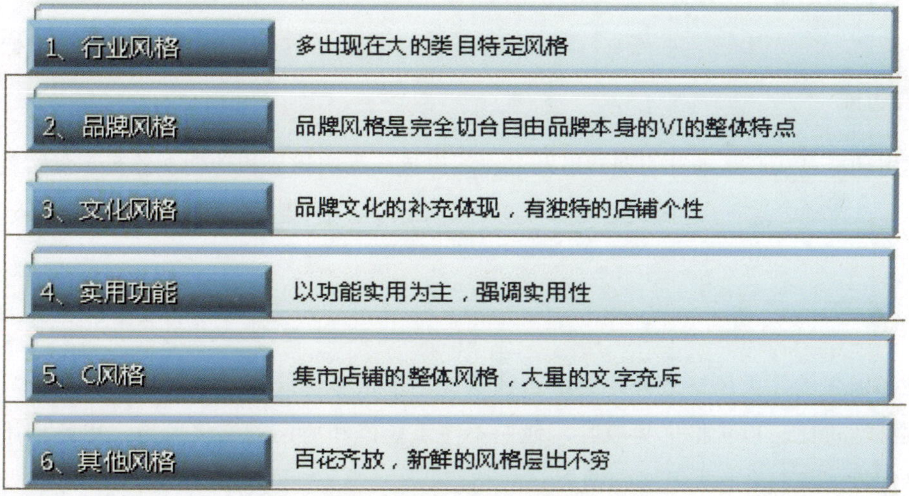
1、行业风格
多出现在大的类目特定风格
2、品牌风格
品牌风格是完全切合自由品牌本身的VI的整体特点
3、文化风格
品牌文化的补充体现，有独特的店铺个性
4、实用功能
以功能实用为主，强调实用性
5、C风格
集市店铺的整体风格，大量的文字充斥
6、其他风格
百花齐放，新鲜的风格层出不穷

图 1-23 店铺风格的表现形式

1. 行业风格

行业风格一般既定为大的类目的风格，而较少出现在热门类目中，如淘宝的一些非主流类目：五金、虚拟、家电、建材、食品、汽车、服务、团购等。

2. 品牌风格

品牌风格是完全切合自由品牌本身的 VI（VI 是指企业的视觉识别系统，广义上泛指 LOGO，实际上 VI 涵盖了企业的文化、识别色、标志及文化等）的整体特点进行的风格的包装和定义。

品牌风格不但融合了产品的自身文化，还将品牌本身的文化、特性、传达的理念、与消费者的共鸣等融会贯通，进而形成独有的风格体系。

3. 文化风格

文化风格是在品牌文化的前提下，或者范围之外进行的又一个大范围的、扩散的、无具象形的风格体系。

淘宝中比较有代表性的“天使之城”就是文化风格的杰出代表。文化风格有时只是一种理念，传达的是一种理想状态或者情感。

4. 实用功能

实用功能是从产品本身的功能出发，表达出该产品的优势和功能。务实、真实就是这一风格的不二体现。这一风格在 3C 数码类产品、家居、五金、建材、保健品等类目中较为常见。

5. C 风格

除了以上的几大风格之外，集市店铺还囊括了很多传统企业批发代理等店铺。这样的店铺主打性价比，以价格优势取胜，他们不注重装修和所谓的文化风格，更趋向于产品的纯价格优势。我们将此类风格归纳为 C 风格。

1.3 定位方法

具体的战略定位，需要通过如市场调研、受众人群定位、价格定位、产品定位等一系列的环节。根据我们的产品，对竞争对手进行调研，对整体的市场进行分析，同时根据市场导向的预测整合出产品的核心竞争优势。与此同时，对于产品的受众人群的定位，产品附加值（品牌效应、文化、服务、概念等）的打造等，具体切合受众人群，进而制定产品的价格。当一系列的准备工作做完之后，我们需要一个完善的定位方法。

1.3.1 空降法

空降法分为两个不同的阶段。一个阶段是凭空塑造一种定位，或是一种理念，或是一种风格，或是一类人群的消费习惯和追求目标。如“阿芙，就是精油”，如图 1-24 所示，阿芙的核心产品是精油吗？数据显示，2012 年“阿芙”销售最好的产品为按摩膏，但是他们的定位始终是精油，为什么呢？通过定位原理的市场分析，在精油市场上，没有相对知名的品牌。而“阿芙”创造了一种理念，“阿芙就是精油！”根据这一广告语“阿芙”迅速打开了市场。寻找市场空白，创造一种概念或产品是空降法中的“创造”！

图 1-24　阿芙就是精油，你懂的！

另一阶段是再创造一种理念，或是一种风格，或是一类人群的消费习惯和追求目标等。或将核心优势升级，如第二代、升级版、再版等。

1.3.2 跟随法

跟随法也分为两个阶段。一个阶段是与竞争对手做对比，即“对比法”，找出自己的核心优势进行定位；另一阶段区别于空降法的再创造，是对竞争对手的提升，即“提升法”。一种是差异化的对比定位，一种是对比后的提升定位。如图 1-25 所示，对比法为自上而下的对比，即卖家对比竞争对手或同质类产品的一次提升；而提升法是自有产品的对比，是更加向上的一种对比法，以诚恳和自进步让消费者产生更大的购买欲望。

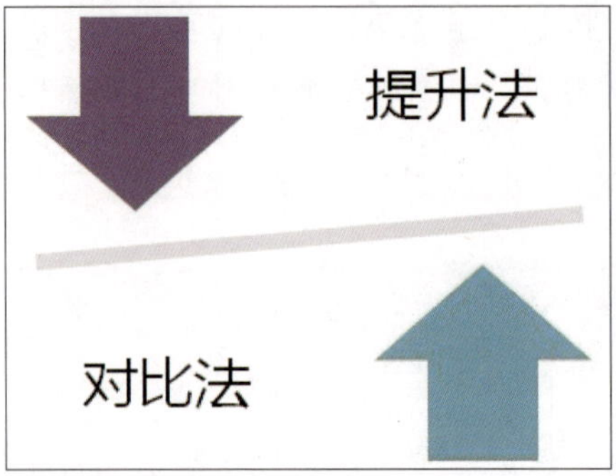

图 1-25 跟随法的表现形式

1.3.3 维度法

如图 1-26 所示，维度法是根据同行业产品本身的特点进行定位。根据不同的尺寸、原材料成分、产品的功能、重量、大小、目标客户年龄层次、升级再版等，展现不同的定位方法。而创新的维度往往在理念上区别于其他，如“天使之城”，主打的是梦想定位，将着装与梦想结合，整个店铺以旅游为主题，而旅游本身和女装没有关系，但是在挑选美丽的衣衫时可以走遍世界，于是这种感情色彩就被带入到店铺中，从而促进买家的购买兴趣。通过维度的定位，“天使之城”成功定位了受众人群，这类人的消费特点是没有大量的时间和金钱去环游世界。而“天使之城”的定位对于这类人群，无论从产品的尺寸、色调还是风格，都把握得非常到位，如图 1-27 所示。

图 1-26 维度法的选择思路

图 1-27 女装类目 TOP10 天使之城

而创维即是创新维度，是指在刨除产品本身的一些特定的产品之外，结合产品的文化背景、生产原料的历史等，进行特殊的定位。

1.3.4 定价法

根据价格不同，定位也同样不同。那么定价法也是定位的一个分支，很多商家在维度面前却步，其定价方法直接造就了其产品或店铺的定位。如图 1-28 所示，越来越多的商家从原有的追求性价比到追求平价，而看重产品附加值的商家会将高溢价作为自己的最终追求目标。

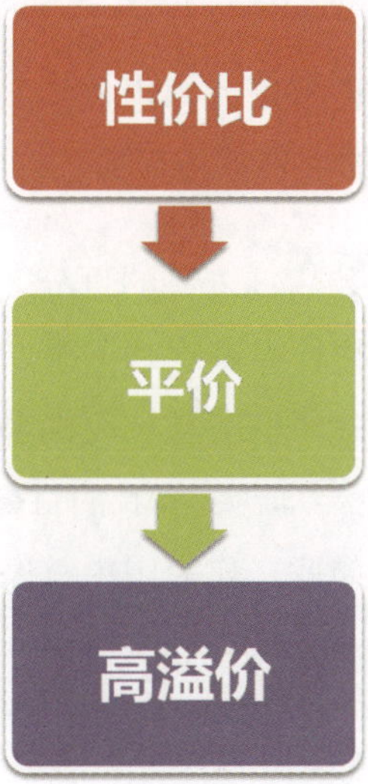

图 1-28 常用的 3 种定价方法

1.3.5 冲击法

冲击法的 4 种模式如图 1-29 所示。

图 1-29 冲击法的 4 种模式

概念冲击：如“壳壳果”的新鲜定位，“阿芙”就是精油的定位，都是概念冲击，颠覆传统的概念，将品牌名称与产品甚至行业挂钩，最终让人将产品品牌和产品结合联想，是非常成功的定位法则。

策划冲击：如聚划算的“聚蕉”、“聚爱心”、“哈密瓜”等有影响力的事件，通过一系列的策划和组织进行冲击，最终成为国内第一大团购平台，属于策划冲击法。

资本冲击：传统行业进驻电子商务，或国内外知名品牌进驻电商渠道，会选择资本冲击法，如“中粮集团”通过其迅猛的广告宣传优势，打响知名度和品牌，占领市场地位。

公关冲击：如淘宝著名集市女装店铺“我的百分之一”引起社会关注的事件也成为一种定位方法，但是这样的定位方法往往没有规则可循。集市店铺女装类目 TOP10，2011 年初被征税 430 万元，是国内第一起电子商务被征税的典型案例，引起国内对电子商务这个新兴行业收税制度的全新审视。后官方证实，“我的百分之一”女装店为武汉某服饰公司的销售渠道之一，被归为实体。尽管如此，作为国内首家被征税的网店仍引起了电子商务行业的警示。

1.4 战略定位

1.4.1 什么是战略定位

战略包含定位，而本章的战略定位是指给店铺或产品设立目标，进行有效率的规划和执行。战略定位的 4 个核心步骤如图 1-30 所示。

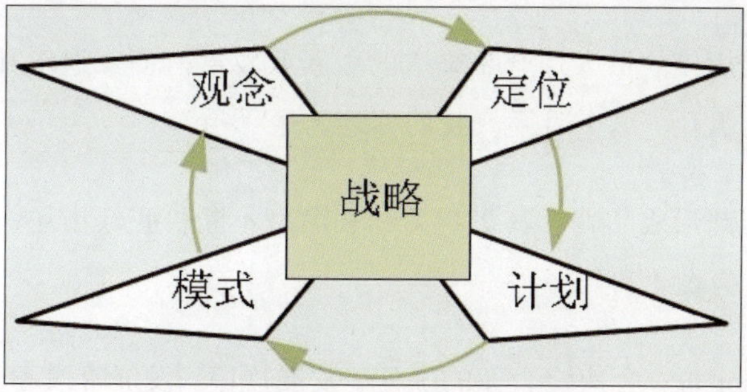

图 1-30 战略定位的 4 个核心步骤

初次战略定位一般为产品的定位、产品风格的定位、受众人群的定位；二次的战略定位为店铺规模的定位、团队的定位、渠道的定位；最终的战略定位为影响力的定位、市场占有率的定位，如图 1-31 所示。

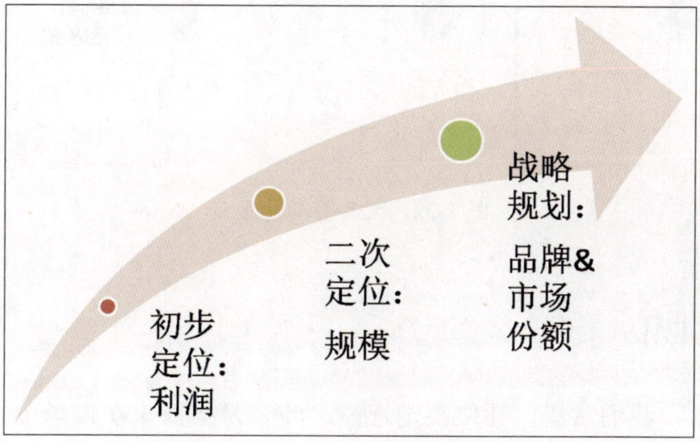

图 1-31 战略的三个阶段

1.4.2 战略定位的意义

战略定位的三个阶段，分别做了三件不同的“事情”。对于不同时期的商家，选择不同的战略目标，有着不同的意义。对于一些新进驻电子商务的商家来说，起步是关键。如何选择，如何根据自己的核心优势将战略定位放置在最合适的位置是很多商家起初没有考虑的，而借此所开展的商务行为都是相对不恰当的。

初期，商家往往在售卖产品，以赚钱为目的；这样的卖家我们称之为做“事”。

中期，随着店铺规模的扩大，产品渠道的更新或发展，商家追求其利润和市场占有率，团队和影响力都随之飙升，这个时候，我们称之为做“市”。

最终，产品或店铺形成品牌，其影响力和知名度不断扩张，市场占有率达到一定基数，这个时候，我们称之为做“势”。

不同阶段的战略定位，会决定企业的生死、发展规模、发展阶段和发展速度。如图 1-32 所示。

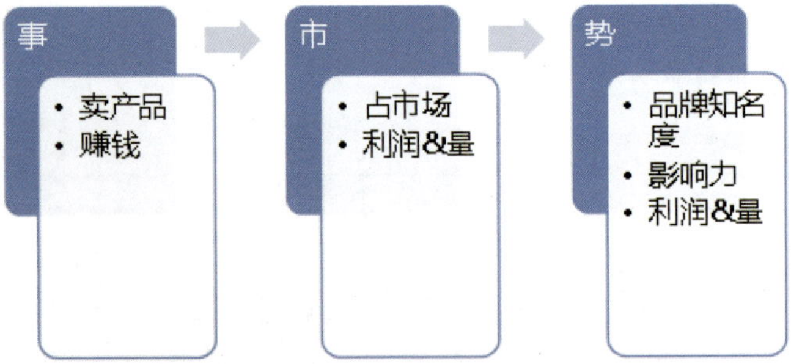

图 1-32 战略的三种意义

1.4.3 吨位与地位

在大的市场中，我们常说，吨位决定地位。吨位是指商家在市场中的占有率、产品本身的占有率、品牌在同行业中的知名度和传播度。地位是指当品牌或产品上升至某一高度后，形成的一种口碑效应，相对是无形的，但是其社会影响力不容小觑。在制订明确的目标后，我们需要从三个方面着手：时间、吨位、市场份额，如图 3-33 所示。

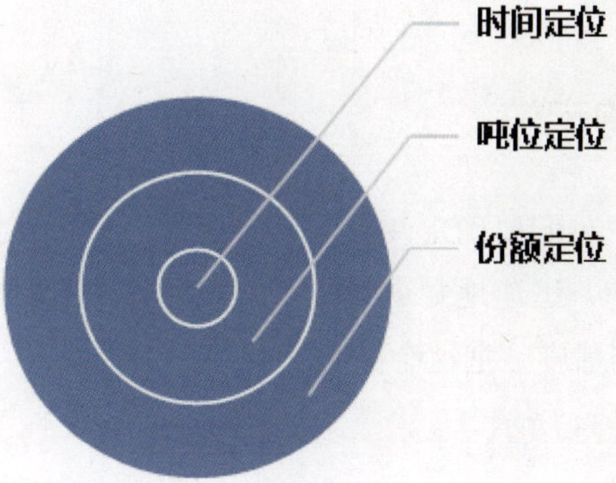

图 1-33 吨位与地位的维度关系法则

1. 时间定位

时间上的规划是指有计划性地预设你的目标，并根据商家自身的情况、市场的情况进行细节执行。如一个月的计划是什么，按照时间节点、人员安排进行效率安排；季度的计划是如何设定的，如何按照目标进行有效的落实；年度计划等。按照时间节点去做，可以发现在执行过程中，团队发生的问题如何规避，市场的导向应该如何调整。时间节点设定越长，累计时间越长，参考性越准确。

2. 吨位定位

吨位是根据市场导向预设营业额进行的定位。如店铺计划每个月销售额 50 万元时，应该如何安排资源及产品如何规划；计划销售额 500 万元时应该如何进行规划，以此类推。

3. 份额定位

份额定位是根据假设的竞争对手进行阶段性的规划与安排，同样的，对于类目占比和设定的目标进行计划与执行。

通常商家会选择时间定位，此定位为常规的时间节点的目标营业额的定位；进而进行吨位的定位，进行大范围的市场占有率的扩散，取得初步的市场；最终，根据份额定位，占据市场的最大一部分利润，视为吨位与地位的整体由点到面的扩散。

1.4.4 品牌影响力的定位

品牌影响力的定位，我们要确定两点，第一点是，是否有人认知我们的品牌？认知度的定位是如何让别人快速、迅速地知道我、了解我。第二点是如何购买该品牌的产品，如何有效的落实。最后是传播度，把这个品牌或产品介绍给他人，形成一个口碑，准确地说，是形成二次购买。如图 1-34 所示。

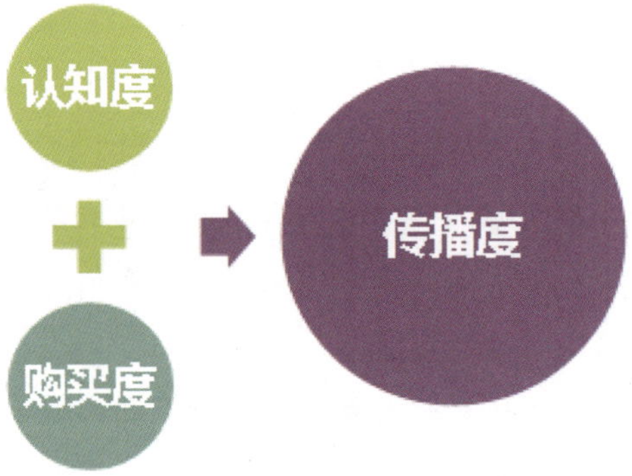

图 1-34 品牌定位的阶段与效果

1.4.5 产品定位是本质

最终，回归产品定位的本质，产品的定位首先是如何选择适合自己的产品，在店铺定位的维度中，我们已经详细说明了应该如何定位产品，根据定位方法，可以有效的落实。另外是风格的定位，在风格定位一节中，我们解释了，除了风格本身的特点之外，我们还可以结合产品的功能和场景，同时还可以自我设定一个风格，创造一个风格。最终是价格定位，根据市场的导向、成本的控制、定价方法和定价策略，进行对产品的全方位定价，适用于不同阶段、不同产品、不同客户群体甚至是不同地域的客户，都有不同的定价方法和策略。如图 1-35 所示。

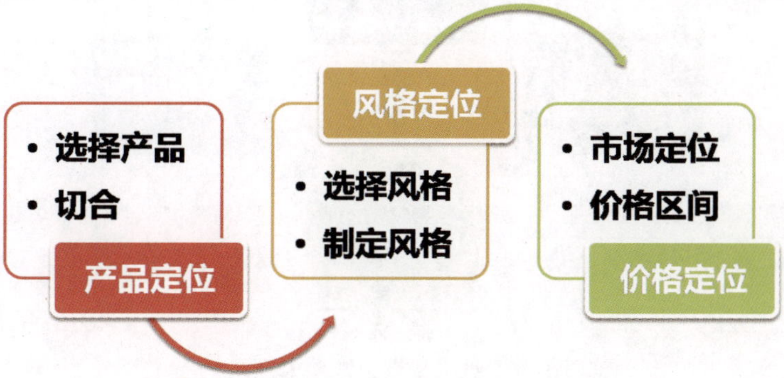

图 1-35 定位的本质：产品，风格，价格

首先要选择产品，对产品进行定位。产品定位后要对产品的风格进行定位，如果产品风格无明显定位，需要对产品进行概念性的引导定位。制定后，对产品的价格、受众人群的差异、风格的不同进行价格上的定位，最终实现整个店铺的定位、产品和产品线的定位。

1.4.6 团队与资金的配合

最后是团队的配置，我们可以按照销售量进行团队的分配，计算一下每天的发货量是多少（公式：发货量 / 人员平均每日最多工作量 = 打包人员数）。而有的时候还需要未雨绸缪，提前组建团队，例如，双十一、聚划算等大促活动时，我们要提前组建团队，根据紧急状况进行人员的配备。根据不同的成长阶段、推广阶段，去进行团队的扩建。如何进行招聘，什么时间招聘最好？可以省多少钱？根据招聘的行业季节性计算，每年 10 月份是找工作的时候，大学生刚毕业，求职的人较多，这时候工资会比往常低；而每年 3 月份是跳槽的高峰期，工资略高。倘若这些你不了解，在成本的可控性上就大打折扣了。

最重要的是商家需要有一套培训方法，可以培训员工迅速上岗，这个也是非常关键的。如何根据突发状况去构建你的团队是至关重要的。如图 1-36 所示。

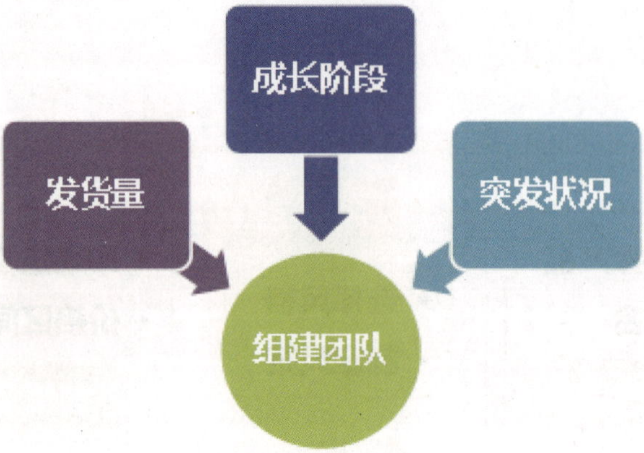

图 1-36 团队与资金需要配合定位

1.5 定位对于电商的影响

很多电商人在初入电商时，仅仅是想要寻求生存。

当逐步形成规模或遇到竞争时，“定位”成了唯一的变革或救命稻草。

定位既是战略，亦是战术。

在寻求略的同时，寻求术的解决，合理利用，相辅相成，最终造就了淘品牌 & 淘店铺的今天——电商的明天。

第 2 章

打造完美网店页面

很多人对店内推广这个词比较陌生，接下来的内容会对这个词汇进行解读，先用一个通俗的说法，店内推广就是在网店中留住顾客的工作。

一个网店留住顾客的工作内容，正常分两个部分，一是前期的准备工作，二是后期的接待工作，后期的接待工作基本属于客服的范畴，而前期的准备工作则属于推广的范畴，因为很多具体的准备工作会影响到后期的流量引进及店铺整体转化。

准确的网店定位是做好、做大网店的前提，免费流量的占比可以决定一个店铺的赢利情况，活动策划直接影响整店转化率，数据解析能够找出工作中可以改进的地方，页面优化是整个店铺前期工作的核心，它是流量转化成销量的转化平台，所以页面的质量也就决定了一个网店的成败，每一部分都是必不可少的。目前很多卖家把文案的重要性提到了很高的高度，而文案写作是属于页面优化的一个小细节，不可否认完美的文案可以让店铺上一个很大的台阶，但是大部分网商并不具备专业的文字功底，很难创作出完美的文案，而更适合大部分卖家的是基础的商品属性文案写作、营销信息写作，能把想表达的信息准确地传达给买家，就可以算是成功的文案了。当然，具备文案写作能力和有全新创意的卖家也可以重点突出你的文案工作。另外大家都知道现在是读图时代，买家们在网上不会把更多的注意力放在文字上，而更习惯于接受图片传达的信息。本章的重点就是通过对页面视觉内容的优化而加强页面留客的功能。

在厦门有很多的超市、卖场，其中有一个大型超市是国内企业开设的，那家超市的生意非常稳定，提袋率也非常高，这个超市的面积不是很大，所处位置也不是特别好，那么它生意稳定的原因是什么呢？回想一下我们平时逛的商场都是什么样的？一般都是占据大厦的两层楼，或者是三层楼，二楼是入口，三楼是出口等，中间的货架是一排排整齐排列的，假设某个顾客的光顾有很明确的购买目的，那会直接走到所需商品的货架前，然后再直接离开，而几乎所有的超市都是这样的结构，但是这家超市是什么样的呢？它是一个回字形的结构，让顾客绕圈购物，如图 2-1 所示，所有的货架都是在一个回字形主通道的两边，中间是一个库房，而这个结构的优势是什么呢？其实很简单，等于是强迫顾客把店铺里的东西几乎全部看一遍，这对于我们网店来说，就等于增加了访问的深度。我们平时逛超市，购物习惯是什么，不管哪一次光顾超市，绝不可能只买一件商品。从实体店的角度来讲，让客户浏览更多的东西，有刺激消费的目的。而对于网店来讲，就是增加页面的访问深度，基本上等于增加了转化率。因为转化率的影响因素中占大部分比例的实际上就是访问深度，这个几乎是约成正比的，当然跟后期的服务和商品价格也有一定的关系。

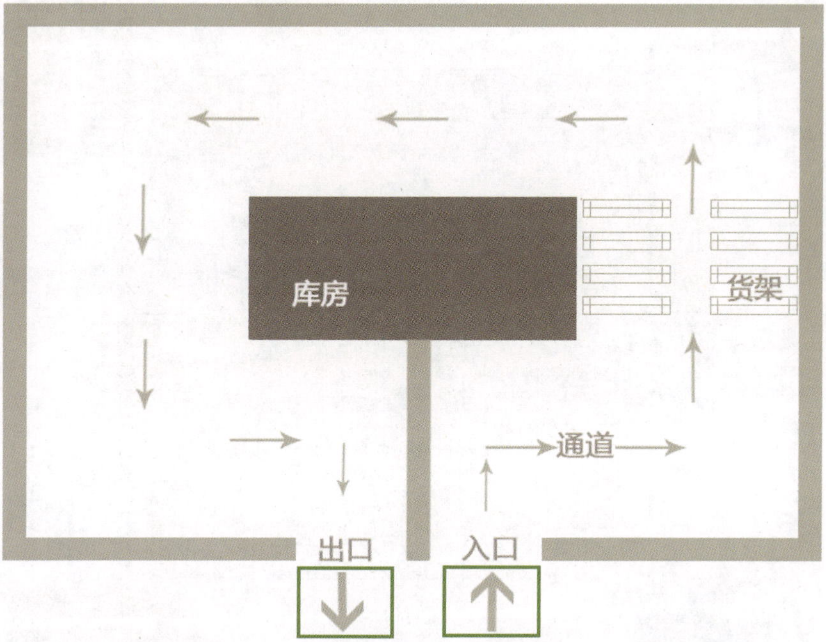

图 2-1 绕圈购物示意图

也许很多人会觉得，这个绕圈式购物的结构已经很好了，但是它依然有可提升的空间。宜家家居提出了一个全新的店面结构的概念，他们觉得只提升访问深度真的能让生意好起来吗？不一定，于是他们提出了一个新的概念，即“迷宫式购物”，如图 2-2 所示。

让顾客进去不是出不来，而是相对比较难出来，绕圈购物提升的是访问深度，迷宫式购物提升的是访问停留时间。在量子统计里面，两个主要纬度的访问数据，一个是访问深度，一个是停留时间。实际上，访问深度加停留时间得到的结果才真正约等于整店的转化率，因为顾客仅浏览是无法下决心购买的，他们还需要一定的考虑时间，即使店面的结构很合理，但是顾客如果比较理智，买了原本想要的东西后也会照样离开，于是迷宫式购物对此做了很好的功能补充。但是这两点都是实体店的案例，网店可以实现吗？其实网店同样可以构建出合理的绕圈购物和迷宫购物行走通道，当然这需要对网店整个页面的结构做一个完整的设计和实施。

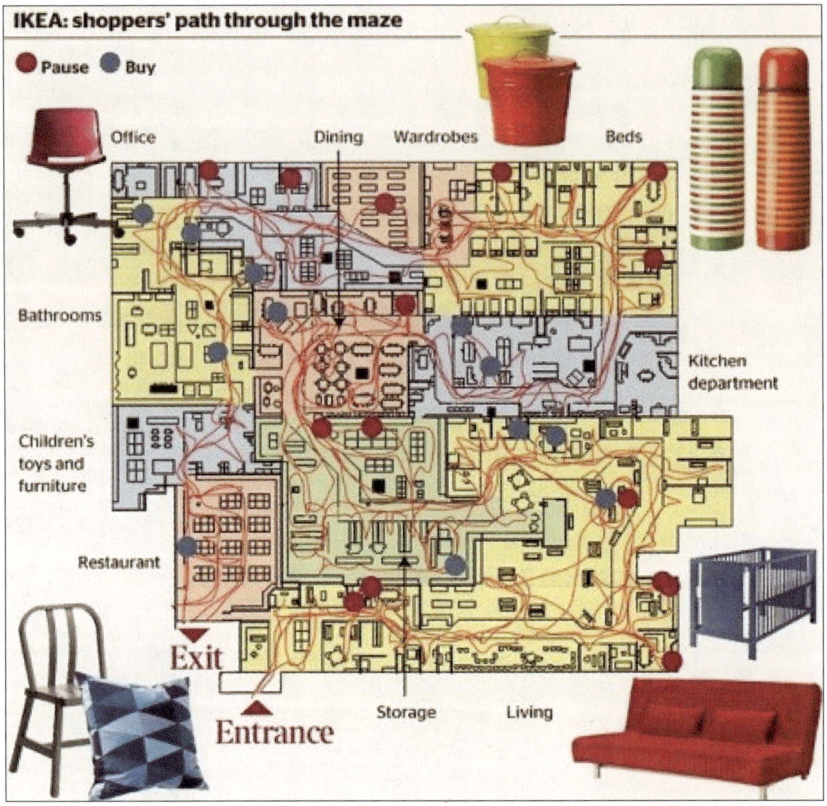

图 2-2 迷宫购物示意图

正式开始本章内容前，先来了解一下几个主题词：店外推广、店内推广、转化率、客单价、调失率、点击率、页面转化率。

若问一个实体店生意为什么不好，回答往往是顾客太少了。绝大部分实体店觉得自己生意不好的原因都是因为人少，不管是网店还是实体店，基本没有意识到已经进来的顾客是否好好把握住了。还有一种情况，有些店铺进店的人很少，但是生意还不错，那是因为这部分店铺很懂得把握店铺内的工作。也就是说很多人往往目光只注意到店外，而没有注意到人来了以后，是否可以留下来。

整个网店的经营可以分为两个部分，把顾客吸引到店铺中的过程其实就是“拉客”，把顾客留下来的过程应该叫“留客”。这两个过程中间的分水岭是很明显的，很多人都认为拉客比留客更为重要，我们最应该做的是先奠定好留客的基础，然后才有资格去拉来更多的顾客，也就是说只有确保拉来的顾客能留住，那么拉客才能最终得到成交，但是很多网店往往忽略了这一点。

网店的拉客工作是在店外执行的，我们也可以称之为店外推广，而留客工作是在店内执行的，称为店内推广，也就是说，网店推广分店外推广和店内推广两个方向。

PV:UV 这个数值大家都很清楚，这是页面访问深度，那么这个访问深度到底为多少才是健康的呢？其实，网店运营的所有数据都没有一个固定的标准，是进步了还是退步了只能与之前的数据做对比。

还有一个重要的数据就是全店转化率，它主要受哪些因素的影响呢？第一个就是产品定位，因为顾客光顾店铺最终的目的是为了买到称心的商品。第二个就是页面，这是能让顾客决定最终购买最重要的感知途径。第三个是客户服务，这个概念实际上是可以展开的，分为广义的客户服务和狭义的客户服务，而在整个售卖过程中对整店转化有影响的，除了产品和页面，还有狭义的客户服务，也就是旺旺咨询的那段接触时间。这三个因素中，能产生最大影响力的就是页面，页面决定着是否能把进来的客户留住，决定直接购买或者咨询后产生购买。

客单价是指网店中所有顾客的平均购买金额，客单价越高，总销售额和利润也就越高，而页面中的通道建设得是否合理、信息接触点的功能是否铺设到位都会对客单价有很大的影响。

跳失率也就是页面能否把客户留住。页面元素能否提升顾客对商品的拥有欲望、能否提升顾客的购买决心，这两点决定了顾客是在页面中留下还是离开。

点击率也有另一个名字就是页面到达率，它决定引流页面中商品元素的质量。店内顾客跳转的到达率，决定我们是否推荐了合适的商品，推荐的数量和位置是否合理。

页面转化率指的是单品转化率，在量子统计中是直接可以读取到的，我们优化的页面，到底是优化了，还是退步了，就用这个数字来判断。

这几个关键词需要大家理解。网店中负责推广的人员和美工一定要能够读懂这些基本的数据，才能知道我们的店铺应该如何做下一步的优化。

在开始设计和构建网店页面时我们还需要了解一下页面的基本诉求，这里有几点需要注意：一切从客户角度出发；激发兴趣，直达客户内心；实事求是、功能与目的相结合，切忌华而不实；整体性、全局观。

构建页面的几个评价标准：为搜索服务；为客户体验服务；为营销服务。

2.1 网店页面功能

网店中页面主要分为三种：分类页面、店铺首页、商品页面。分类页面和店铺首页的功能相对简单，商品页面是直接进行产品售卖的地方，所以商品页面的功能相对较多。

如图 2-3 所示，展示的就是这三种页面的主要功能。商品页面的功能中第一个是增强欲望，顾客到我们的店铺中，有可能只是随便逛逛，有时候并没有明确的需求，这时商品页面必须具备一些元素让顾客对产品产生拥有的欲望。

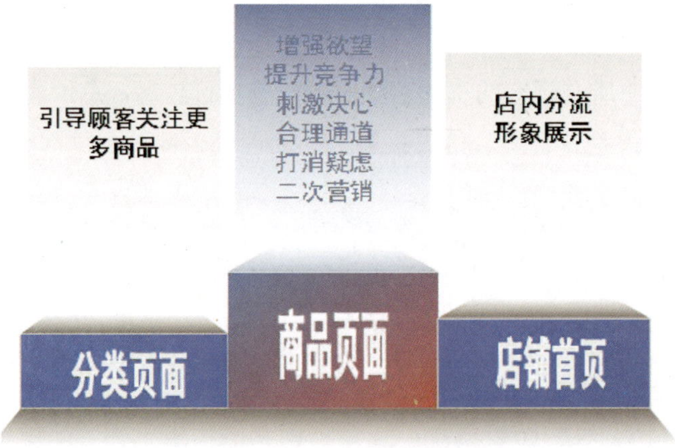

图 2-3 页面功能展示图

第二个功能是提升竞争力，大部分顾客决定购买商品时都会进行对比，也许他不跟别人对比，但是会跟心中的标准对比，我们需要让顾客信服我们的产品、信服我们的服务、信服我们的售后，那就需要用页面把我们的优势信息表达出来，让顾客相信我们是值得信赖的、是超越同行的。

第三个功能是刺激决心，顾客在浏览过程中往往会产生犹豫，在这个过程中我们需要引导有疑问的顾客，部分有疑问的顾客了解了更多信息之后还是会离开，实际上这些顾客是需要我们引导的，去刺激他的购买决心。

第四个功能是合理通道，也就是刚刚提到的建设绕圈式购物、迷宫式购物概念的店铺结构，淘宝网原本给予我们的店铺是空白的，没有浏览通道，所有的通道都需要卖家后期去设计和构建。

第五个功能是打消疑虑，顾客最终决定购买一个商品前，一定会对商品本身、对服务存在很多认知的空白点，这需要我们在页面和客服两个环节去补充他们认知的空白点，打消他们的购买疑虑。

最后一个功能是二次营销，页面中有很多元素能刺激顾客的访问回头率，访问回头率中有些顾客是第一次购买，有些是第二次购买。我们必须引导顾客对我们的店铺进行回忆，这样才能让其产生再次访问。一些刺激顾客购买行为的营销手段，不光可以用短信、微博拉动，很多工作在顾客下单之前就可以做了，像在页面中加入一些能对二次营销产生作用的元素，例如，VIP 的设置和展示，顾客第一次来买是没有用的，只有第二次来才有作用，这就是典型的能起到二次营销效果的元素。

这是商品页面的六个主要功能，再看一下分类页面，它的功能相对简单，只有一个，那就是让顾客看到更多的商品，功能与实体店铺的货架非常类似。

第三种页面是我们的店铺首页，很多人很关注店铺首页，觉得店铺首页是一个店铺的门户，实体店的门面对于实体店来说非常重要，可以帮助实体店铺展示形象并拉来更多的顾客。对于网店来说，店铺首页只是一个浏览的过道，实际作用并没有实体店铺那么突出，网店只有小部分的流量会直接到达店铺首页，而这里没有起到直接售卖的作用，他的作用主要是把到这里的顾客分流到店铺的其他地方。其次，网店首页也有形象展示的作用。

如图 2-4 所示展示的就是商品页面中的合理通道，图中的关联推荐、商品分类都是一种浏览通道，引导顾客点击后，能进入店铺其他页面的通道，通道建设得合理可以直接增加店铺的访问深度。

图 2-4 网店的合理通道

如图 2-5 所示是一个背包的商品描述页面中用来激发买家购买欲望的图片，用文字和图片结合的方式很到位地表达了背包的核心卖点——防水，用这个方式加深了顾客对商品卖点的认知，也能起到激发购买欲望的功能。

图 2-5 能激发购买欲望的图片

如图 2-6 所示的图片相信大部分淘宝人都见过类似的，内蒙的奶制品卖家往往都把图片拍摄得看起来非常有食欲，让顾客看后有口舌生津的感觉，原本并不是一定需要的商品就因为图片激发了食欲而产生了购买。

图 2-6 能激发欲望的图片

来到店铺中的顾客可以分成两类，一类是没有问题的顾客，直接结果就是购买，还有一种就是有疑问的，有疑问能得到解决，结果也会产生购买，而有疑问得不到解决最终就会离开店铺。卖家需要做的就是通过页面和旺旺咨询这两个环节打消顾客的各种疑问，如图 2-7 所示的问与答就是解决顾客疑问最简单的方法。

网店首页的功能有两个，店内分流和形象展示。如图 2-8 所示的这种图片，店铺的格调顾客一看就知道了，就能确定店中的商品是不是她想要的。店内分流有两种通道形式，一种是引导顾客进入一个分类或者进入一个群落的商品导航，另一种是引导到单品上。在接下来的章节中会具体解析两种分流方向的实施办法，较大程度降低宝贝的调失率。

售后服务与保障
AFTER-SALE SERVICE

常见问题

1 包包会有色差么？

答：我们所有的包包都是实物拍摄，由于显示器的不同，摄影器材的不同，所处光线不同等原因，都可能会产生略微的色差，这个在网购上是无可避免的，如果对于色差过于敏感的买家请谨慎购买。但是我们力求最接近原物，所见即所得，或所得更甚于所见。

2 包包的尺寸、重量、材质、颜色？

答：每个包包都有详细的尺寸、材质、重量等描述，所以您可以用尺子比划一下大小（由于测量的方式不同，两厘米的误差属于正常范围）。每个人根据自己的用途和搭配，会有不同大小包包的需求，所以请您根据您的实际情况看清尺寸后购买。

3 为什么模板上的尺寸与吊牌上的信息不一致呢？

答：所有产品到货后我们都会重新测量产品的实际尺寸，少数情况吊牌会出现印刷或者测量的错误，所以请以产品描述的尺寸为准。

4 什么是防泼水？是否等于防水？

答：防泼水是指材质表面有涂层，并拥有很低的表面张力，水滴落下之后，促使水滴自身表面收缩而呈球状无法铺散开来，因此迅速以水珠的形式从织物上滑落，但是在暴雨或长时间浸泡于水中时，水是会透过面料的。防水是指材质内层通过特殊处理，所以它一道完全不透水的屏障，无论面料是否吸水，它都将水拒之于外

5 有发票么？

答：本店可开具发票。如果您需要开具发票，请在确认收货没问题后，向客服申请开具发票，本公司因财务结算安排，每月1号——10号暂不受理开具发票申请，其余时间申请开具发票，发票将安排在接受申请后尽快发出，敬请谅解！

6 如果收到的包包有问题怎么办？

答：您放心，本店是有七天无理由退换货保障的，如果您收到的货有问题，如质量问题或发错货等，请您在第一时间联系我们在网站上排客服中心的在线售后旺旺：苹果。

图 2-7 网店中的常见问题

图 2-8 网店首页

2.2 页面组成元素

商品页面元素的建设可以通过客户网购的行为习惯来进行比照。从消费者意识角度出发，大致可以归纳为以下几点疑问。

（1）我为什么要购买你的商品。

（2）如何让我下决心购买你的商品。

（3）如何让我放心购买你的商品。

（4）如何让我购买更多你的商品。

（5）如何让我下次再来购买你的商品。

解决疑问的方法与 2.1 节提到的页面功能不谋而合。一个完美的商品页面应当具备以下七种功能：放大欲望，提升竞争力，刺激决心，打消疑虑，合理通道，基础信息，功能延伸。在本节中将重点介绍能释放这些功能的具体组成元素。

2.2.1 放大欲望

一个商品页面平铺直叙的表达，就算满足买家的需求，也不一定能产生销售。商品页面在尊重商品实质的同时，应该散发更诱人的因素，将客户的购买欲望最大化。在页面放大欲望这个功能区块里，有六个主要的元素。

1. 首屏信息

首屏信息就是顾客从搜索页或者从其他途径到达商品页面所看到的第一屏，首屏信息中的元素有店招和商品标题图。绝大部分网店首屏的设计会沿用实体店的方法，制作一个绚丽的招牌，标注一个店铺名称，例如，开心小铺、** 的淘宝店等，这种做法实际上忽略了买家的购物行走路径。回顾线下实体客户的购物行走路径，例如，顾客要购买一双男鞋，首先会在街上溜达，第一眼看到鞋店的招牌——** 鞋店，知道是鞋店，进入店铺之后，会查看需要的商品，所以要找货架，因为一个鞋店中可能有女鞋、男鞋、童鞋等，这与网店的分类页相似。在看中一款鞋子后，拿到手中端详，也就是行走到了网店的商品页，即宝贝详情页。从这里可以得出结论，实体店的购物路径是无法跳跃进行的，必须严格按照这 4 个步骤。实体店经过几千年的进化，为了吸引更多的顾客，有意使用霓虹灯、粉笔字提示新品告示、促销信息等核心信息来吸引消费者的眼球。所以，只要顾客从大街上经过店铺大门，第一时间就能了解到该店铺的重要信息。回头再看网店的首屏信息，你的店铺店招是否能反映出店铺的服务优势、商品优势、价格优势、促销活动等核心信息。绝大部分中小卖家的店铺都是杂货铺，横跨多个类目，所以使用一个简短的店铺名称概括，而忽视了店铺的商品品类，甚至追求色彩、文字的个性化，让顾客摸不着头脑。首屏信息的功能就是要让买家第一眼看到就不再想离开店铺。

这里简要罗列店铺页面首屏文案常见要素：

（1）品牌告知、品牌宣传语（针对有一定知名度的品牌）。

（2）店铺最大力度的促销活动。

（3）店铺主推的新品信息。

（4）店铺优势服务（闪电发货、7天无理由退换货、消费者保障计划、百分百实拍、假一赔三等）。

店招文案的信息要简明扼要，一目了然。图片力求清晰，文字简练、一语中的。

如图2-9所示，店招表现的信息直接、清晰，将核心卖点“全店聚划算”、“满69元包邮”等信息展现出来，这些最应该在首屏中出现，而纵观淘宝店铺，很多网店欠缺的就是这样的元素。

图2-9 网店首屏信息

店铺店头可以在网店的任意一个页面中展示，所以要充分利用这个功能。营销意识强的卖家会将店头部分进行功能化，设置商品的关键字热点导航，这就是功能区。实体店尚且会在货架旁、商品标签甚至店铺空旷区域重复放置核心信息，网店不受时间地域的限制，更应该充分利用每个可以投放信息的接触点，进行信息的重复告知，将重要信息多次灌输给客户，因为客户一旦单击页面关闭按钮，也就意味着失去了这个客户。这也是网店的路径通道之一。

早期淘宝店铺的店头位置是由店招和自定义区构成的。旺铺可以设置 6 个自定义区，现在的旺铺店头部分可以完全自定义。在展现内容上一般有服务性信息，例如，品牌发展和品牌文化、购物流程、物流信息、商品使用注意事项等；有功能性的导航，例如，围绕某一品类展开的关键字、SNS 频道、主题活动等；还有直接商品售卖的。当然也可以多样化，将这几种内容进行组合。图 2-9 中的店头部分，在功能区设置了首页通道、所有宝贝按钮、品类的关键字、买家必读等。

2. 宝贝主图

宝贝主图的功能是什么？它都会出现在哪些页面中？搜索页、首页、分类页、商品页，这 4 个页面中都会出现，如图 2-10 和图 2-11 所示。

宝贝主图在客户商品搜索这条大街上的功能是什么？是“拉客”。宝贝主图要制作成什么样才可以“拉客”呢？实际上相当简单，两个字概括就是“醒目”。于是，如今淘宝网商品图片“牛皮癣”特别多。一张原本相当美观的商品照片，描上一个红色的框，商品上写上大大的“秒杀”两个字，感觉非常突兀，视觉混乱。还有掌柜追求个性化宝贝主图，以局部细节图替代主图表现，影响客户继续浏览的兴趣。

如何让宝贝图片在搜索列表中脱颖而出，这是值得所有淘宝卖家关注的焦点，是店铺长期发展过程中能否引来流量最关键的要素。同时在店铺商品的销售上，宝贝主图也扮演了重要的角色。它直接关系到客户是否会继续拉动滑块查看宝贝的详情介绍。

宝贝主图的几点诉求：

（1）清晰、色彩与实物相符、细节表现到位；卖点突出、精益求精。

（2）图片展现要素直达客户内心，激发客户的购买欲望，引导客户拉动页面继续了解商品详情。

图 2-10 商品搜索页面

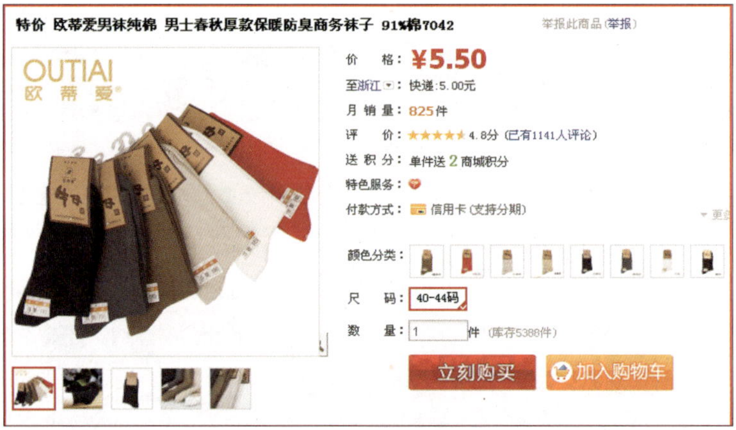

图 2-11 商品标题图

（3）当宝贝主图尺寸制作成 800×800 像素或大于这个值时，淘宝将启动放大镜功能，有助于买家进一步了解商品信息。

3. 宝贝标题

很多卖家很关注标题的内容，那么，买家会仔细查看宝贝标题吗？答案是否定的，所以宝贝标题要进行优化。商品的标题同样可以使用刺激买家购买心理的字眼，但是效果没有宝贝图片直观。

宝贝标题设置的误区：

- 滥用关键字；堆砌关键字；用词不当；语言表达不通顺；使用冷僻的专业术语、空格及符号。

宝贝标题设置的诉求：

- 讲究完整性；有层次；关键信息依序安置；断句便于阅读及了解商品核心信息。

宝贝标题关键字来源：

- 名称、服务、承诺、品牌、信用、型号、促销、物流、价格、功能、渠道、口号。

参考同行宝贝标题：

- 淘宝前台类目关键词、后台属性；
- 淘宝数据统计软件如量子恒道、数据魔方、淘宝指数等；
- 淘宝类目频道、商品搜索框等。

宝贝标题造句示例：

- 秒杀 / 包邮！品牌 + 系列型号 / 特点 + 名称 1/ 名称 2+ 规格 + 功能 + 卖点

4. 宝贝描述详情图

描述图片的功能是什么？只有在宝贝详情里才可以看到，即展示商品信息。它应该做到什么样才能展现一个合理的商品信息？买家需要什么信息，或者店铺应该告知买家什么样的信息。换个角度来看网络与实体购物的差异，首先，购物体验不同，顾客顾虑在网络上买东西，看到的和实际收到的不一样。在实体店购物可以摸到，细细品味和查看，而在网店则只能查看店家提供的商品图片，恰恰最值得担忧的是摸不着。顾客除了担心质量还担心什么呢？就是运输问题，实体店一手交钱，一手交货，而网上订单支付后，买家潜意识中认为钱已经打给卖家了，担心货不对板或者物流出状况。物流疑虑将在后面的章节中做介绍。于是宝贝描述图片应该设计成什么样呢？真实！商品进行实拍。特别是服装类目，大部分店铺启用了模特拍摄。模特图从某种意义上来看，没有实拍图重要，因为买家想看到最真实的图片，如图 2-12 所示。

实拍图其实有两种，一种是商品描述图片，很多人习惯叫宝贝图片，还有一种是细节图，越细越好，如图 2-13 所示。制作细节图时还存在一个问题，有些店铺掌柜为了追求页面的美感，将细节图裁切成小图样拼接。客户的需求是看清楚，而小图样的拼接不利于浏览，降低了细节图片的品质。

图 2-12 商品描述图片

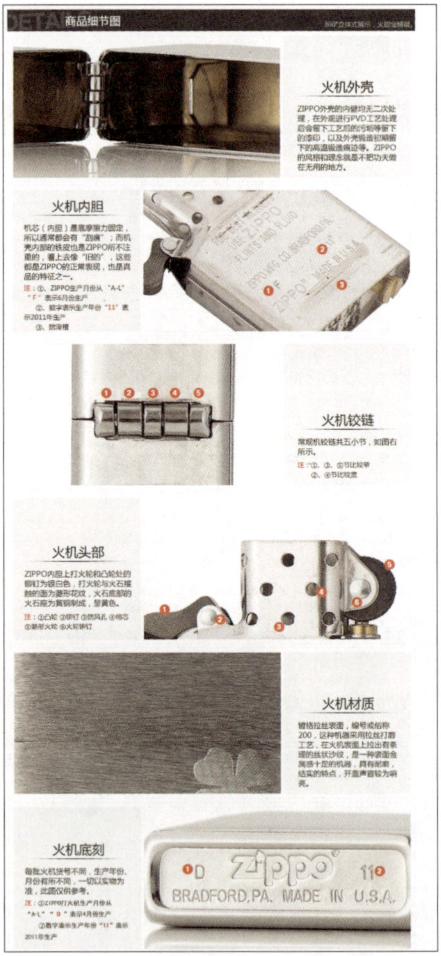

图 2-13 细节描述图片展示

清晰、色彩精准、细节展示到位的宝贝图片能为宝贝描述页面加分，增加宝贝销售的概率。在描述页面，宝贝图片贵在于精，不在于多。许多网店掌柜在两个极端分化，要么商品图片过少，孤零零地放置一张整体图，要么整个描述页都堆满图片。商品图片过少，不利于客户了解宝贝的全貌；商品图片过多，页面打开缓慢，容易引发客户不耐烦的情绪。在图片冗余的页面中，图片在陆续显示时，还会使页面产生顿挫，页面滑块跳出鼠标控制，也会使客户产生厌烦情绪，降低客户的购物体验。如何正确的展示描述图片的顺序呢？一般来说，一个标准的商品页面可以先用 1 ～ 2 张图片展示商品的整体、描述商品的结构或者成分，其次用 3 ～ 5 张图片展示商品的颜色款式和细节，再使用 2 ～ 3 张图片展示使用效果，让客户有一个很直观的商品体验。特别是服饰类的商品，使用模特实拍图，可以让客户有联想的空间。所以，一个宝贝的展示图片在 10 张左右为宜。

宝贝描述详情图的误区：

片面追求宝贝图片质量，小题大做，聘请专业摄影师操刀。一张好的摄影作品，讲究光影效果，而对于网店商品图片则需要看清楚。摄影师会搞一堆摄影的装备拍摄商品，摄影灯光的强度各方面其实不如自然光，如果为了质感，模特图可以用灯光，而商品细节图一定要用自然光。

宝贝描述详情图诉求：

- 卖点突出，各方位立体化表现商品价值、功效。
- 细节图细致入微，直观反映商品品质。
- 粗中有细，布局合理，视觉与功能并重。

5. 营销文案

一个好的营销文案能打造出一个网店的知名度。如图 2-14 所示，是“螃蟹秘密”品牌的一个营销文案，图片与文字的精准定位，引导商品卖点——“呼吸是我的本能”。这个营销文案的精妙之处就在于引导。如果没有文字引导，客户会一时间转不过弯，潜意识中感觉不适。而在引导之后，巧妙地表现了莫代尔内裤的优良透气性。这就是用特殊的方式表现他的卖点，让每个人都记住。

Crab Secret
www.pxmimi.com
3.2商务莫代尔系
呼吸是 我的本能

图 2-14

如图 2-15 所示，这张创意图是一个新款春装系列文案，整个文案的色调、风格与商品融合，搭配优雅的语言叙述，娓娓道来，打造出一种春天雨季、万物复苏的味道。商品图片采用水彩勾勒，与春天的意境融为一体，引导客户浮想联翩。

2012春季第二波段灯火阑珊系列
系列灵感描述：夜间漫步在灯光闪烁的石板小路上，
倾听着远处的流水潺潺，不经意回头望去，
刹那间感觉那人就在灯火阑珊处!千年的寻觅就在那不经意间！
系列设计特点：此系列采用碎花和净色相结合，
就如那灯火闪烁倒映在潺潺流水中，
加以水墨印花与布料撞色的拼接
正如漫步在石板路间的那一幅幅美丽画卷！
棉麻艺术家说：
寒流一拨接着一拨，零零散散的小雨夹着雪籽时不时打在薄棉外套上。
虽然这个龙年的春天姗姗来迟，但，毕竟还是来了。

图 2-15

营销文案诉求：

（1）商品营销。

- 商品关键字：突出卖点、特色、功能。
- 图片色彩：环境烘托商品风格。

（2）店铺促销。

- 把握营销工具尺度，掌控促销力度。
- 明确目的，做好效果预算与评估。

6. 效果展示

商品功效最具说服力的就是使用效果对比。实事求是表达我们商品的优势和卖点。要让客户下决心购买，一定要让宝贝的卖点突出，需要注意的是不要盲目扩大产品的功效，如图 2-16 所示，销售瘦腿袜的商家可以用尺子测量穿袜子后与没穿前的效果进行对比。

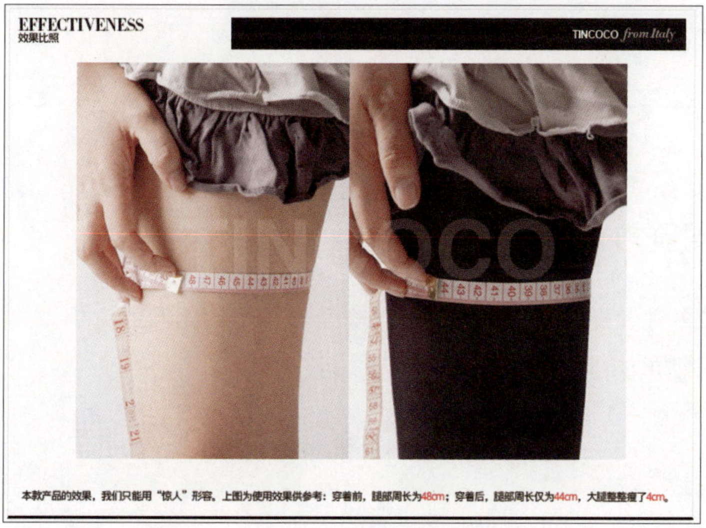
EFFECTIVENESS
效果比照
TINCOCO from Italy
本款产品的效果，我们只能用“惊人”形容。上图为使用效果供参考：穿着前，腿部周长为48cm；穿着后，腿部周长仅为44cm，大腿整整瘦了4cm。

图 2-16 效果对比图

如图 2-17 所示，销售防辐射贴片的商家使用专业仪器测试贴片的实际效果。注意在进行商品对比时，为了避免侵权，不要将用来对比的商品品牌展现出来，以免引发不必要的纠纷。

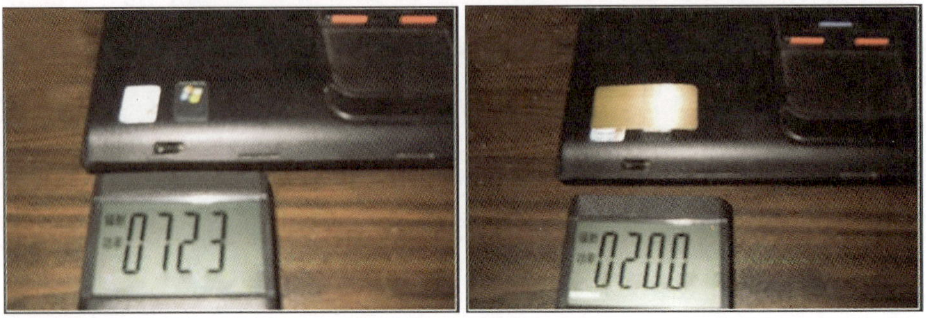

图 2-17 商品特点对比图

效果展示的几个误区：

- 商品功效过于夸张。
- 展现反差不明显。
- 语言表达疲软，无说服力。

效果展示技巧：

- 图文结合，叙述一针见血，优劣感明晰，知识点和兴趣点双管齐下。

2.2.2 提升竞争力

网店竞争力多种多样，有商品货源优势竞争力、个性化服务竞争力等。在本节中将具体介绍提升店铺竞争力的 6 个元素。

1. 实体展示

为什么要展示实体店，作用是什么？对于虚拟网络，看不见，摸不着。在网店中放置一张实体店图片，可以让买家感受店铺的真实存在，提升买家对店铺实力的认知，如图 2-18 所示。

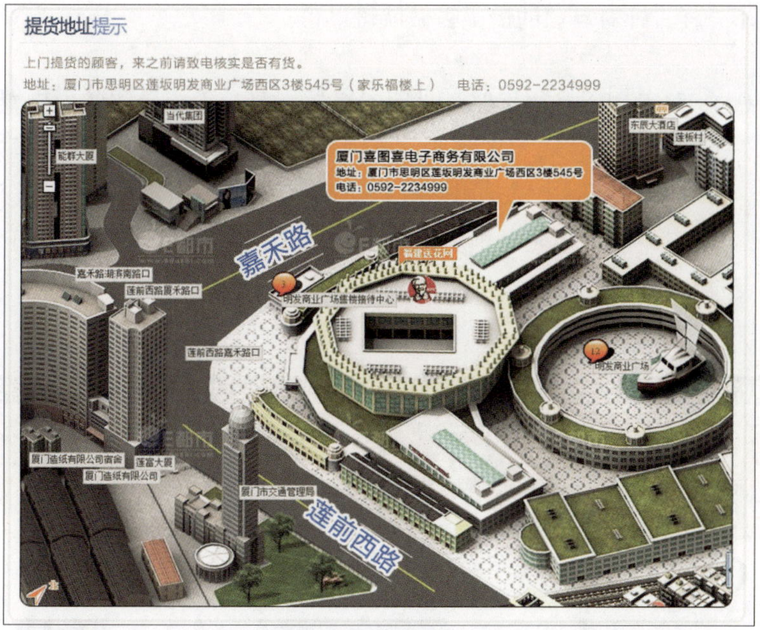

图 2-18 实体店展示图

实体展示的几个误区：

- 篇幅占比过大，文字长篇累牍而顾此失彼。

实体展示技巧：

- 文字——以大事记形式概要记录发展历程、荣誉。
- 图片——以增强店铺竞争力、提升客户信任感为宗旨，点到即止；实体、工厂展现要素应简洁、图片美观。

2. 文化展示

有一个店家是卖仿钻石的，他说他最大的竞争对手卖得很好，他们是土生土长的中国人，但是开了一家法国公司，说是法国材料、法国工艺，这是包装出来的店铺文化，犯法吗？不犯法。

文化也不要说得太离谱，正常的介绍文化还是需要的，让买家觉得你有文化。因为每个店铺的情况不一样，针对自己的情况去做就可以了。

我记得 2011 年春节期间，淘宝网首页的公告栏中有一个卖家团队加班做游戏的帖子，实际上这就是一种文化的宣传，一个企业、店铺、团队的文化也可以广义的理解为跟别人不一样的地方，这个卖家实际上就是用这种特殊的文化来让买家记住他，让买家觉得他不一样，仅此而已。如图 2-19 所示是一个店铺文化展示，这也是最常见的店铺文化的表达方式，虽然直白，但是能让买家感受到其与其他店铺的不同。

品牌故事 Brand STORY
OBA的故事…
国际时尚品牌OBA于1906年在斐纳成立。OBA的商标含义代表着在埃菲尔铁塔下做好包包，立志成为法国的第一品牌。OBA于1976年扩资并重新注册于巴黎，产品线涉及箱包、服饰、化妆品等多个领域，成为国际市场的女性代表品牌。
OBA品牌起初发源于斐纳老城区的小作坊间直到20世纪中期才发展成为法国全国知名品牌。为了纪念发源地历史，在品牌形象塑造上，至今依然秉承原有的风格，以类似法国老城区风味和斐纳11世纪城堡等形象为主要背景依托，充分显示品牌的复古气息，就如同波尔多老窖红酒一样，传达给受众经典的韵味。
法兰西的代表建筑“艾菲尔铁塔”
Cannes Cannes is a towns of France southern part , being located in Alpes-Maritimes province sky blue coast area , the Mediterranean , population adjacent to is the location that Cannes film saves about 70,000 people. Cannes also takes whose graceful sandy beach as.
金棕榈奖
Cannes市徽
2009年9月8日第十一届中国国际投资贸易洽谈会上，OBA商标所有人正式授权由中法合资企业奥巴（中国）有限公司在中国地区永久使用该商标权力，意味着法国经典品牌OBA的全球化格局迈出了崭新的一步

图 2-19 店铺文化展示

3. 实力展示

实力展示能采用的东西很多。淘宝网以前有一个很老的课件，怎样让别人心服我们，是一个卖中草药面膜的，下面展示了几十个证书，现在来看有点假了，那个时候比较单纯，看起来真的很幸福。现在营业执照也可以拍出来发发，如图 2-20 所示。

总之，就是想办法体现实力，实力强的和实力弱的，最起码买家售后感受是不一样的。

如图 2-21 所示就是实力展现，根据现有条件可以做一下。

图 2-20　店铺实力展示

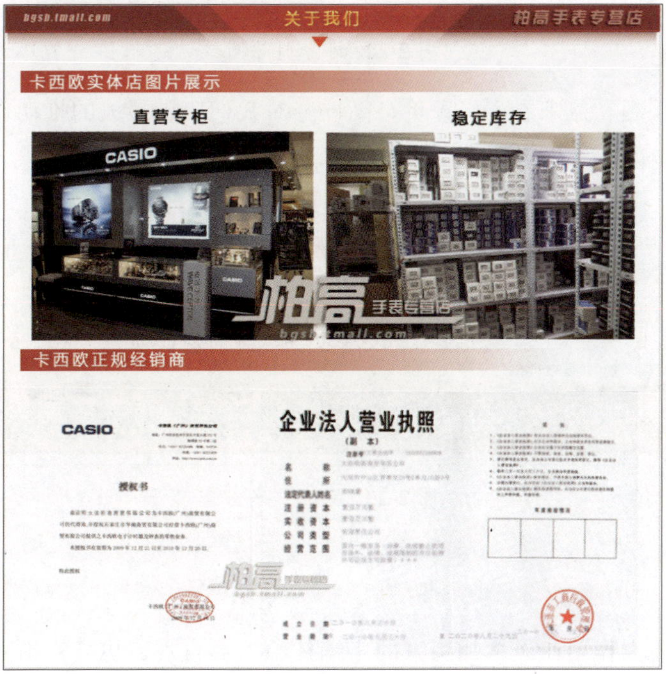

图 2-21　店铺实力展示

4. 评价展示

网店的中差评及动态评分是商品搜索权重一个重要的衡量指标。好评率、高评分能直接反映店铺商品的质量及优质的服务，同时也为后续的店铺及商品搜索奠定基础。评价及评分的引导，可以有效提升店铺的竞争优势。客户网店购物大部分都有查看店铺及商品评价的习惯，且对于买家对商品问题的评价特别在意，因为这是购买的重要依据。

最近淘宝网商品页面改版，商品详情页的第一屏改成通栏。已售出商品数量旁边可以直接点击查看评价，因此店铺更需要引导买家给出好评。近期淘宝网又推出了评价有礼服务，可以看出淘宝网对客户满意度的重视，如图 2-22 所示。

满意请打5分哦！
宝贝与描述相符 5分
卖家的服务态度 5分
卖家的发货速度 5分
如果您不满意，请与我们联系，
我们将服务到您满意为止！
如果您满意我们的宝贝，
请记得打5分哦，作为给我们的奖励！

图 2-22 评分引导图

从网店发展长远利益来看，好评价、高评分对我们店铺最大的推动作用，不是买家怎么看待，而是它能让店铺及商品搜索排名靠前，提升店铺优势和竞争力，如图 2-23 所示。

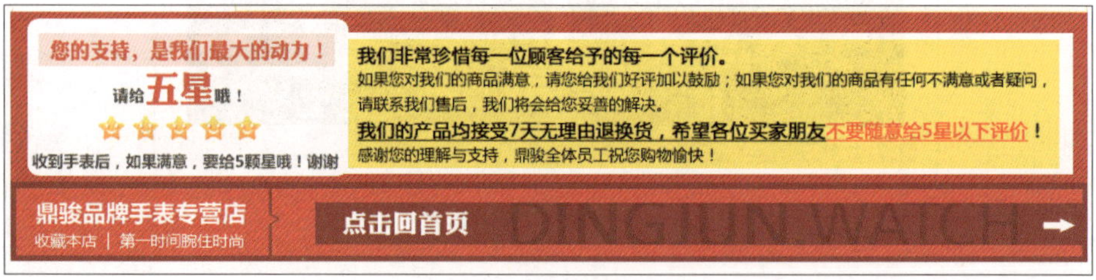
您的支持，是我们最大的动力！
请给五星哦！
收到手表后，如果满意，要给5颗星哦！谢谢
我们非常珍惜每一位顾客给予的每一个评价。
如果您对我们的商品满意，请您给我们好评加以鼓励；如果您对我们的商品有任何不满意或者疑问，请联系我们售后，我们将会给您妥善的解决。
我们的产品均接受7天无理由退换货，希望各位买家朋友不要随意给5星以下评价！
感谢您的理解与支持，鼎骏全体员工祝您购物愉快！
鼎骏品牌手表专营店
收藏本店 | 第一时间腕住时尚
点击回首页
DINGJUN WATCH

图 2-23 评价引导图

5. 动态展示

动态展示的最大作用在于增加买家的店铺体验，更直观、更真实地看到商品的实际效果。如图 2-24 所示，这是“吉他平方”网店掌柜放置的一段《神话》吉他弹奏表演，在视频中使用的就是店铺内出售的吉他。

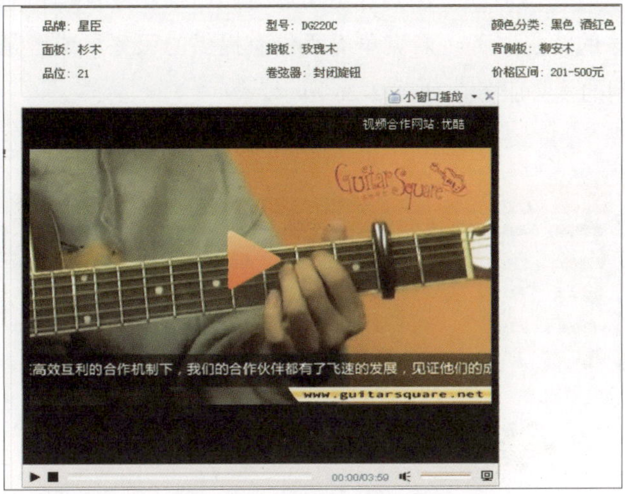

图 2-24 吉他演奏演示

如图 2-25 所示，这是一段影室灯安装方法的教学视频。视频讲解的方式有效减少了文字说明，也让买家在简短的时间内快速了解商品的安装及使用方法。除了效果展示和使用说明，视频还可以演绎商品的诱惑力和功能化。例如，Zippo 打火机商家，可以将打火机的玩转技巧进行展示，激发客户的购买欲望。

图 2-25 使用教程视频

6. 增值服务展示

网店所谓的增值服务包括客户体验式增值服务和店铺功能性增值服务。客户体验式增值服务就是给予买家的特色服务，而竞争对手没有提供的服务，或者是客户进入店铺购物时额外的、意想不到的优势服务，如图 2-26 所示。

会员特权
生日特权
会员通过客服登记生日信息，在生日当天购物后即可获赠相应生日礼包。
会员周专享权
会员周
每月10日至16日会员周，尊享折扣，低至5折。
活动优先权
新品首发、店铺活动，通过邮件、短信优先告知会员，会员即可抢鲜体验。
惊喜特权
专业惊喜制造团队，不定期为会员制造惊喜。

会员等级	会员折扣	会员周尊享	新品抢先体验	店铺活动优先知	生日特权
普通会员			√	√	生日礼包(价值20元)
高级会员	9.8	√	√	√	高级生日礼包(价值60元)
VIP会员	9.5	√	√	√	VIP生日礼包(价值120元)
至尊VIP	9	√	√	√	至尊VIP生日礼包(价值200元)

图 2-26 提供增值服务展示

如图 2-27、图 2-28 所示，代写贺卡、试穿体验等，这些都是店铺的客户体验式增值服务。

代写贺卡
贺
写上您的祝福，
让他（她）感受到
一片不一样的天空

图 2-27 代写贺卡服务

试穿体验
我们来告诉你，你想知道的
TRY EXPERIENCE

图 2-28 试穿体验服务

功能性增值服务主要从卖家的角度出发，例如，淘宝网设置的一些增值服务。消费者保障计划、7 天无理由退换货、正品保证、假一赔三、爱心捐赠、信用卡支付、运费险、淘宝 VIP 会员、货到付款等。参加消费者保障计划的店铺商品能让买家放心的购买；爱心捐赠服务可以反馈店铺掌柜的公益与热心；货到付款服务方便不熟悉网上支付的买家购买商品。淘宝官方数据显示，在淘宝网店浏览商品后流失客户中有 45% 是因为不了解线上支付的操作方法。所有的这些功能性增值服务都会计入到宝贝搜索的权重中，所以这些元素的设置，不仅仅为了更好地服务于客户，还有利于店铺的发展。

2.2.3 刺激决心

客户欲望放大后，店铺页面需要一股动力将冲动催化为下订单的决心。在商品页面中，刺激决心的元素主要有五种，分别是核心信息告知、促销文案、销量展示、评价展示、营销工具的使用。

1. 核心信息告知

引入一个家乐福卖鸡蛋的案例，超市卖土鸡蛋一毛钱一个，会有很多人排队购买。家乐福如何做到让全城的老百姓知道土鸡蛋促销呢？他们靠的是宣传。然而为了明天卖鸡蛋，不可能大动干戈使用电视广告、报纸、小区发传单、公交车车身广告。他们只需要在超市正门口张贴大幅海报，“土鸡蛋一毛钱一个，数量有限！”。因为有 5 种人群会知道这张海报的内容，第 1 种是今天路过家乐福门口的人，因为它的门正朝大街；第 2 种是今天来家乐福购物的人；第 3 种是第 2 天路过家乐福的人；第 4 种是第 2 天原本就要来家乐福的人；第 5 种是前 4 种人回家宣传后获知这一消息的人，所以全城老百姓也就基本都知道了这个信息。网店能做到吗？许多掌柜抱怨，一样的衣服，100 元进货，别家店铺卖 800 元销量火爆，而自己卖 20 元都没有客户购买。其中一个重要的因素就是客户根本不知道你在亏本销售，因为你的海报贴错了地方。网店的顾客基本上都不是从网店“大门”也就是店铺的首页进来的，一般都“爬窗户”来到店铺中。一个网店有 200 个宝贝，也就意味着店铺有 200 扇窗户。但是有多少网店把店铺的核心信息贴 200 次呢？特别是中小卖家，基本上只在首页上可以看到店铺的促销信息。实体店的信息告之采用重复多次刺激的形式，让你在无意中多次接触到信息点。

买家在店招上几乎不做停留，只是一扫而过。有些人如果留意会看到，但绝大部分客户是看不到的。重要信息在店铺的不同位置多次告之，最核心的一次在于属性结束的区域。所以要刺激客户的购买决心，店铺需要将促销等核心信息在店铺的各大页面铺天盖地地进行展示，如图 2-29 至图 2-31 所示。

图 2-29 核心信息展示图 1

图 2-30 核心信息展示图 2

图 2-31 核心信息展示图 3

2. 促销文案

单品促销文案的设置主要放置于每一款商品的详情页中。每一款宝贝设计独立的促销文案。目前在淘宝店铺中，只有部分品牌及个性化店铺，如裂帛设置了这一元素。单品促销文案可以有效提升商品等级，刺激客户追求高品质商品的心理。

3. 销量展示

一款商品的销量火爆，同时也意味着商品的品质高。高销量商品类似滚雪球，良性循环，不仅可以增加单品销量，还能以爆制爆，带动店内其他商品的销售。这也是现在绝大部分店铺打造爆款的原因。网购客户有着很严重的从众心理。销售数量能够很大程度上刺激客户的购买决心。所以店铺中一旦形成销量大的单品，需要不定期更新数据截图，将销量展示到商品详情页面中。如图 2-32、图 2-33、图 2-34 所示。

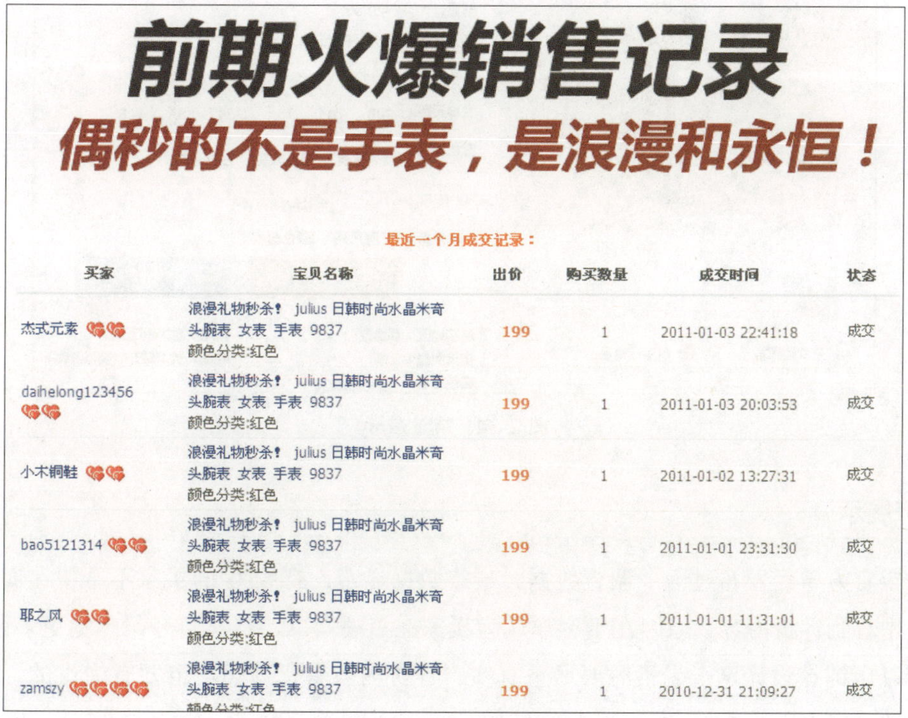
前期火爆销售记录
偶秒的不是手表，是浪漫和永恒！
最近一个月成交记录：

买家	宝贝名称	出价	购买数量	成交时间	状态
杰式元素	浪漫礼物秒杀！ julius 日韩时尚水晶米奇头腕表 女表 手表 9837 颜色分类:红色	199	1	2011-01-03 22:41:18	成交
daihelong123456	浪漫礼物秒杀！ julius 日韩时尚水晶米奇头腕表 女表 手表 9837 颜色分类:红色	199	1	2011-01-03 20:03:53	成交
小木铜鞋	浪漫礼物秒杀！ julius 日韩时尚水晶米奇头腕表 女表 手表 9837 颜色分类:红色	199	1	2011-01-02 13:27:31	成交
bao5121314	浪漫礼物秒杀！ julius 日韩时尚水晶米奇头腕表 女表 手表 9837 颜色分类:红色	199	1	2011-01-01 23:31:30	成交
耶之风	浪漫礼物秒杀！ julius 日韩时尚水晶米奇头腕表 女表 手表 9837 颜色分类:红色	199	1	2011-01-01 11:31:01	成交
zamszy	浪漫礼物秒杀！ julius 日韩时尚水晶米奇头腕表 女表 手表 9837 颜色分类:红色	199	1	2010-12-31 21:09:27	成交

图 2-32 历史交易展示

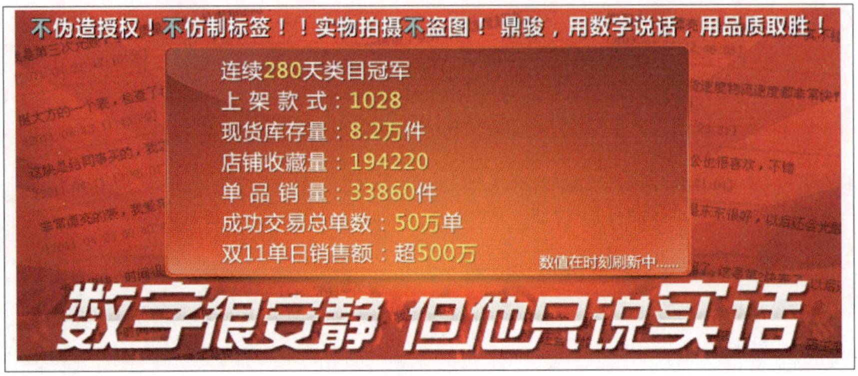

图 2-33 销售数据展示

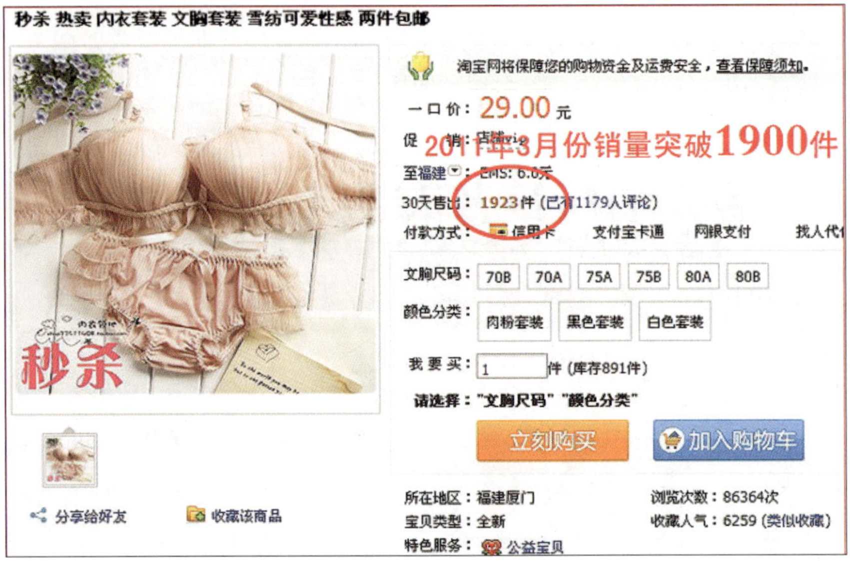

图 2-34 销量展示

4. 评价展示

淘宝官方曾经发布过一个调查数据。最终数据显示，有 65% 的买家不希望在商品的详情页面中看到评价内容。原因在于客户认为卖家在王婆卖瓜，自卖自夸，感觉更多的是假、虚。所以店铺在设计这一元素时要尽量真实。评价内容有优质的，也要有中肯的。店铺及商品的评分高出行业 50% 以上，同样可以在详情页面中展示出来，如图 2-35 所示。

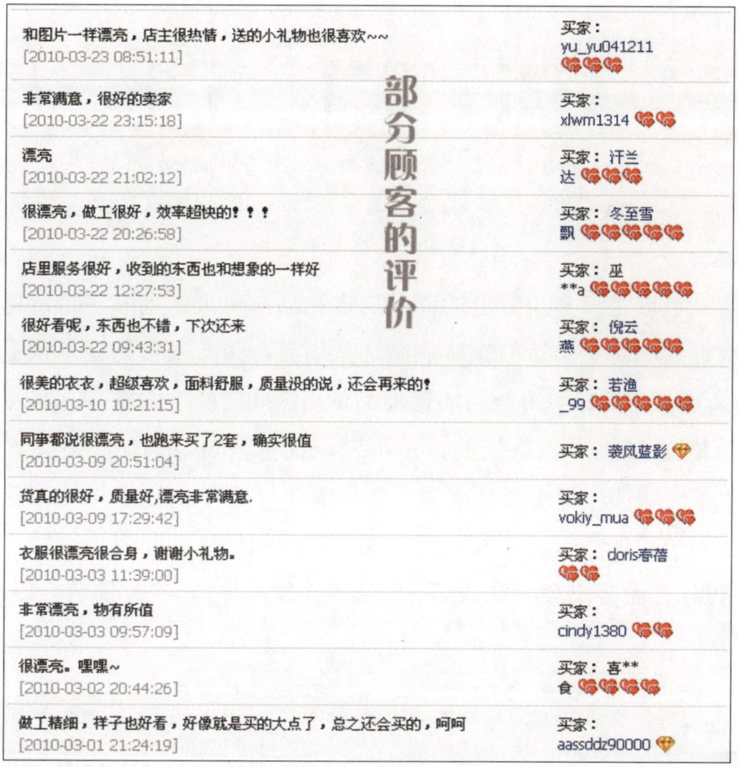
部分顾客的评价
和图片一样漂亮，店主很热情，送的小礼物也很喜欢~~
[2010-03-23 08:51:11]
买家：yu_yu041211
非常满意，很好的卖家
[2010-03-22 23:15:18]
买家：xlwm1314
漂亮
[2010-03-22 21:02:12]
买家：汗兰达
很漂亮，做工很好，效率超快的！！！
[2010-03-22 20:26:58]
买家：冬至雪飘
店里服务很好，收到的东西也和想象的一样好
[2010-03-22 12:27:53]
买家：巫**a
很好看呢，东西也不错，下次还来
[2010-03-22 09:43:31]
买家：倪云燕
很美的衣衣，超级喜欢，面料舒服，质量没的说，还会再来的！
[2010-03-10 10:21:15]
买家：若渔_99
同事都说很漂亮，也跑来买了2套，确实很值
[2010-03-09 20:51:04]
买家：袭风蓝影
货真的很好，质量好,漂亮非常满意.
[2010-03-09 17:29:42]
买家：vokiy_mua
衣服很漂亮很合身，谢谢小礼物。
[2010-03-03 11:39:00]
买家：doris春蓓
非常漂亮，物有所值
[2010-03-03 09:57:09]
买家：cindy1380
很漂亮。嘿嘿~
[2010-03-02 20:44:26]
买家：喜**食
做工精细，样子也好看，好像就是买的大点了，总之还会买的，呵呵
[2010-03-01 21:24:19]
买家：aassddz90000

图 2-35 历史评价展示

5. 营销工具的使用

对于中小卖家，淘宝营销工具运用最多的有满就送、满就减、满金额包邮、搭配套餐等。

（1）搭配套餐：很多掌柜对店铺的搭配套餐存在意识上的误区。在产品搭配设置时仅仅考虑的是“我想让客户看到什么”，而不是“客户想要什么”。店铺在设置搭配套餐时，在商品方面应该设置功能互补的商品、功能相似的商品，或者搭配使用的商品及后者是增强效果的产品。在价格方面，应该搭配出让客户惊喜的效果，而又能达到提升店铺客单价的目的。如果只是简单的价格叠加，该套餐没有任何吸引力，也就丧失了搭配销售的意义。具体价格设定可以根据店铺的承受能力和搭配该套餐的目的和意义来确定。

用来构建搭配套餐的商品，建议为店铺的爆款商品，可以以爆制爆。因为爆款的展现率最高，也最有机会将套餐推销出去，如图 2-36 所示。

搭配减价
超值套餐
480D超薄款+...
促销价：299.00
480D超薄款九...
促销价：369.00
480D超薄款+...
促销价：369.00
480D超薄款+...
促销价：369.00
480D超薄款+...
促销价：285.00

图 2-36 搭配减价工具

（2）满就送：可以是满多少数量的商品后送礼品，也可以是满多少价格后送礼品。精明的网店掌柜会设置满足一个价格额度后赠送抵用券，为二次营销埋下伏笔。在设置满就送的活动时，应考虑设定的金额界限与店铺商品价格区间的隐性关联，如图 2-37 所示。例如，店铺爆款商品价格为 55 元，满就送的价格可以设置在满 60 元赠送礼品。5 元的界限可以让客户很容易地接受增加一款小商品以满足送礼条件。如果设定满 58 元赠送礼品，不仅达不到预想的提升客单价的效果，还有可能引发不必要的赠送礼品咨询纠纷，反而增加了客服的议价工作负担，甚至客户会因这么小的金额界限差距协商失败，而放弃原本的购买意向。

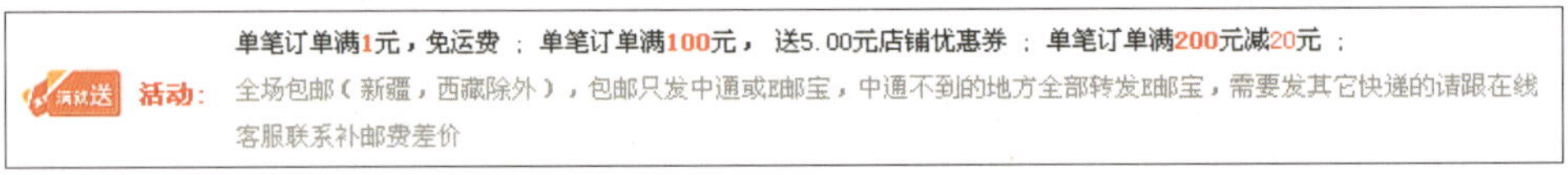
满就送
活动：
单笔订单满1元，免运费；单笔订单满100元，送5.00元店铺优惠券；单笔订单满200元减20元；
全场包邮（新疆，西藏除外），包邮只发中通或EMS，中通不到的地方全部转发EMS，需要发其它快递的请跟在线客服联系补邮费差价

图 2-37 满就送工具

（3）满就减：其功能类似于满就送。满就减更多是用于交易金额满足设定额度后，减免一定的金额。也有满足一定的商品件数，减免一定的金额。满就减的活动吸引力度会低于满就送。从某种意义上来说，满就减活动在提升了客单价的同时又在降低客单价，不过在诱惑力这点上胜于满就送。

（4）满金额包邮：对网店来说，免运费是最为有效、最贴近客户购物心理的营销策略。免运费可以增加客户黏度，对降低平均客户获得成本有帮助。在产品同质化的情况下，这是比拼物流和供应链能力，同时也是战胜竞争对手强有力的举措。有数据显示，美国市场 47% 的订单是包邮的，而 61% 的消费者极有可能会因不包邮而放弃订单。商家提供包邮服务时，平均每笔订单中客户会多支出 30% 的费用，给客户 20% ～ 25% 折扣和包邮的效果是一样的。对于商品利润率低的店铺，可以分金额、分地域、分不同快递进行包邮，尽量减小店铺物流成本。例如，快递成本较低的区域设置的满足包邮的额度小一些，偏远地区，

快递成本较高的区域设置满足包邮的额度稍大一些。

2.2.4 打消疑虑

在前面的章节中提到，网上购物是在一个虚拟的环境中完成支付。如果想要客户放心购买，店铺必须将售后的流程预先告知客户，打消疑虑。在订单完成的后续流程中涉及商品的包装、物流运输、售后保障等因素。针对不同的阶段，店铺需要设置对应的信息告知元素。

1. 商品包装

包装展示在向客户说明商品包裹交付物流运输形态的同时，也彰显了卖家的服务水准。而这些恰恰是很多店铺都缺少的。不同客户对商品包裹的要求是有差异的。有些客户只要商品不破损即可；而有些客户购买商品是馈赠亲戚朋友或者领导，对包装的要求也就更高。买家预先了解商品的包装状态，有利于在接收包裹时查看商品外包装是否正常，保障自身利益。如图 2-38、图 2-39 所示。

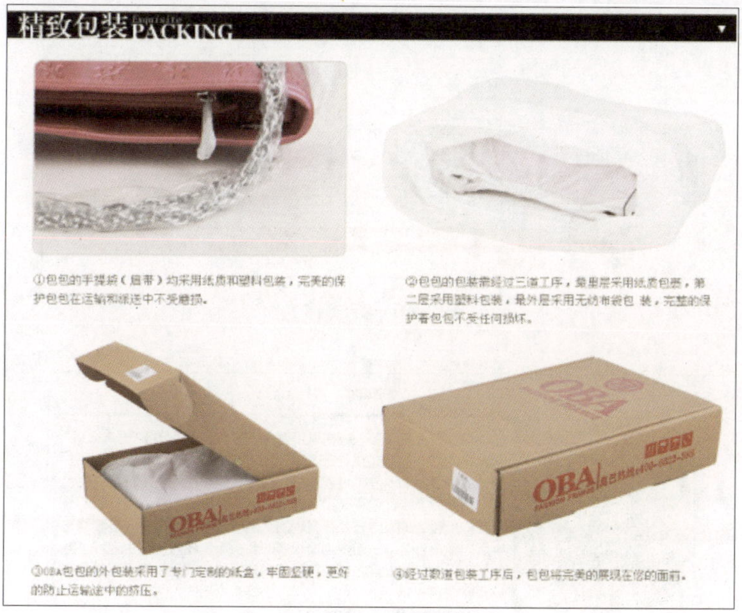
精致包装 PACKING
①包包的手提袋（肩带）均采用纸质和塑料包装，完美的保护包包在运输和派送中不受磨损。
②包包的包装需经过三道工序，最里层采用纸质包裹，第二层采用塑料包装，最外层采用无纺布袋包装，完整的保护着包包不受任何损坏。
OBA
③OBA包包的外包装采用了专门定制的纸盒，牢固坚硬，更好的防止运输途中的挤压。
④经过数道包装工序后，包包将完美的展现在您的面前。

图 2-38 包装环节图 1

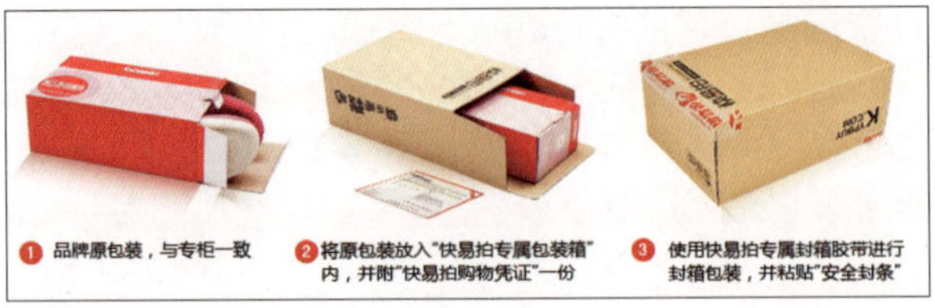
1 品牌原包装，与专柜一致
2 将原包装放入"快易拍专属包装箱"内，并附"快易拍购物凭证"一份
3 使用快易拍专属封箱胶带进行封箱包装，并粘贴"安全封条"

图 2-39 包装环节图 2

2. 物流信息

据统计，买家在网上购物有两大疑虑，第一个是质量，第二个是物流。在网店中都应该展示哪些物流信息呢？一般来说，买家关注的物流信息包括商家发货时间、物流名称、快递单号、到货时效、物流价格等。如图 2-40 所示，简单的物流信息只能消除客户运输过程中的疑虑。店铺中还可以对物流信息进行丰满，如图 2-41 所示，可以进行签收事项的提醒和问题处理办法的罗列。物流信息的表达形式可以多种多样，例如，表格、文字、图片。“螃蟹秘密”店铺的到货时效就是采用一张中国地图的形式，标注省份和分别到货时间，直观、明了。

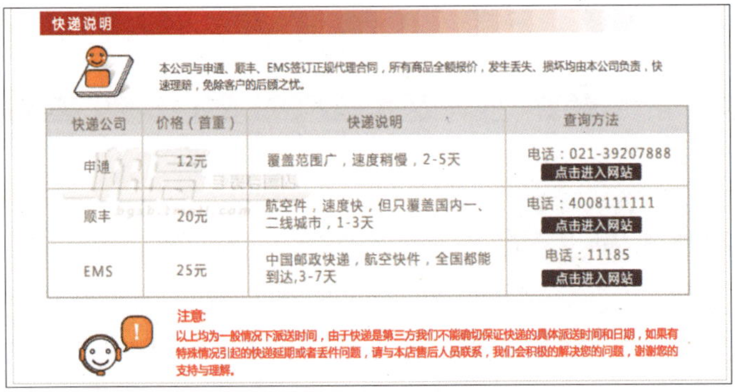
快递说明

本公司与申通、顺丰、EMS签订正规代理合同，所有商品全额报价，发生丢失、损坏均由本公司负责，快速理赔，免除客户的后顾之忧。

快递公司	价格（首重）	快递说明	查询方法
申通	12元	覆盖范围广，速度稍慢，2-5天	电话：021-39207888 点击进入网站
顺丰	20元	航空件，速度快，但只覆盖国内一、二线城市，1-3天	电话：4008111111 点击进入网站
EMS	25元	中国邮政快递，航空快件，全国都能到达,3-7天	电话：11185 点击进入网站

注意:
以上均为一般情况下派送时间，由于快递是第三方我们不能确切保证快递的具体派送时间和日期，如果有特殊情况引起的快递延期或者丢件问题，请与本店售后人员联系，我们会积极的解决您的问题，谢谢您的支持与理解。

图 2-40 物流信息

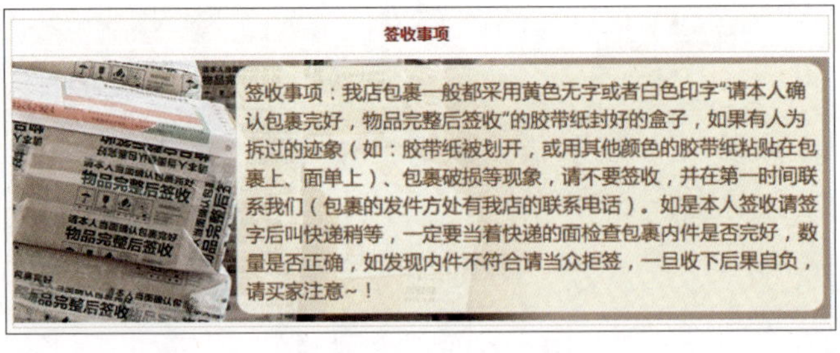
签收事项
签收事项：我店包裹一般都采用黄色无字或者白色印字"请本人确认包裹完好，物品完整后签收"的胶带纸封好的盒子，如果有人为拆过的迹象（如：胶带纸被划开，或用其他颜色的胶带纸粘贴在包裹上、面单上）、包裹破损等现象，请不要签收，并在第一时间联系我们（包裹的发件方处有我店的联系电话）。如是本人签收请签字后叫快递稍等，一定要当着快递的面检查包裹内件是否完好，数量是否正确，如发现内件不符合请当众拒签，一旦收下后果自负，请买家注意~！

图 2-41 签收事项

3. 售后保障

售后信息罗列的目的是让客户在店铺中购物时吃下一颗定心丸。完善的售后服务不仅可以促成订单，还可以打消客户售后的各种疑虑。售后信息包括客户商品签收信息及商品质量问题。如图 2-42 所示，这是一个相当全面的售后信息展示，涵盖了外观破损的处理方法，他人代签的方法，本人签收的方法，让买家感觉温馨与放心。

（1）售后信息，如图 2-42 所示。

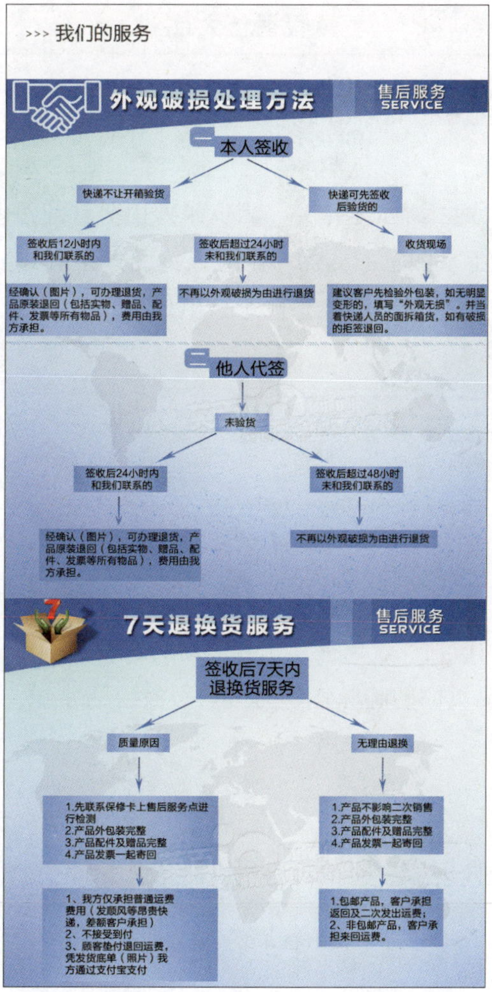
>>> 我们的服务
外观破损处理方法
售后服务 SERVICE
一 本人签收
快递不让开箱验货
快递可先签收后验货的
签收后12小时内和我们联系的
签收后超过24小时未和我们联系的
收货现场
经确认（图片），可办理退货，产品原装退回（包括实物、赠品、配件、发票等所有物品），费用由我方承担。
不再以外观破损为由进行退货
建议客户先检验外包装，如无明显变形的，填写"外观无损"。并当着快递人员的面拆箱货，如有破损的拒签退回。
二 他人代签
未验货
签收后24小时内和我们联系的
签收后超过48小时未和我们联系的
经确认（图片），可办理退货，产品原装退回（包括实物、赠品、配件、发票等所有物品），费用由我方承担。
不再以外观破损为由进行退货
7天退换货服务
售后服务 SERVICE
签收后7天内退换货服务
质量原因
无理由退换
1.先联系保修卡上售后服务点进行检测
2.产品外包装完整
3.产品配件及赠品完整
4.产品发票一起寄回
1.产品不影响二次销售
2.产品外包装完整
3.产品配件及赠品完整
4.产品发票一起寄回
1、我方仅承担普通运费费用（发顺风等昂贵快递，差额客户承担）
2、不接受到付
3、顾客垫付退回运费，凭发货底单（照片）我方通过支付宝支付
1.包邮产品，客户承担返回及二次发出运费；
2、非包邮产品，客户承担来回运费。

图 2-42 售后信息说明图

（2）服务信息，卖家的服务信息如图 2-43 所示。

100%网购零风险
7天无理由退换货，让网购更加放心！
100%优质服务
正品保障，一流的客服！
100%质量保证
质量过硬，承诺假一罚万！
100%实物拍摄
没有虚假，保证买到就是看到的！

图 2-43 卖家服务信息

（3）真伪对比，商品的真伪对比图如图 2-44、图 2-45 所示。

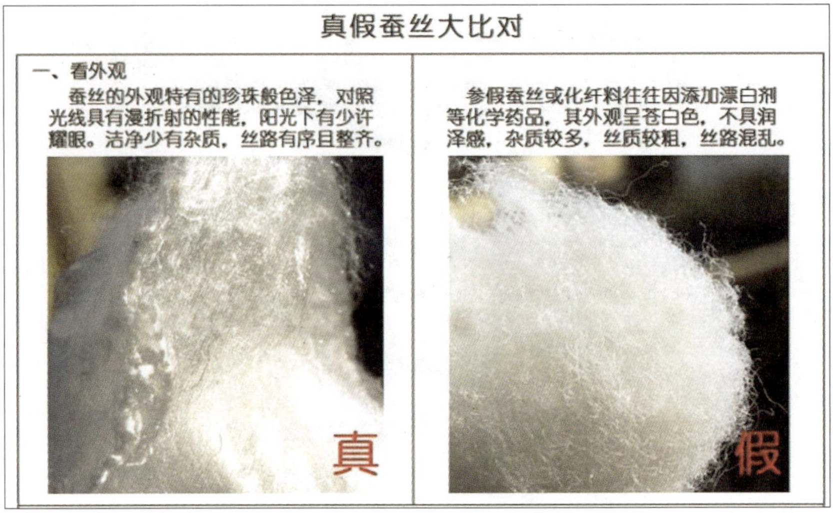
真假蚕丝大比对
一、看外观
蚕丝的外观特有的珍珠般色泽，对照光线具有漫折射的性能，阳光下有少许耀眼。洁净少有杂质，丝路有序且整齐。
参假蚕丝或化纤料往往因添加漂白剂等化学药品，其外观呈苍白色，不具润泽感，杂质较多，丝质较粗，丝路混乱。
真
假

图 2-44 真假商品对比图

俗话说真的假不了，假的真不了。真与假之间肯定存在差异性。在店铺中设置真伪对比元素，可以增强商品的识别性，也提升了客户对店铺商品的信息，获得客户的信赖。真伪对比设置还增强了商品页面的趣味性，为客户普及生活常识。店铺在设计真伪对比时，差异化要大、识别性要强。

（4）问与答，一般涉及两种问题，一是商品使用时的常见问题，二是关于店铺购物流程。前者我们在商品的说明书上经常能看到，所以商品说明书可以作为这个元素的参考资料。后者需要卖家根据日常店铺的运营状况，根据客户来店铺的关注点自行整理设计。问与答元素可以有效提高客户的静默下单率，降低店铺客服咨询率，减轻客服接待负担，提升工作效率。如图 2-46、图 2-47 所示。

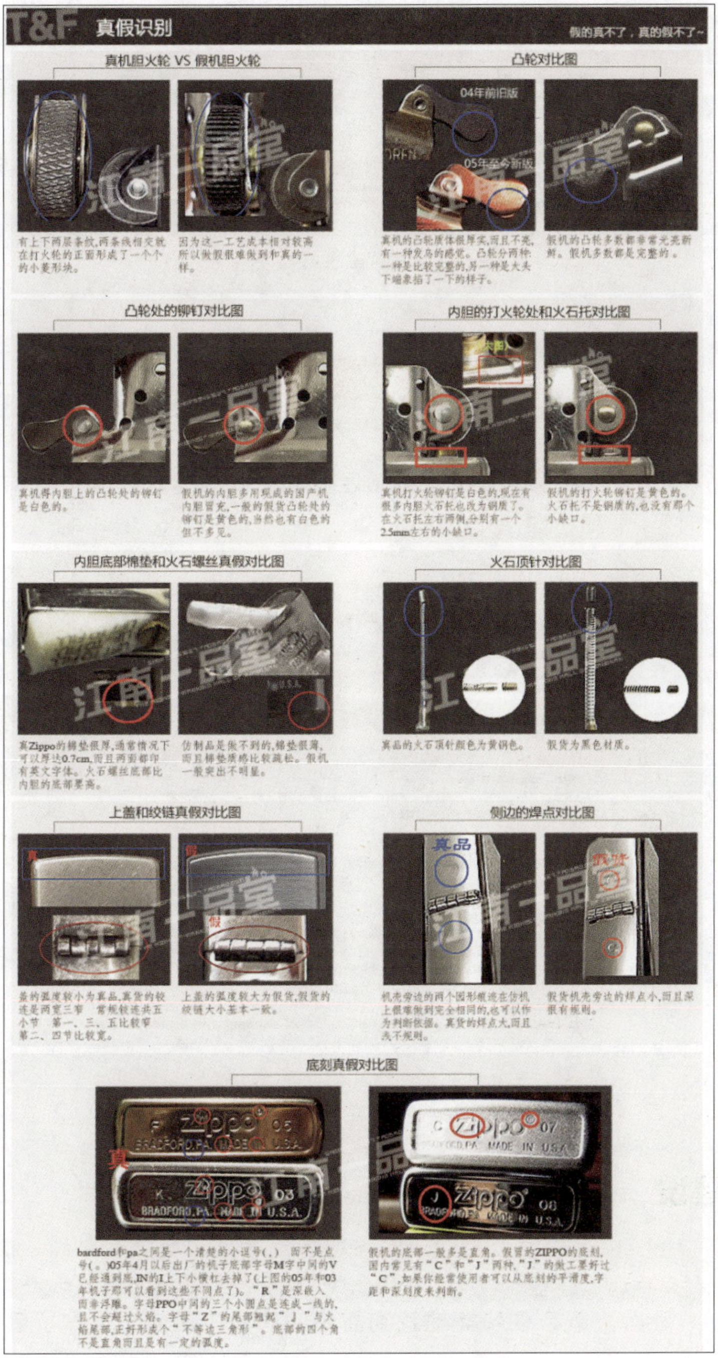
T&F 真假识别
假的真不了，真的假不了~
真机胆火轮 VS 假机胆火轮
有上下两层条纹,两条线相交就在打火轮的正面形成了一个个的小菱形块。
因为这一工艺成本相对较高所以做假很难做到和真的一样。
凸轮对比图
04年前旧版
05年至今新版
真机的凸轮质体很厚实,而且不亮,有一种发乌的感觉。凸轮分两种一种是比较完整的,另一种是大头下端象掐了一下的样子。
假机的凸轮多数都非常光亮新鲜。假机多数都是完整的。
凸轮处的铆钉对比图
真机得内胆上的凸轮处的铆钉是白色的。
假机的内胆多用现成的国产机内胆冒充,一般的假货凸轮处的铆钉是黄色的,当然也有白色的但不多见。
内胆的打火轮处和火石托对比图
真机打火轮铆钉是白色的,现在有很多内胆火石托也改为铜质了。在火石托左右两侧,分别有一个2.5mm左右的小缺口。
假机的打火轮铆钉是黄色的。火石托不是铜质的,也没有那个小缺口。
内胆底部棉垫和火石螺丝真假对比图
真Zippo的棉垫很厚,通常情况下可以厚达0.7cm,而且两面都印有英文字体。火石螺丝底部比内胆的底部要高。
仿制品是做不到的,棉垫很薄,而且棉垫质感比较疏松。假机一般突出不明显。
火石顶针对比图
真品的火石顶针颜色为黄铜色。
假货为黑色材质。
上盖和绞链真假对比图
真
假
盖的弧度较小为真品,真货的铰连是两宽三窄 常规铰连共五小节 第一、三、五比较窄第二、四节比较宽。
上盖的弧度较大为假货,假货的绞链大小基本一致。
侧边的焊点对比图
真品
假货
机壳旁边的两个圆形痕迹在仿机上很难做到完全相同的,也可以作为判断依据。真货的焊点大,而且浅不规则。
假货机壳旁边的焊点小,而且深很有规则。
底刻真假对比图
真
ZIPPO 05
BRADFORD.PA. MADE IN U.S.A.
K. ZIPPO 03
BRADFORD.PA. MADE IN U.S.A.
C ZIPPO 07
BRADFORD.PA. MADE IN U.S.A.
J ZIPPO 08
BRADFORD.PA. MADE IN U.S.A.
bardford和pa之间是一个清楚的小逗号(,) 而不是点号(。)05年4月以后出厂的机子底部字母M字中间的V已经通到底,IN的I上下小横杠去掉了(上图的05年和03年机子都可以看到这些不同点了)。"R"是深嵌入而非浮雕。字母PPO中间的三个小圆点是连成一线的,且不会超过火焰。字母"Z"的尾部翘起"」"与火焰尾部,正好形成个"不等边三角形"。底部的四个角不是直角而且是有一定的弧度。
假机的底部一般多是直角。假冒的ZIPPO的底刻,国内常见有"C"和"J"两种,"J"的做工要好过"C",如果你经常使用者可以从底刻的平滑度,字距和深刻度来判断。

图 2-45 真假商品细节对比

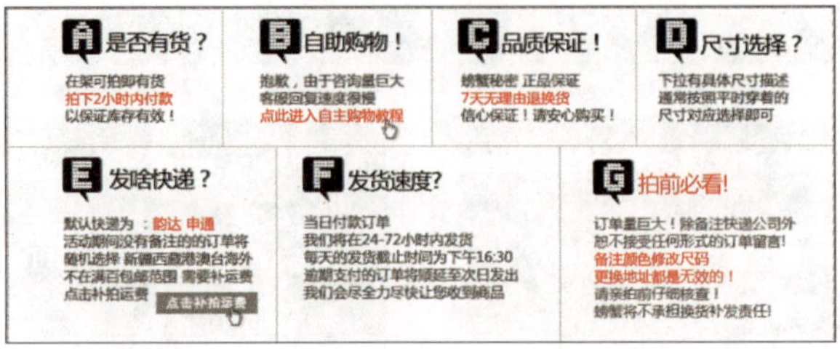

A 是否有货？
在架可拍即有货
拍下2小时内付款
以保证库存有效！
B 自助购物！
抱歉，由于咨询量巨大
客服回复速度很慢
点此进入自主购物教程
C 品质保证！
螃蟹秘密 正品保证
7天无理由退换货
信心保证！请安心购买！
D 尺寸选择？
下拉有具体尺寸描述
通常按照平时穿着的
尺寸对应选择即可
E 发啥快递？
默认快递为：韵达 申通
活动期间没有备注的的订单将
随机选择 新疆西藏港澳台海外
不在满百包邮范围 需要补运费
点击补拍运费
点击补拍运费
F 发货速度?
当日付款订单
我们将在24-72小时内发货
每天的发货截止时间为下午16:30
逾期支付的订单将顺延至次日发出
我们会尽全力尽快让您收到商品
G 拍前必看!
订单量巨大！除备注快递公司外
恕不接受任何形式的订单留言!
备注颜色修改尺码
更换地址都是无效的！
请亲拍前仔细核查！
螃蟹将不承担换货补发责任!

图 2-46 常见问题解答 1

电饭煲 常见问题
选好锅！用好锅！让你轻松做出好美味！
① 如何在煮粥的时候不溢锅？
一般情况下，把功能键按到煮粥功能，按正常煮粥的水和米的比例放好水和米，不要超过内胆的最高刻度线，都不会溢锅。
② 保温时间长了饭会糊么？
保温过程温度能自动调节，不会糊饭；
③ 快煮有多快？如何实现的？
快煮一般要比标准煮快10~15分钟左右，在使用电脑煲煮饭时直接选择快煮功能即可。
④ 煮饭一边生一边熟是什么原因导致？原因是米饭受热不均匀导致的，有以下几种可能：
（1）内锅与热盘变形、或者两者之间有异物；
（2）如果米量过大，会导致米粒的吸水程度不一样，可以根据米量大小适当的多放些水；
（3）煮饭前注意把米摊均匀。以上均无问题请送就近苏泊尔指定维修部进行维修。
⑤ 几个人吃饭适用几升的饭煲？
一般1.6升适合1-3人,3升适合1-4人,4升适合2-6人,5升适合2-8人。
⑥ 如何辨别优质内胆？
（1）看厚度，一般越厚的内胆越好。
（2）听声音，轻轻敲击内胆，声音清脆悠长的胆较好，一身内胆材料含杂质较多的内胆声音都较沉闷。
（3）看涂层，手感光滑的、做工细腻的涂层更好。
⑦ 内胆厚会不会更耗电？
铝有很好的导热性能，厚内胆不会耗电也不会延长加热时间，相反，厚锅的蓄热性好，使米饭充分受热，煮饭效果更好；而且厚锅的结构更稳定，不容易变形，寿命更长。
⑧ 方煲为何没有储水盒？
方煲的设计和普通圆煲不一样，其上盖和侧面都有发热组件。方煲的煮饭过程中包括了“焖饭”时间。在焖饭的时间段中，上盖和侧面的加热组件足以把多余水分蒸气蒸发出去，即使留有少量的水分，也最后只流到外壳的凹槽中去，不会影响米饭的质量。方煲之所以没有储水盒，这是由方煲的结构和煮饭程控决定的。
⑨ 大蒸气阀的作用？
煮饭时提高锅内压力，保证充分沸腾，同时有效防止米汤的溢出；保温时，保持锅内的湿度，从保证米饭的鲜度和口感。

图 2-47 常见问题解答 2

2.2.5 通道建设

商品页面引导、刺激、促成客户购买只是迈出店铺营销的第一步。完美的商品页面需构建合理的通道，让客户既方便快捷地找到需要的商品，又能深层次了解店铺的商品线、了解店铺的服务及促销活动等。网店页面的通道建设包括关联营销、顺畅沟通、左侧栏功能、导航设置 4 个部分。

1. 关联营销

关联营销有两种，一种是分类，或者说是类目，另一种是单品。两种表现形式的区别在于前者相当于推荐货架，后者是推荐单个宝贝。在客户下决心要购买商品时，表示他对店铺中这款商品的质量、价格已经没有疑义了，当然也不会介意多看几眼其他商品。引入商品的关联和搭配可以将客户的需求点和购买力全面挖掘及引爆。商品的关联和搭配要适可而止，过多、过杂只会变成摆设。而且，如果要激发客户的购买欲望，一定要加强商品之间的关联性和搭配性。有关联和搭配还不够，还需要引入价格的优惠机制，让客户产生惊喜和划算的心理。如果客户在浏览完宝贝后，放弃购买这款商品，同样可以在这里放置一款类似的同类宝贝，让客户有更多的选择。如图 2-48 至图 2-50 所示。

图 2-48 促销商品关联推荐

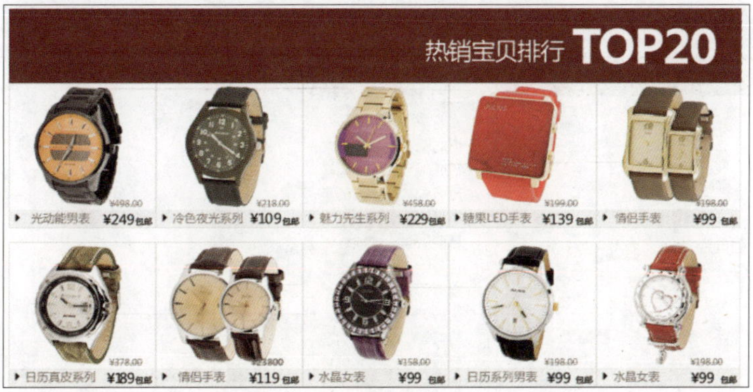

图 2-49 常规关联推荐

图 2-50 类目关联推荐

关联营销的位置布局问题在淘宝掌柜中颇受争议。许多店铺喜欢把促销活动、搭配套餐放置于描述的最顶端，而且占据了相当大的篇幅。试想一下，客户通过淘宝网搜索框搜索到商品后，单击宝贝，第一时间想了解的也就是宝贝的详情。在客户还没有决定是否购买时，就展现一大片的广告信息，购物体验是相当差的。这也是为什么淘宝网取消了集市店铺宝贝详情页最顶端的模块放置。建议在客户下决心购买浏览的商品之后，再关联搭配商品及促销优惠，促成客户开心地购买计划外的商品，水到渠成。客户不仅不会对关联营销产生反感情绪，反而称赞商家的贴心服务。

2. 顺畅沟通

顺畅沟通元素的设置就是在商品页面的关键点位置设计活动的旺旺图标，方便客户第一时间与店铺客服人员咨询、沟通。客户对于页面的浏览习惯往往是一目十行，会过滤掉很多他认为无关紧要的信息。所以基本上都是扫视，以很快的速度拉屏。当页面在某一个点停留时，如果展现在他面前的正好有一个旺旺图标，他会习惯性的单击。如何去提升这种浏览咨询率呢？旺旺图标尽量在每一屏都出现。如果右侧栏设计影响整体页面的美观，左侧栏一定要有，让买家在不经意间就可以点到客服人员的旺旺图标，如图 2-51、图 2-52 所示。

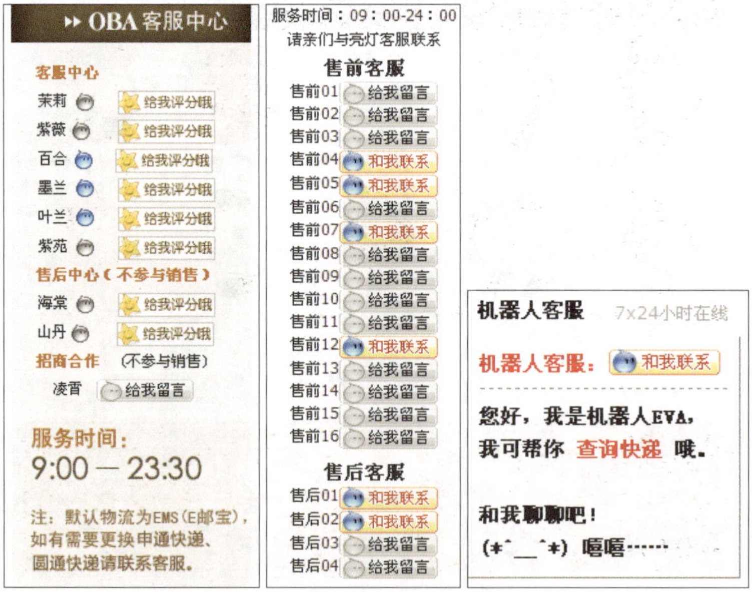

图 2-51 沟通顺畅的通道 1

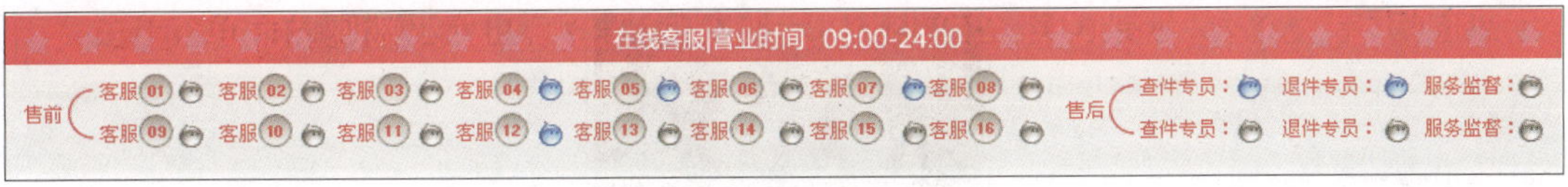

图 2-52 沟通顺畅的通道 2

3. 左侧栏功能

原则上，商品页面的任意一屏都必须有通道出现，不管是什么类型的通道，否则无法保证店铺的访问深度。有些卖家为了突出商品大图，关闭侧栏，全店通栏。如果商品不符合客户需求，买家则直接关闭页面离开店铺。当左侧栏功能打开并有相关信息展现时，买家就多了一个通道行走，在店铺内溜达，如图 2-53 所示。

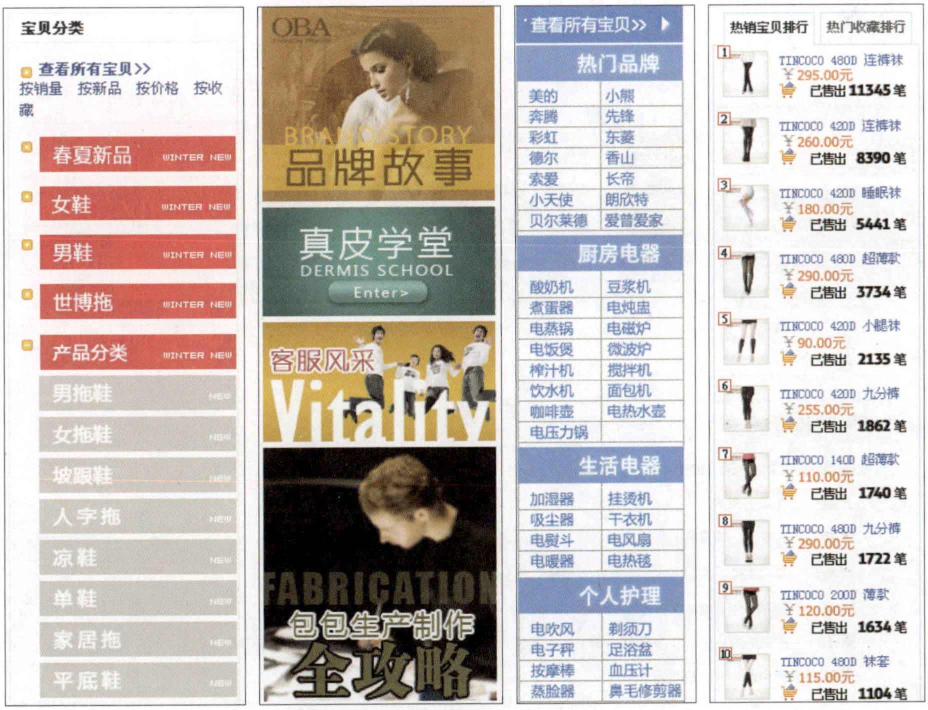

图 2-53 左侧栏信息

左侧栏可以表现为多种内容，例如，掌柜信息、店内搜索框、商品分类、收藏本店图标、热卖排行、收藏排行、掌柜说、热销单品、友情链接等。如图 2-54 所示为收藏本店的图片。

图 2-54 收藏引导图片

4. 导航设置

热门分类和热门导航可以有效地将客户的需求进行深度挖掘，方便客户选购店内商品、节省查找商品的时间，同时引导客户关注更多的商品页面。如图 2-55 和图 2-56 所示为商品导航图。

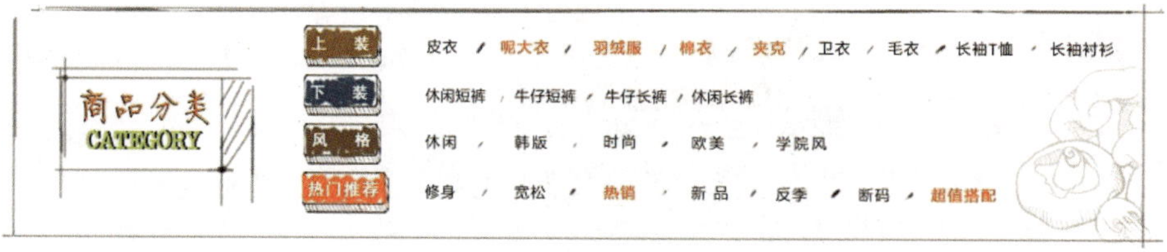

图 2-55 商品导航图 1

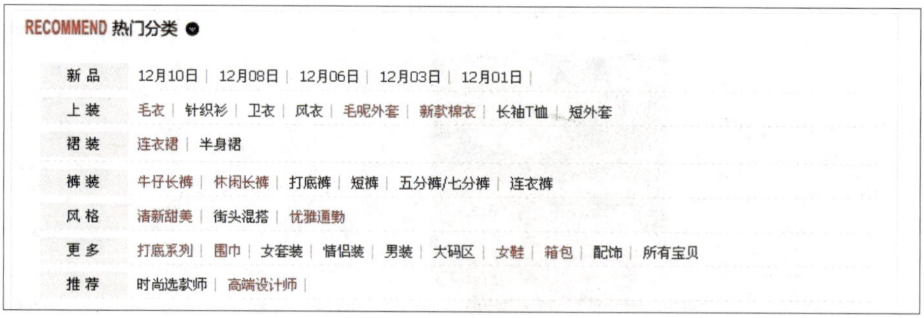

图 2-56 商品导航图 2

2.2.6 基础信息

1. 色彩说明

你们都有色彩说明吗，这是买家很担心的问题，没有一个卖家可以解决色彩的问题，因此我们必须要写进去，如图 2-57 和图 2-58 所示。

由于个人使用的电脑显示器的不同，加上拍摄环境等各方面因素的制约，图片中商品的颜色在不同显示器下显示可能会有所差别。
请非常在乎色差的MM慎拍哦。
As the personal use of the computer monitor differences, coupled with filming all aspects of environmental factors, the picture display of goods in different colors may be different from the next show Please be extremely concerned about the MM Shen color film

图 2-57 色差说明 1

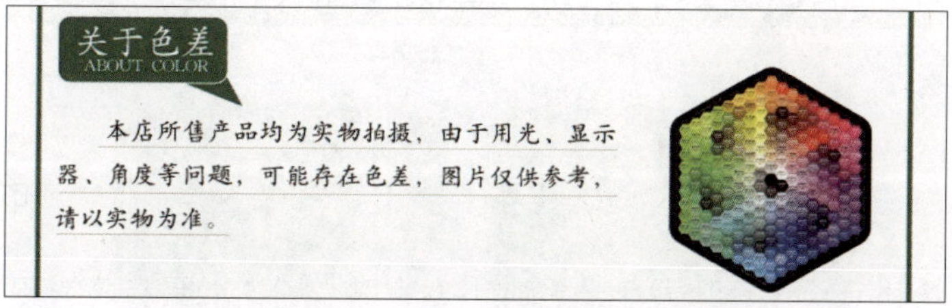
关于色差
ABOUT COLOR
本店所售产品均为实物拍摄，由于用光、显示器、角度等问题，可能存在色差，图片仅供参考，请以实物为准。

图 2-58 色差说明 2

2. 规格说明

网上最大的问题就是不能试穿，于是老觉得卖家的衣服尺码不对。特别是卖服饰的，规格一定要写清楚，如图 2-59 所示。

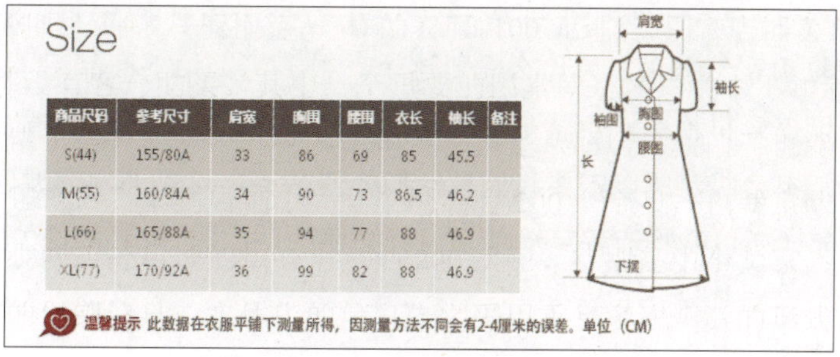
Size
肩宽
袖长
袖围
胸围
腰围
长
下摆
温馨提示 此数据在衣服平铺下测量所得，因测量方法不同会有2-4厘米的误差。单位（CM）

商品尺码	参考尺寸	肩宽	胸围	腰围	衣长	袖长	备注
S(44)	155/80A	33	86	69	85	45.5	
M(55)	160/84A	34	90	73	86.5	46.2	
L(66)	165/88A	35	94	77	88	46.9	
XL(77)	170/92A	36	99	82	88	46.9	

图 2-59 商品规格说明

3. 属性信息

人们都说现在已经进入了一个读图时代，但是图片并不能很全面的展示一个商品的所有信息，例如，商品的尺寸、产地、设计者、名称、别名、材料成分、工艺等，这就需要利用文字做一定的补充。卖家应该把尽量多维度的商品属性信息告诉买家，买家只有了解了所有的商品相关属性信息，才有可能对商品产生最终的购买信心。商品属性信息展示案例如图 2-60 所示。

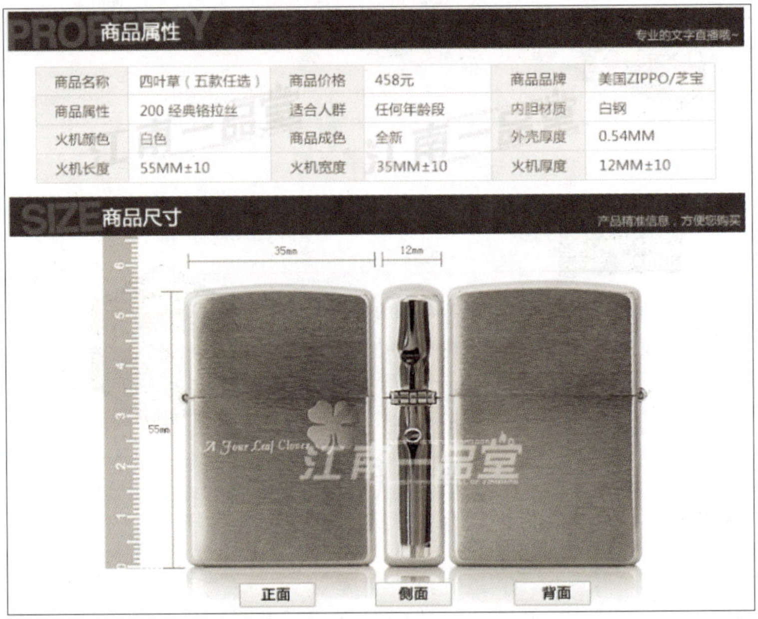

图 2-60 商品属性信息展示

4. 购物流程

购物流程是教买家怎么买，为什么需要这个？很多买家拍下商品后不会付款，购物流程说明最起码可以提升付款率，也就是支付宝的使用率。逛淘宝网的人群中有 45% 的人不进行购物，原因是不会买，所以需要我们教他们如何购买，这是非常需要的。现在的卖家，耐心一年不如一年，所以购物流程写清楚是很有必要的，如图 2-61 和图 2-62 所示。

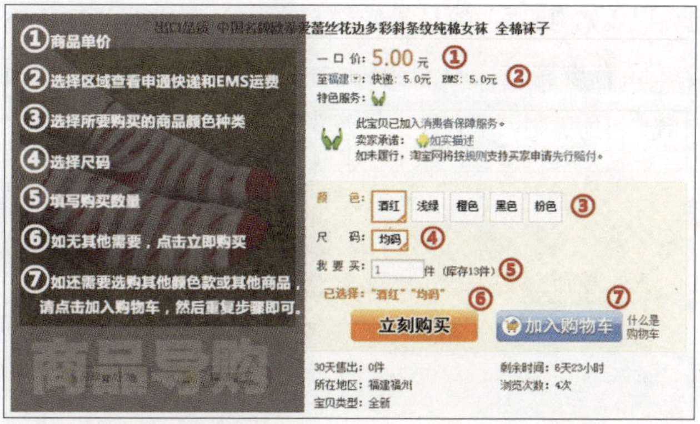
①商品单价
②选择区域查看申通快递和EMS运费
③选择所要购买的商品颜色种类
④选择尺码
⑤填写购买数量
⑥如无其他需要，点击立即购买
⑦如还需要选购其他颜色款或其他商品，请点击加入购物车，然后重复步骤即可。
商品导购
爱蕾丝花边多彩斜条纹纯棉女袜 全棉袜子
一口价：5.00元 ①
快递：5.0元 EMS：5.0元 ②
特色服务：
此宝贝已加入消费者保障服务。
卖家承诺：如实描述
颜 色：酒红 浅绿 橙色 黑色 粉色 ③
尺 码：均码 ④
我 要 买：1 件 (库存13件) ⑤
已选择："酒红" "均码" ⑥ ⑦
立刻购买
加入购物车
什么是购物车
30天售出：0件
剩余时间：6天23小时
所在地区：福建福州
浏览次数：4次
宝贝类型：全新

图 2-61 购买流程说明

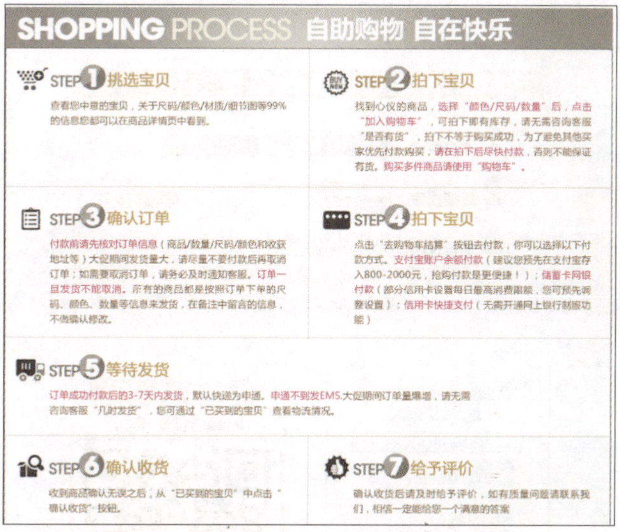
SHOPPING PROCESS 自助购物 自在快乐
STEP 1 挑选宝贝
查看您中意的宝贝，关于尺码/颜色/材质/细节图等99%的信息您都可以在商品详情页中看到。
STEP 2 拍下宝贝
找到心仪的商品，选择"颜色/尺码/数量"后，点击"加入购物车"，可拍下即有库存，请无需咨询客服"是否有货"，拍下不等于购买成功，为了避免其他买家优先付款购买，请在拍下后尽快付款，否则不能保证有货。购买多件商品请使用"购物车"。
STEP 3 确认订单
付款前请先核对订单信息（商品/数量/尺码/颜色和收获地址等）大促期间发货量大，请尽量不要付款后再取消订单；如需要取消订单，请务必及时通知客服。订单一旦发货不能取消。所有的商品都是按照订单下单的尺码、颜色、数量等信息来发货，在备注中留言的信息，不做确认修改。
STEP 4 拍下宝贝
点击"去购物车结算"按钮去付款，你可以选择以下付款方式。支付宝账户余额付款（建议您预先在支付宝存入800-2000元，抢购付款是更便捷！）；储蓄卡网银付款（部分信用卡设置每日最高消费限额，您可预先调整设置）；信用卡快捷支付（无需开通网上银行制服功能）
STEP 5 等待发货
订单成功付款后的3-7天内发货，默认快递为申通。申通不到发EMS.大促期间订单量爆增，请无需咨询客服"几时发货"，您可通过"已买到的宝贝"查看物流情况。
STEP 6 确认收货
收到商品确认无误之后，从"已买到的宝贝"中点击"确认收货"按钮。
STEP 7 给予评价
确认收货后请及时给予评价，如有质量问题请联系我们，相信一定能给您一个满意的答案

图 2-62 购物教程

2.2.7 功能延伸

一个店铺发展的基础，在于老客户的积累和沉淀。客户购买商品后，长时间没有同样的需求，会对店铺记忆减弱。如果在店铺中添加搜寻方法，可以让客户一旦有需求，便会采用便捷的方式，第一时间到达店铺。在量子恒道统计软件里可以查看店铺的访问来源。在所有的访问来源中，访问回头客、7 天内第 2 次访问或者是第 3 次访问的顾客，这部分人群肯定是转化率最高的。因此在页面功能延伸这一节，主要是添加店铺的访问和收藏店铺的

相关信息，引导客户产生二次购买，也就是我们经常说的二次营销。找寻的途径有店铺关键字、方便记忆的店铺域名，还有设置点击收藏店铺的按钮。收藏引导的形式也有很多，可以是网页店铺收藏、手机收藏、手机客户端下载、二维码店铺访问等。如图 2-63 至图 2-66 所示。

图 2-63 淘宝搜索引导

图 2-64 收藏、搜索引导

图 2-65 手机流量引导

图 2-66 其他引导方式

SNS，全称 Social Networking Services，即社会性网络服务。SNS 社会化网络是一个庞大的人际关系网，也是网络营销的一块风水宝地。在 SNS 营销网络中集合了无数的潜在消费群体，为电子商务提供了流量基础，有助于开辟新的赢利模式。品牌、商品及服务在这个圈子能够快速地复制及传播。SNS 营销是电子商务发展锐不可当的一个趋势，网店应该顺应发展潮流，设置 SNS 便捷通道。常见的 SNS 营销手段有淘宝帮派、掌柜说、新浪微博等，如图 2-67 所示。

淘宝网 掌柜说
关注掌柜说
亲密互动
时尚资讯
新款上架
专享优惠
一网打尽
微博名人推荐
鼎骏新浪官方微博：@鼎骏品牌手表
http://weibo.com/dingjunwatch
广州电视台竞赛频道主持人
广州电视台主持人
11万大学生粉丝
@新会电台何锦雄 V：一大早回来电台就收到“CASIO”寄来的礼物，超爱啊~~！ 转发(3) 评论(21)
@广州正野 V：【F1代言人！红牛冠军手表！】
花城出版社编辑
@广州麦小麦 V：小朋友发烧，我重感冒，好难熬的一天。惟一安慰是收到@鼎骏品牌手表寄出的漂亮滴手表！转发(4) 评论(21)

图 2-67 掌柜说

2.3 页面元素布局及优化

2.2 节中我们将 34 种页面元素从售卖功能的角度一一罗列了出来，页面元素单个讲起来每个都很重要，但是总的数量有点多，如果全部放到页面中，会显得有点拥挤。

但是我们依然建议大家把这些元素都铺到店铺中去，但是要根据功能来进行布局，有些页面是需要部分功能元素的。具体怎么分配，很多人觉得很复杂，这么多元素，哪一个排在哪里，应该有一套理论去证明一下，证明真的有效。现在淘宝后台有一个工具使用起来非常简单，只要使用这个工具，就可以很轻松地规划我们的页面元素布局。下面慢慢展开本节的内容。

2.3.1 顾客行走路径

第 1 章中，我们提到过绕圈购物这个概念，如图 2-68 所示，展示的就是网店的 4 种页面的绕圈购物示意图。我们要规划一个很合理的极具功能的页面，只要像图中显示的一样，让顾客从搜索页面进入店铺后，可以在 3 个店内页面中绕来绕去，这样就可以把我们网店的访问深度做到最大化。而我们需要做的就是在各个页面中铺设通道，让顾客在我们铺设的通道中行走。

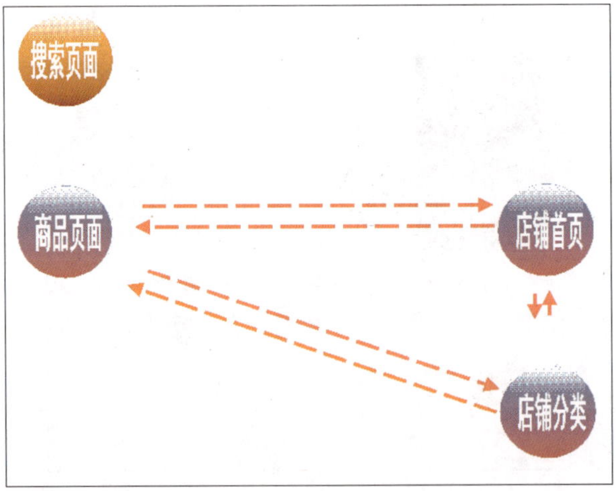

图 2-68 网店的绕圈购物示意图

一个顾客在实体店铺中购物，首先他要在大街上寻找适合的店面，找到适合的店面并进入后，还需要寻找到目标商品所在的货架，站在货架前才可以开始挑选商品，然后针对某个或者某些商品运用人类的感知方式去获知哪个商品才是他最终所需要的。而网络上一个顾客要选择商品，首先，必须在搜索页面中浏览，这个搜索页面的功能和实体的大街是基本一致的，所以我们也习惯性地把搜索页面比喻成网络中的大街，如图 2-69 所示。

图 2-69　网店中的“大街”

在网络的“大街”上顾客直接看到的不是店铺的信息，而是商品的信息，当顾客对某个商品信息感兴趣并单击后，就来到商品的描述页面，如图 2-70 所示。一个网店的每一个商品都有机会出现在“大街”上，因商品具有一定的数量，所以我们也习惯把商品描述页面称之为网店的“窗口”。

当顾客进入网店的“窗口”之后，我们需要利用有效的页面元素去提升顾客在店内的访问深度，因为只有访问深度提升了，购买的可能性才会增加，需要把顾客从商品页面再引导到更多的商品页面或者首页和分类页，网店的首页在大家的印象中起到了“门”的作用，如图 2-71 所示，只是网店首页的功能相比实体店铺少了一些，而分类页的表现形式和功能基本和实体店的货架是一样的，于是我们也把分类页称为网店的“货架”，如图 2-72 所示。也就是说我们需要让商品描述页面具备合理的通道功能。当然商品页面的主要功能还是售卖，最好是在顾客决定了是否购买这个商品之后再加强通道引导，避免因为通道滥用而增加了商品页面的跳失率。

图 2-70 网店的“窗口”

图 2-71 网店的“门”

图 2-72 网店的“货架”

2.3.2 信息接触点

由 2.3.1 节的对比可见，实体店的顾客行走路径是相对固定的，大街、店面、货架、商品，4 个步骤缺一不可，而网店的路径只有大街和商品，有留客意识的卖家才会主动引导顾客再进入首页和分类页。线下购物的路径与网上购物的路径都清楚了，我们建设页面的目的主要是让顾客在里面绕圈，提升访问深度，同时，还要在每个点上去建设顾客的信息接触点，实际上就是各种页面的组成元素，如图 2-73 所示，所有顾客能接触到的地方就是信息接触点，也就是能传达信息给顾客的地方。

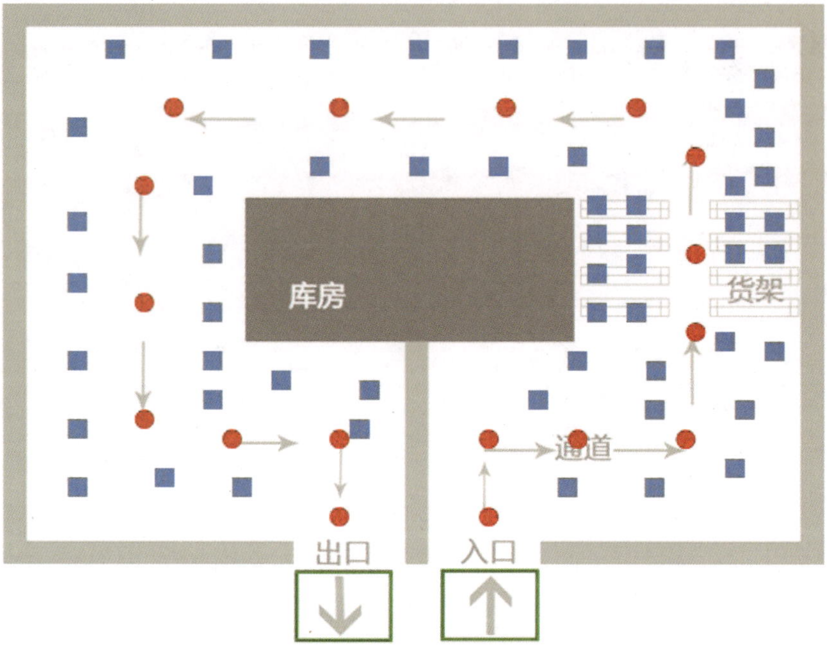

图 2-73 网店内的行走路径及信息接触点示意图

当页面的各种组成元素丰满到位后，顾客能接触到有效的元素，你的访问深度就会增加。也就是说，路径健全了，但是元素不健全，深度很高，可是停留时间很短，转化率还是上不去，所以路径要有，健康的信息接触点也要有，你的顾客才会最终形成购买。

网店页面结构优化的结果就是绕圈购物，刚刚我们看过了实体店的顾客进店后引导他绕一个圈，可以把整个店铺中所有东西看完，但是网店不行，因为网页浏览的随机性很强，单击鼠标就可以进入别人的店铺，甚至离开淘宝网，顾客想去哪里，我们比较难把握，因而我们就更应该重视页面结构和信息点的建设。但是有一点网店与实体店是一样的，我们应该在网店中的每个接触点，哪怕是空白的地方，都布满一些信息。能找到的元素一定都是有效的元素，只是看如何表现才能把效果发挥出来。

如图 2-74 所示，可以清晰地看出，如果要引导顾客从一个页面进入另一个页面，就需要在两个页面之间建设路径，而在路径中就需要我们按不同的页面功能去铺设页面元素。

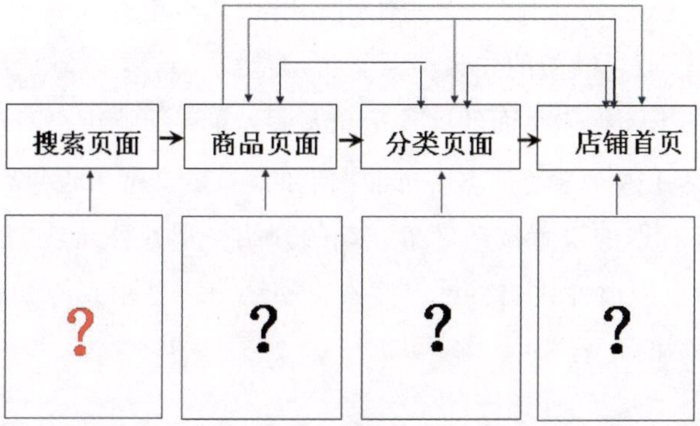

图 2-74 顾客行走路径

2.3.3 页面功能元素分配

每一个页面元素就是一个信息接触点，而信息接触点就是在页面不同的位置主动或者被动地让顾客接受信息的地方，只有顾客接触到了准确的信息后，才会逐步对我们的商品产生欲望，然后最终被打动。如图 2-75 所示，把各个页面中的信息点进行了分类，分为基础点和新建点，基础点是网店框架结构中原本就应该有的，不可取消也不可替代的一些信息，而新建点中很多是卖家店铺中不具备的，我们更应该拥有，多于同行或优于同行的信息往往才是最能打动顾客的信息。下面我们就针对几个页面的不同功能的信息接触点做充分的展开。

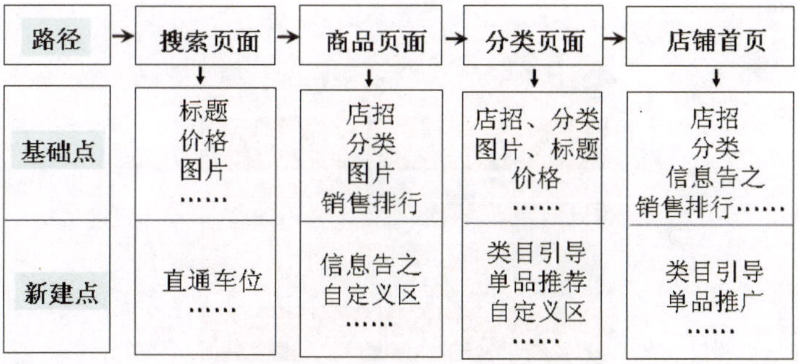

图 2-75 信息接触点

如图 2-76 所示展示的是商品搜索页面，搜索页面本身的功能较为单一，就是利用少量能展示出来的接触点信息把顾客从搜索页面拉到店铺中。7 种页面元素中也就只有放大欲望这个功能的元素能在这里起到比较大的作用，当然其他也有部分元素可以起到作用，但是影响力也小了很多。放大欲望的元素一共有首屏信息、首屏文案、宝贝主图、描述图片、营销文案、效果展示 6 种，搜索页面的展现信息是固定的，那就决定了首屏信息、描述图片、营销文案、效果展示这 4 种元素是基本不可能出现的，首屏文案中也只有商品标题可以出现，2.2.1 节中已经对商品标题的设置技巧做了详细的介绍，那 6 种元素中商品主图的作用是显然易见的，也是搜索页应该优化的重点。搜索页中还有一些信息，如价格等，在本书的其他章节中也都做了详细的介绍。

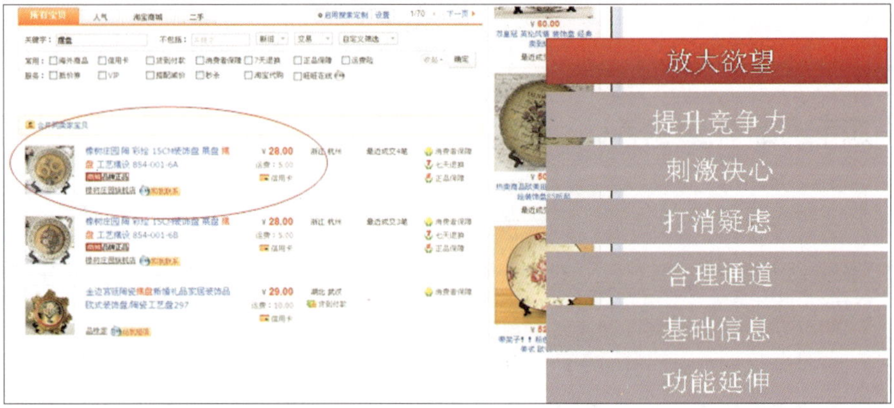

图 2-76 搜索页的功能元素

网店首页应该具备的功能是提升竞争力和合理通道，如图 2-77 所示。

图 2-77 页面功能

提升竞争力的功能元素也有 6 种：实体展示、店铺文化、实力展示、评价引导、动态展示、增值服务。如图 2-78 所示，这里有一些是没有必要放到首页的，从首页本身的功能角度出发，只有店铺文化比较适合放置。而合理的通道分为两种类型，把到达首页的顾客引导到店铺的商品页或者分类页，首页引导至分类页的方式比较简单。

图 2-78　首页的功能元素

把首页流量引导到商品页涉及一个问题，我们的店铺中有200个商品，但是首页只能放置40个。首页到底应该推荐哪些单品呢？最常见的方法就是放置店里卖得好的，或者是新品，或者是卖家想推的，这里建议大家利用量子统计里的装修热点图功能，例如，在首页中先随意放置40个商品，第2天看热点图，把一些关注度高的宝贝留下，点击率很差的就删掉，换一批别的商品到首页，每天优化一次，一小段时间之后，留在首页的40个商品都会是页面到达率，即点击率最高的宝贝，这个方法的缺点是会觉得短期内页面有点乱，优点是较大程度上降低了首页的跳失率。

分类页具备的功能是合理通道，可以再加一个功能延伸。功能延伸是什么意思？类似评价引导，收藏引导，SNS，目前很多卖家的店铺在分类页左侧出现了这些元素，出现的主要原因是为了弥补分类页的功能单一，如图2-79所示。

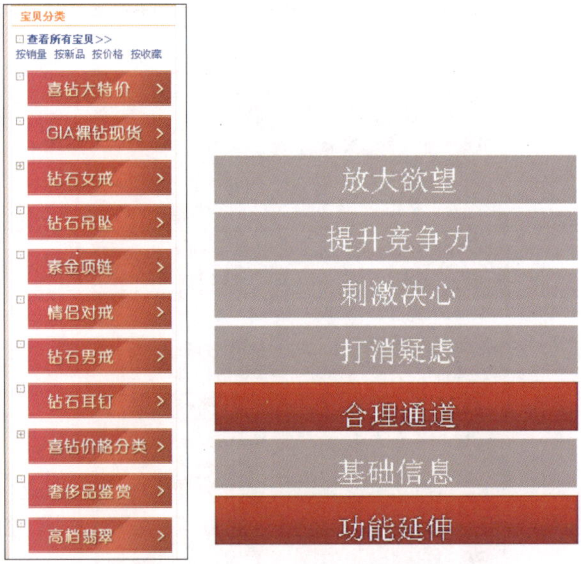

图2-79 分类页的功能元素

构建分类页的时候，主要考虑的还是合理通道。分类页没有太多的构建技巧，因为分类页是固定格式的。分类促销区，这个区域目前大部分卖家都没有重视起来，不同的分类，促销信息的内容应该是不一样的，只有更贴合这个分区商品的信息才能更大限度地让顾客在“货架”中挑选更多的商品。而分类页的下方，建议大家尽量不要放入太多的信息，避免分散浏览“货架”的注意力。

设置分类还有一个要注意的，就是 5 种展现排行顺序，这个顺序根据店铺实际情况可以经常变化一下。新的店铺不太适合按销量排行，老的店铺，店铺生意很好，也不太适合一直按销量排序，那样后面的宝贝就没有展现的机会了。正常的店铺，平时按销量排行，偶尔一小段时间按新品等其他顺序排行，要经常变化一下，不要老停留在一种顺序，尽量让每个宝贝都有机会出现在前面。

商品描述页是整个网店页面的核心，如图 2-80 所示，直接起到售卖商品和承接顾客需求的作用，2.2 节中提到的商品页面应当具备的 7 种功能和 34 个具体元素这里都是需要的，那到底哪些元素更重要哪些不太重要，甚至有些可有可无，开始先不用判断这些，不需要考虑顺序和表现形式，先把所有的页面元素放进去。构建商品描述页就和盖房子是一样的道理，开工之初只做一件事，就是先把“建材”都拉到“工地”上。

图 2-80　商品描述页的功能元素

2.3.4 页面元素布局优化

在很多场合经常可以见到卖家谈论页面中应该放哪些元素，摆放顺序如何，但是很难得出一个准确的结论。这里建议大家利用量子统计中的装修热点图来协助确认放置顺序，及哪些元素应该如何确立摆放和元素在页面中的表现形式。在商品描述页开始时我们把所有的元素放进去，然后观测每种元素的关注度，关注度高的元素位置往上调，关注度低的元素位置往下放，关注度很低的元素要做进一步的优化，如果优化后还是没有关注的就可以删除。当然关注度的影响因素是很多的，建议大家拉长关注时间，那样得到的数据会更准确一些，或者经常调整元素的顺序和表达形式然后再重新关注。表达形式的改变指的就是原本用图片表现的元素可以尝试换成文字的，而文字的可以换成图片形式，文字的内容、字体、颜色、大小，图片的设计、大小等都可以做适当的变化，在不同的表达形式下关注度都一直较高的元素一定是作用大的，关注度小的一定是作用也小的。如图 2-81 所示就是商品描述页的热点图，可以很简单地看出不同的元素受关注的程度不一样。

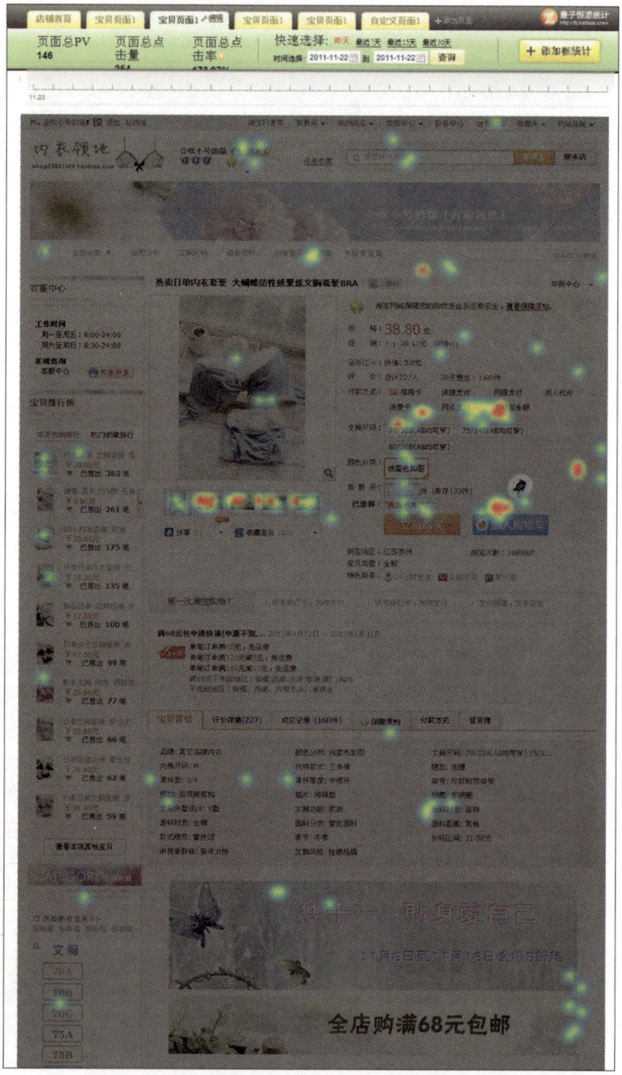

图 2-81 商品描述页热点图

如图 2-82 所示是首页的热点图。可以很清楚地看出推荐的商品关注度的差异，然后根据这种差异挑选更适合放置在首页的商品。而分类、导航也是一样的优化方法，更受关注的分区保留，不受关注的就继续优化或者删除。

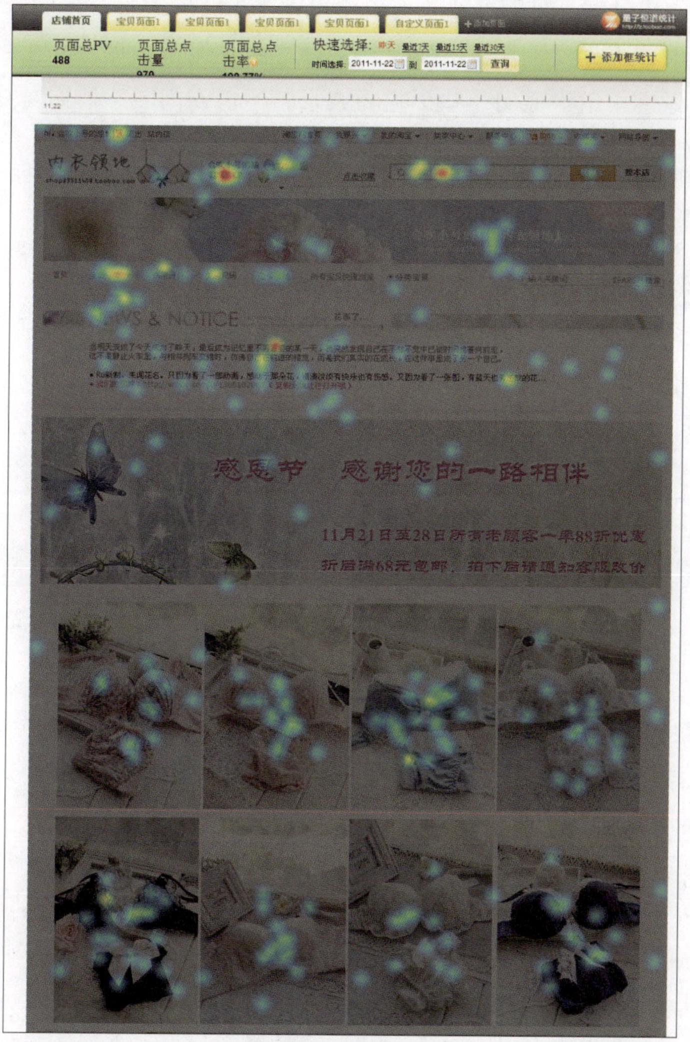

图 2-82 首页热点图

页面优化不要考虑太多的高深技巧，因为高深的技巧大部分的卖家是无法实现的，而使用工具则是最简单的方法。

除了热点图我们还可以根据功能元素模块的不同进行设置，然后观测对比效果，来判断不同元素的实际作用到底如何。这种对比可以用一个商品的不同时间段来对比，也可以用部分数据类似的商品来进行对比。

有些东西的效果是看不见的，或者说短期内看不见，或者说看见的效果不明显，特别是不同表现形式的影响程度。那么，还有一个办法就是做市场调查，在店铺中询问顾客。尤其是已成交的顾客，送给他们一些小礼物表示感谢，询问一下他们对某个元素的看法，顾客发现的问题给出的改进意见才是最真实有效的。

2.4 页面定位和误区

网店的页面定位有三个方向：风格定位、功能定位、风格定位加功能定位。

功能定位：所有的元素设计、摆放只考虑为访问深度、转化率而服务，除了页面的整体协调感，其他因素基本不做考虑的一种页面定位方式。这种定位方式适合绝大部分卖家，也适合绝大部分类型的商品，也是最容易实现的一种定位方式。

风格定位：不在乎元素的数量和功能，更看中元素表达形式的一种页面定位方法。风格定位比较适合需要有美感、有心灵共鸣就可以产生欲望和成交的商品。实现风格定位有一定的难度，稍有不慎就会适得其反，相对来说风格定位只适合一小部分有感觉、有想法、有设计能力的卖家。

风格定位加功能定位：这也是最佳的一种定位方向，实现难度也是最大的，需要卖家不仅对页面的功能有较深的了解，还需要卖家有感觉、有想法、有设计能力，而且在具体实施的时候也很难兼顾到这两点，因为很多类型的功能元素是很难用有感觉的表达形式表达出来的，而目前已经做到了这种定位的卖家并不是特别多，建议将网店先做功能定位，然后在视觉上进行进一步的优化，加入风格定位的感觉便可，不冒进不强求，因为网店只要在运营，页面的优化工作就永远不会停止。

在网店页面优化的过程中，有很多细节是值得关注的，很多人说，我的店铺元素铺设得很多，访问深度也不错，但是转化率一直上不去，原因极有可能是在某些元素的表达上我们走进了误区。如图 2-83 所示展示的卖家误区是非常常见的，卖家想“我的东西很好一定要跟买家说说”，于是用了大篇幅的文字去表达卖家的意思，但是图右边显示现在已经进入了读图时代，60% 的文字信息网络浏览者是不会仔细阅读的，所以卖家想表达的信息最好使用图片来表达或者使用一至两句文字来表达，这样才能把信息更好地传达给顾客。

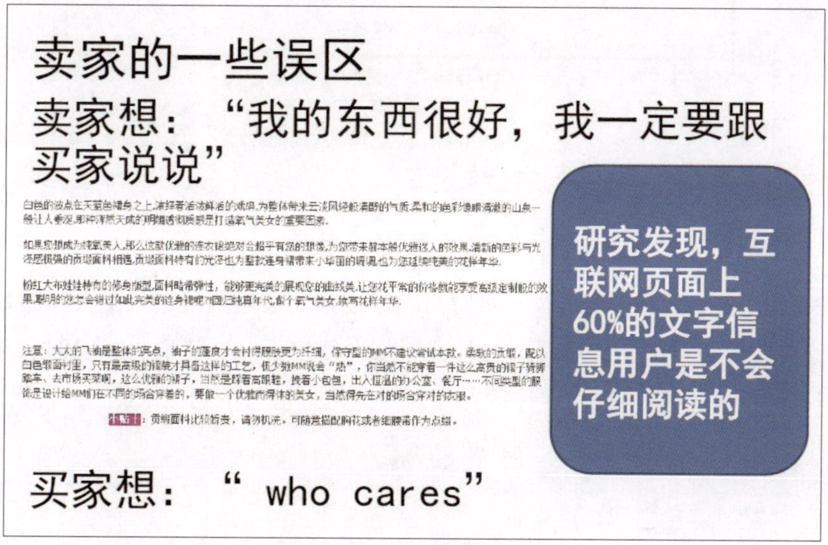
卖家的一些误区
卖家想：“我的东西很好，我一定要跟买家说说”
研究发现，互联网页面上60%的文字信息用户是不会仔细阅读的
买家想：“ who cares”

图 2-83　文字信息数据

到底是使用模特图好还是实拍图好，这个大家已经争论了很久，很多人会说模特图好于实拍图，因为模特图好看，也有人说，虽然模特图好看，但是买家需要看到实际效果，所以实拍图也需要放。但是不管卖家想法如何，都不一定是正确的。我们看如图 2-84 所示的买家调查表，大部分人希望看到的还是实拍图，原因很简单，和实体购物相比，网络购物给买家的感受比较不真实。特别是在感知商品这个环节，在实体购物时可以用上人类的所有感知器官，可以看、摸、闻、听等，但是网络购物只能用看这一种感知方式，又会担心看到的和收到的不一样，而实拍图可以很好地解决这个问题。图中看到的几种买家意见：图片实物图；细节图太少；颜色失真没有色彩说明；图片太多打开太慢；模特图太多；图片不清楚等都是我们平时不太关注的一些点，建议卖家们多和买家交流，才能知道我们真正的缺陷在哪里。

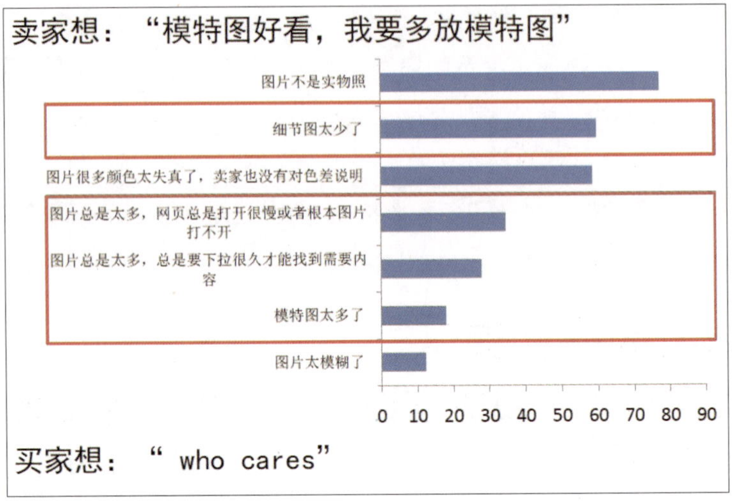

图 2-84 图片信息数据

如图 2-85 所示是买家在商品描述页中对构成元素的关注程度，最受关注的是买家的评价，其次是实拍的细节图，甚至服装的吊牌买家也很想看，这就说明了我们在选择元素的时候千万不要用自己的喜好来决定该放置什么。一是把前面罗列出来的 34 个元素先放置进去，然后再根据买家的需求来增加或者减少元素。

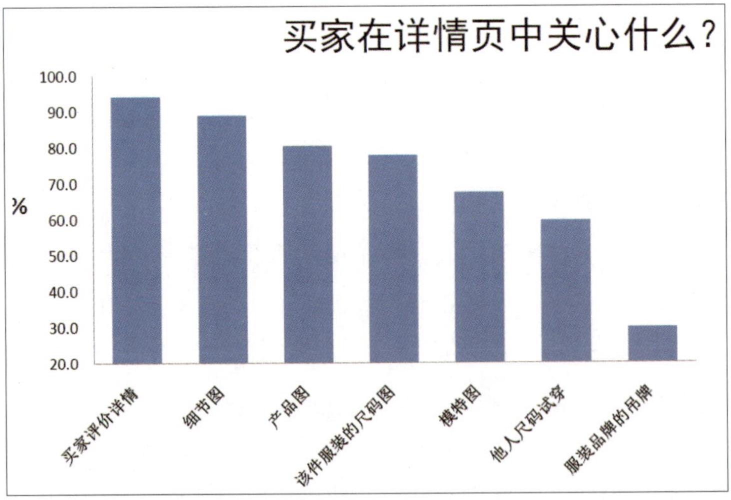

图 2-85 商品描述页信息数据

图 2-83、图 2-84、图 2-85 三幅图片都采集自某淘宝小二的分享内容，数据有着很强的

真实性，也建议大家在运营网店的过程中，多注意一些环境、行业的信息收集，很多不经意间的信息是可以对我们的店铺优化工作起到很大作用的。这三个案例只是帮助卖家开阔一下思路，提醒大家以后在构建店铺页面的时候多关注各种细节工作。

在进行店铺页面优化的同时还有两点是需要重点考虑的，一是关注对转化率影响比较大的几个页面元素：图片质量、信心与决心、兴趣、服务引导、旺旺图标。二是关注对页面访问深度影响比较大的因素：路径缺失、路径铺设位置不合理、图片质量差、价格定位不合理、文字引导不到位、活动信息展示。

考虑一个页面优化的质量好坏，有几个出发点需要关注：页面平衡、条理性，逻辑性、美工能力、认识、整体感觉。

都说进步的最佳捷径是学习，而卖家的最佳学习途径是多多学习同行，学同行的优点加以借鉴，找出同行的缺陷加以回避。下面来看几个和页面有关的常见案例。

如图 2-86 所示是一家网店的首屏信息展示，这里面信息量特别大，品牌、规模、活动、导航、文化、SNS 等很多页面元素都进行了铺设，美工水平看起来也不错，信息量那么大竟然不显得特别乱。但是如此多的信息放在如此小的位置里，顾客是很难在短时间内找到他感兴趣的内容而进行点击的，就是有部分顾客点击了那也不是好事，因为顾客来到这个页面的目的不是看这些东西，而是要先了解商品。在 2.2.1 节中已经详细阐述了首屏信息的功能诉求，我们应该把我们店铺最核心的卖点展示在这里，并让顾客在扫视的短暂时间内也能接收到这个卖点信息，这样的首屏才是优质的。

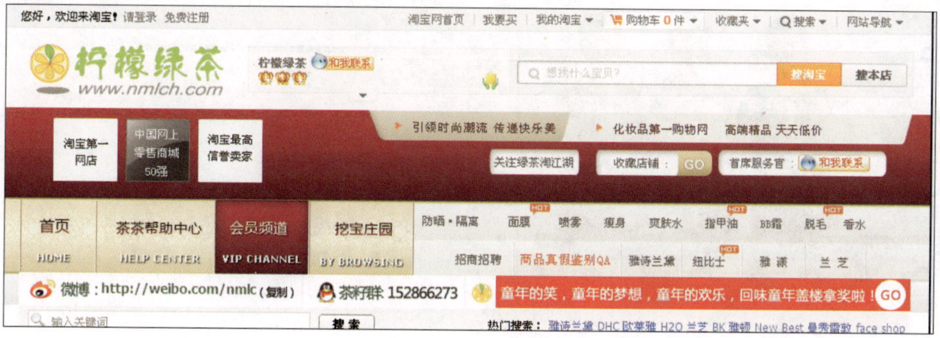

图 2-86 案例 1

如图 2-87 所示的这家店铺更为极端，首屏信息竟然连店招和自定义区都完全舍弃了，会不会是老板在走风格化路线，想想又真的不太可能。应该是卖家太不用心了，犯了和绝大部分被淘汰出局的卖家一样的错误——懒，懒到连页面的设置都不会。页面优化的第一步一定先了解页面的后台设置，不然很多页面功能是实现不了的。

图 2-87 案例 2

如图 2-88 所示，首页的信息栏太大，在商品描述页也出现了，结果只能出现部分，刚打开商品描述页还会有闪屏的情况，这就是页面结构有了很大的问题，也就是淘宝功能应用不合理。犯了和案例 2 同样的错误，这类错误也是很多中小卖家最常犯的。

图 2-88 案例 3

并不是所有的功能和设置都适合所有的网店，半年前淘宝推出了浮窗功能，那时就觉得这个功能一定会有大的改动，于是现在淘宝公告大家浮窗改版了。如图 2-89 所示就是一家店铺用屏幕规格不同的电脑浏览而截取的图片，第一张是用宽屏电脑看的，信息能全部展示出来，第二张是用窄屏电脑看的，随着浮窗的浮动，会遮盖掉部分店铺信息，甚至在很多卖家的店铺中随着页面的下拉，浮窗能把左侧栏遮挡得严严实实。淘宝文化中有一个核心文化就是拥抱变化，而作为卖家也应该有拥抱变化的心理准备和行动规划。

图 2-89 案例 4

如图 2-90 所示是两家店铺的截图，都存在一个同样的问题——页面失衡。左边这个店铺，将网页另存成图片时大小是 149MB，正常的网速打开都需要很长的时间，里面的信息更是单纯的罗列，把整个店铺的所有商品从上面一直罗列到下面，不分类不挑重点来做展示，这样的页面顾客是不会有耐心仔细挑选的，想必页面跳失率也会比较高。这个页面最

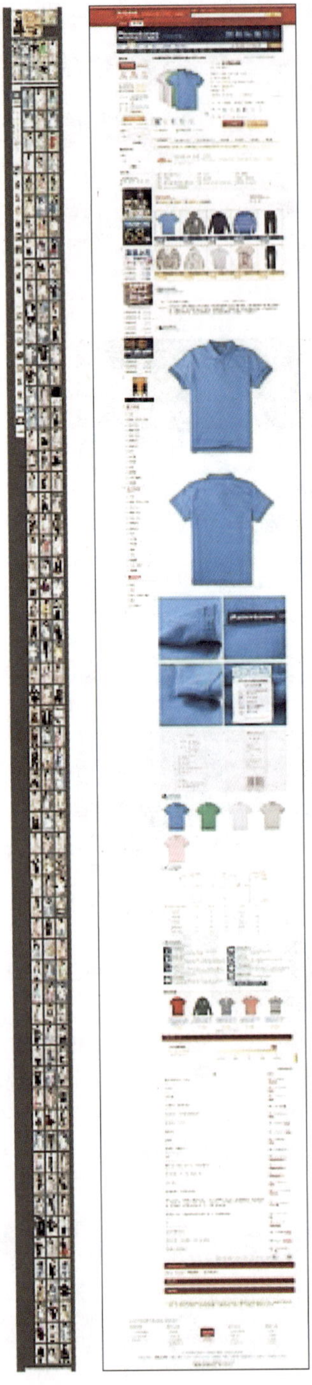

图 2-90 问题店铺

严重的问题还不是信息量过大，而是页面失衡，左侧栏大幅的空白。右侧的店铺也是出现了同样的问题，当顾客浏览到页面下端时，如果决定离开这个页面那唯一的选择就是关掉页面，而左侧栏的长度如果能和右侧保持平衡的话，顾客还可以通过左侧栏进入店铺的其他地方。也就是说这两个店铺的通道建设得很不合理，页面的访问深度就会比较低，顾客购买的可能性就会受到影响。

本章的内容到此就要结束了，规则优先、拥抱变化，这是网店页面优化的前提，淘宝一直在变，我们也要紧紧跟随，最近淘宝公告栏中，淘宝工作人员就经常公布关于页面信息会影响搜索排名的规则帖，甚至在各个官方帮派、官方微博也经常有各种和页面有关的信息公布，也请卖家们以后多多关注页面相关的各种规则和潮流变化。

第3章

活动策划与执行

在传统的线下购物模式中，每逢节假日，在消费者的脑海中必然形成一个意识，便是所有的商场、店铺将进行大规模、大幅度的促销活动。而往往这些促销活动，既能够吸引众多的消费者前往商场购物，也能够让商家在短时间内售卖出大量的商品，从而形成一片商业繁荣的景象。

那么，在我们的线上购物模式中，也有很多商家通过各种灵活的方式开展促销活动，如各种折扣活动、秒杀活动，以及一些抽奖活动等，引导消费者的购买心理，使店铺销售额在一天之内上升数倍甚至数十倍。

当然也有一些卖家，他们在开展促销活动时，因为活动内容的匮乏和活动力度不恰当，达不到预期的效果，导致店铺错过绝佳的促销时机，更有甚者，由于活动准备商品过多，导致店铺经营状况急转而下，处境危险。

在组织开展一场促销活动时，往往需要调动全店所有的人员，设计人员要完成活动期间所有的图片素材，那么如何保证素材没有遗漏？客服人员要负责接待客户，面对大规模的客户，如何达到最优质的服务？推广人员该如何做好推广工作，使得店铺活动期间有足够的人流量？这些问题，都是需要我们通过一次又一次的活动总结出来。

在本章中，通过结合实际活动所出现的问题以及必经的流程，在梳理之后，从活动内容的策划到活动开展过程的执行，以及最终活动效果的评估，都会进行系统的分析。

3.1 为什么要做店内促销活动

3.1.1 店内促销活动的目的

首先我们需要了解促销活动是什么？促销活动是一种非常规的销售行为，它在根本上还是销售，只不过通过各种方式，如折扣、秒杀、团购、免单等让利行为，以及一些其他的情感共鸣上的行为，来引导顾客进行消费。所以，促销活动就如同给店铺注射兴奋剂一般，在短时间之内使店铺的各项数据急剧上升，提高效益，但是如同兴奋剂对人体有副作用一样，促销活动使用不当，也会给店铺带来一定的负面作用。

如图 3-1 所示，卖家会在活动期间，通过各种渠道，包括各种推广流量方式（淘客、直通车、钻展、硬广等），淘宝官方资源（官方活动等），以及一些官方活动平台（淘金币、聚划算等）来使店铺流量急剧上升。

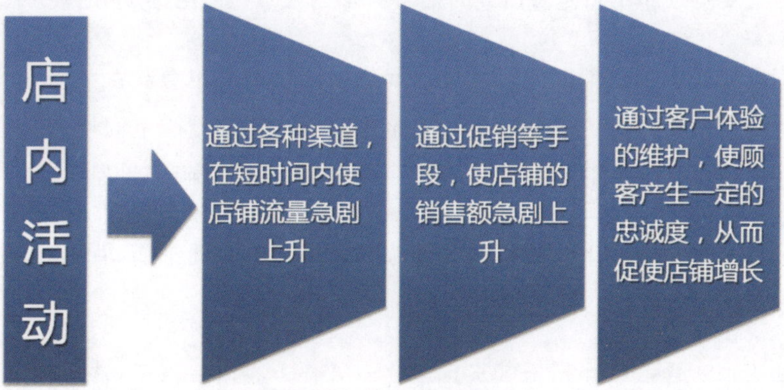
店内活动
通过各种渠道，在短时间内使店铺流量急剧上升
通过促销等手段，使店铺的销售额急剧上升
通过客户体验的维护，使顾客产生一定的忠诚度，从而促使店铺增长

图 3-1 店内活动的目的

那么，我们为何要让店铺聚集如此多的流量？因为在促销活动中，我们多半会采取折扣等让利方式，它虽然能够提升顾客的购买欲望，但是其本身也是对店铺价格体系和品牌的一次折损，所以，商家多数情况下不宜过多开展促销活动，故而在开展促销活动时，应尽可能地提升流量，从而形成最大化的销售。

当然，在活动期间，商家也应极力维护好客户的购物体验，尤其在流量涌入时，其大部分流量均是新客户，对店铺的认知度和忠诚度都是零，所以卖家要从客服接待到页面展示，从商品质量到售后服务等各方面，都以客户体验为目的，使顾客对店铺产生忠诚度，从而形成一定量的回头客、老顾客，这样店铺才能够获得增长，这才是促销活动的目的所在。而很多店铺往往本末倒置，过于看重活动当日的销售额，所以会大幅度让利，但是因销售量暴涨，各方面服务质量直线下滑，导致店铺本身利润空间有限，引起大量售后问题，这样是得不偿失的。

3.1.2 节日、话题促销活动

店铺在做活动的时候，经常会需要一个切入点，为什么要做活动，店铺不能因为要做活动而做活动。如果一味地做活动，而没有一个切入点，那么，第一，没有情感上的共鸣，活动本身会变得枯燥无味；第二，会给客户一个感觉，这家店铺总在做一些打折活动，是不是卖家在虚抬商品价格，以折扣的方式形成落差，从而促使买家购买。长此以往，消费者自然不会买账，所以，我们在做活动时需要一个切入点，即给活动寻找一个理由。

中国人素来爱好在节日期间进行购物，而线下商场商家也喜欢在节日期间进行促销活动，吸引消费者，例如，五一假期、国庆黄金周等，这些都是线下商场做大型促销活动的经典时间，在此期间，往往商场会聚集大量顾客，一片生意兴隆的景象。

同时通过这么多年的线下传统行业的渲染，逢节日必有促销活动的思维定式已经在中国的消费者和商家中形成。

反观淘宝市场，这一定式也很自然地形成了。那么利用节日气氛，以及消费者期待促销活动的心理，做促销活动必然能带来很好的效果。

如图 3-2 所示是情人节时期，在淘宝网首页展示的关于情人节的活动广告。可以看到，通过结合情人节，情人之间互送礼物的情感需求，推出巧克力和服饰的促销活动，必然迎合消费者的需求，从而极大地利用了节日气氛，使店铺销售额得到很大的提升。

在节日期间进行促销活动，必然会有一定的优劣势。

优势分析：

（1）节日气氛浓厚，顾客购买性强。在节日期间，顾客的购买欲望很强烈，转化率和客单价将普遍提高。

（2）容易制造话题，引起情感共鸣，如在情人节期间，互送礼物则是一个很好的情感共鸣点，也是一个促使消费者购物的很好的动机。

（3）增大店铺曝光度，提升店铺品牌感。在节日期间通过促销活动，可以让更多的客户看到你的店铺，再切合一些引起共鸣的活动，则自然起到宣传自己店铺品牌的效果。

（4）时间固定，准备期长。节日的时间是固定的，如国庆期间要做促销活动，那么可以提前两周，甚至一个月去准备活动。

图 3-2 情人节活动

劣势分析：

（1）竞争激烈，广告费暴涨。在活动期间，从一定角度来看，客户资源是一定的，那么商家之间为了抢夺流量，必然会提升自己的推广预算，在此期间，各种推广费用将会急剧暴涨。

（2）部分节日要求产品与之有一定关联性。如在儿童节，对于童装卖家来说，则是一个非常好的活动契机，但是对女装卖家来说，则不是。

注意事项：

（1）在淘宝上做节日促销活动时，一般会把活动时间提前 3 ～ 5 天开始，如情人节、圣诞节等，以情感话题为礼物，故而会提前数天进行购物，在设置活动时间时，请一定注意。

（2）某些节日当天，淘宝整体流量与成交会因放假等缘故，反而急剧下滑，如五一、十一等长假日。切勿将重点活动、爆发性活动，如秒杀活动，安排在这些时间。

3.1.3 配合淘宝官方活动

如图 3-3 所示是淘宝网在 2011 年 11 月 11 日和 2011 年 12 月 12 日举办的全网性质的促销活动——网购狂欢节和全民疯抢的官方 LOGO。在 2011 年 11 月 11 日，天猫（原名淘宝商城）当日销售额为 33.6 亿元，2011 年 12 月 12 日，淘宝集市当日销售额为 43.8 亿元。

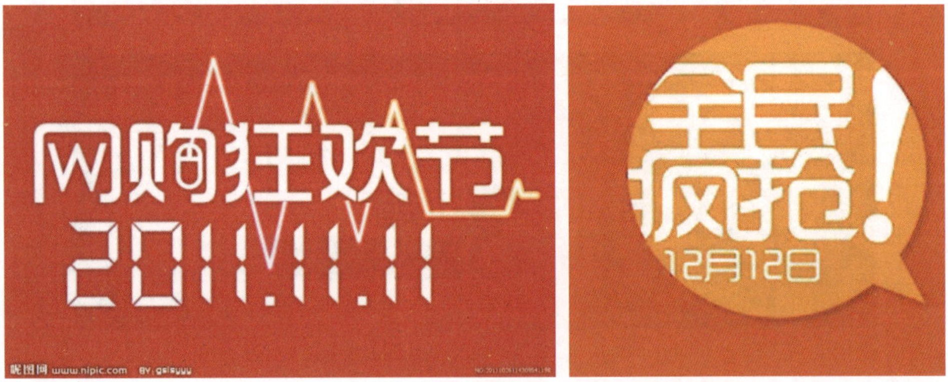

图 3-3 网购狂欢节和全民疯抢的官方 LOGO

绝大部分卖家都在淘宝网的官方活动期间推出了自己的店铺活动，从而带动销售额增长。也有部分卖家，即使没有参加双十一和双十二活动，但当日店铺流量还是有较为明显的增长，同时店铺销售额也增长许多。这是因为在双十一、双十二活动期间，淘宝网官方已经在线上、线下投入了很多广告，花了很多的广告费宣传了这一全网活动。

这些广告自然也带来了不少效果。第一，吸引流量。在双十一和双十二活动期间，淘宝网吸引了众多消费者前往购物；第二，点爆流量。虽然流量很大，但是淘宝网真正把这些流量点燃起来，点燃了消费者的购买欲，因为当天所有消费者都知道淘宝网在做全网性质的打折促销活动，消费者来到淘宝网，就是抱着购物的目的，与以往的购物行为存在差异。以往的购物行为则往往是，消费者需要什么产品时，会前往淘宝网进行搜索并购买。

所以在这个时候，面对购买欲如此高涨的流量，店铺本身就可以做一些促销活动去承接这些流量，从而产生购买。

优势分析：

（1）淘宝官方投放大量广告资源。淘宝官方在线上和线下平台投放大量广告资源，吸引大量流量进入淘宝。

（2）参与活动店铺，官方配给流量，并享有一定站内资源优先权。淘宝划分首页资源给参与活动的店铺，同时也将给予一定站内资源的优先权，如聚划算、淘金币等平台的报名等。

（3）顾客购买性极强，销售额急剧增长。通过官方宣传，消费者来到淘宝的购物欲望十分强烈，只要配合官方活动开展适当幅度的促销活动，则极易形成购买。

劣势分析：

（1）竞争激烈，广告费暴涨。同节日类活动一样，在活动期间，商家之间抢夺流量，也会提升自己的推广预算，那么在此期间，各种推广费用也将会急剧暴涨。

（2）官方活动需要报名，报名条件较为苛刻。在争夺活动资格时，淘宝官方将会对店铺的各项能力进行评估和考核，从而选取优秀卖家参与活动。

（3）活动可准备期较短。相比节日类活动，准备期较短，需要卖家能够有较强的筹划能力。

（4）对店铺抗压能力要求较大。活动期间，销售额急剧上升，那么客服接待量、发货量、售后处理量等，也都将随之急剧上升，对店铺来说，是一项严峻的考验。

3.1.4 配合大流量涌入活动

部分卖家会在一个时间段内，出于某种活动需求，比如店庆、金冠庆典、春款上新等活动，通过硬广、钻展、直通车、淘客等多种推广方式，以及包括淘金币、聚划算在内的多种活动平台，为店铺带来大量的流量。

那么这些卖家，为了配合大流量涌入，使流量能够转化成购买，通常都会开展促销活动，通过活动的方式，带动店铺销售额的增长。如图 3-4 所示是两张卖家做的硬广投放的广告素材，两者都是为了秋款上新而做的促销活动。

图 3-4 卖家硬广广告素材

优势分析：

（1）对流量控制掌握一定的主动权。能够自由地控制活动期间的流量，可以根据店铺承受能力来指定。

（2）对活动主题和促销力度享有主动权。可自由发挥，开展符合本身店铺定位的活动，而不用受其他限制。

（3）活动可准备期长。活动时间可以自定，便于店铺安排前期准备工作。

劣势分析：

（1）大部分流量是付费的，产生一定成本。即使如聚划算、淘金币等平台流量，也是通过让利的方式来获取的，这实际上也是付出成本的。

（2）顾客的购买性相对薄弱，需要店铺通过情感营销和促销让利来促使顾客购物。

3.1.5 特殊需求营销活动

有些店铺出于一些比较特殊的促销需求，会个性化地定制一些特别的活动。例如，店铺某一季的产品积压很多，为了能够让货物转化成资金，来迎接换季，那么它就会开展一个清仓活动。

店铺在开展类似活动时，一般会在店内配给资源，而不会大幅度地通过推广来为活动导入流量。如图 3-5 所示是常见的清仓活动。

妖精的口袋（挚爱夏装分享）
夏装清仓咯！
全场满100减15，
还有3折特价哦！
搜酷潮包の館
清仓 全部 9.9元一个不留！
*[全馆8折]最后一天

图 3-5　清仓活动广告素材

3.2 活动策划与方案

3.2.1 确定活动目标人群

在策划一场活动之前，我们务必要弄清楚，这次活动针对的是什么样的目标人群。

1. 为什么要确定活动目标人群

首先，我们通过确定活动目标人群，可以了解目标人群的人群特性；接着，通过分析他们的特性，可以了解目标人群的利益追求点，他们是追求性价比，还是追求款式，或者追求别的点；通过人群特性和利益追求点，我们能够做到熟知自己的目标人群，做到知己知彼，这样在制定活动时，投其所好，就能够激活目标人群的购买欲望，同时满足客户的情感需求，不仅能够提升当日销售额，也能够提升一定的客户回头率。

2. 如何确定活动目标人群

首先通过这次活动的流量来源构成来了解客户的构成，从而了解这次活动，店铺将会有多少的新流量，占比多少。例如，从聚划算、淘金币平台进入的客户，其大部分都是新客户，对店铺的认知度和忠诚度几乎为零，并且他们进入店铺的目的性比较强，主要是追求活动款的性价比，对待这些客户，则适宜同时推出其他一些性价比也很高的产品来吸引他们。

接着通过客户构成，分析他们的追求点，来制定符合其需求的引导广告。

最终通过有意引导，定位最精准的目标人群。在第 1 章中强调过目标人群定位的重要性，所以，我们在定位活动目标人群时，也不可一味地脱离店铺定位，在做引导时，也应结合店铺实际情况，筛选自己的客户。

如图 3-6 所示，这张广告素材是投放在淘宝网首页轮播图位置的，展现量很大，所以通过“浪漫”、粉色基调、产品图等，已经在很大程度上过滤了不符合自己店铺定位的客户，而他们也不会对此感兴趣。同时，针对淘宝网首页展现量大，大部分流量都是新客户的情况，卖家在素材上也提出了自己的让利点——“全场 5 折，两件包邮”，充分吸引顾客到店铺中进行购物。

秋水伊人
星座女穿衣记
浪漫女人节
全场5折
两件包邮！
2000家实体店品质保证

图 3-6 硬广广告素材

3.2.2 确定活动时间

在确定了活动目标人群后，接下来就需要确定活动时间，确定活动什么时间开始，什么时间结束。主要通过以下几点来确定。

1. 活动类型

如果是节日类活动，那么就需要提前进行，因为不少顾客购物是为了在节日前送礼，所以会提前购买，提前时间最好为 5 天左右。如图 3-7 所示，在做 3 月 8 日妇女节活动时，则把活动时间设为 3 月 1 日至 3 月 8 日。

线衫T恤满38包邮
任意购三件线衫T恤，包邮再送贴心好礼
全场彩棉线衫、T恤任购一件后满38元即免邮费
基础内衣、内裤类全场底价清仓，售罄即止！
活动时间：3月1日-3月8日
宝贝放进购物车自动改价，若有疑问请联系客服MM
¥38包邮
>高领镂空彩棉线衫
¥38包邮
>金丝装饰彩棉线衫

图 3-7 妇女节活动内容

如果是配合官方活动，则宜把活动时间设定为和官方一致，或前后各延迟一至两天，不宜过多。一些爆发性活动，如秒杀等，则应设定在官方活动当天。

2. 广告排期

根据店铺自身的广告排期来确定活动时间，充分利用好每一种推广流量。活动持续时间可设置较长，最佳为 3 ～ 5 天，不宜超过 7 天。

3. 工作日

在淘宝网平台上，目前普遍情况是工作日期间销售额、转化率都较周末高，故在安排活动时，尽量安排在工作日。

4. 店铺承受能力

在安排时间时，应根据店铺承受能力来妥善安排，如果持续时间过长，店铺长期处于高压状态，会导致各环节衔接不正常，工作效率低下等情况。

3.2.3 确定活动类型

淘宝上目前常见的活动类型主要有以下几种。

（1）直接折扣。包含秒杀、团购、聚划算等活动方式。

（2）满就送、满就减。设定条件为满多少元或满多少件，则享受对应优惠，主要有优惠多少元，或打折等。

（3）包邮活动。

（4）店铺优惠券。可设定使用条件和使用期限。

（5）搭配套餐。

（6）抽奖活动。

（7）免单活动。满足某种条件，则可享受订单免费的优惠。

店铺在做整店活动时，通常会采用以下几种活动类型。

（1）全场 X 折（起）。这种方式直接让利，吸引度较高。

（2）全场满就送、满就减。这种方式也是直接让利的模式，吸引度也很高。

（3）全场包邮。通常在进行全场活动时，作为副活动出现。虽然让利空间有限，但对于提升客户的购买性有极大的帮助。

（4）抽奖活动。也是通常在进行全场活动时，作为趣味性活动出现，可以提升一定的客户购买性。

如图 3-8 所示，该店铺在进行全场活动时，则同时利用了全场 X 折、全场包邮和抽奖三种活动方式。

图 3-8 全场活动展示案例

注意事项：

（1）需注意折扣力度是否会影响某些单品的利润，如果部分单品不能设置对应折扣，可以考虑临时下架。

（2）需考虑到与一些要求较严格的官方平台在产品上的冲突，如淘金币、聚划算等，均对上线产品在下线之后的折扣有严格的要求，如果有冲突，会导致店铺被平台拉黑的处罚。

（3）部分店铺在进行全店活动时，也会选取部分单品做折扣活动，或者秒杀活动，需注意单品活动与全店活动间的冲突，是否允许折上折等。

（4）需注意淘宝客佣金与店铺利润之间的关系，是否需要临时调整。

店铺在做单品活动时，通常会采用以下几种活动类型。

- 直接折扣。
- 搭配套餐。
- 单品包邮。

如图 3-9 所示，采取了直接折扣和包邮的方式。

图 3-9 单品活动案例 1

如图 3-10 所示，采取了搭配套餐和包邮的方式。

图 3-10 单品活动案例 2

店铺在做单品活动时，该如何选款？

（1）产品定位与目标人群匹配。如果目标人群是追求性价比的，而店铺推出的产品是高价位产品，那么必然和目标人群不匹配，客户的购买率自然会很低。

（2）产品质量。产品质量务必保证优质，否则将会带来大量的售后问题，并且，这些顾客将很难成为店铺的忠实客户。

（3）爆冷取舍，根据活动目的来决定。每个店铺都会有部分爆款和冷款，如果店铺在进行清仓活动，则可以牺牲部分利润，尽快把冷款从货品转化成资金，也可以减少商品管理成本。如果店铺活动是追求销售额的提升，则应极力选取店铺最热卖的产品。

（4）利润保障。促销活动也是商业活动，商业活动最基本的目的就是获得利润，这样店铺才可长久发展，所以选取产品时，应充分考虑产品的利润空间。

（5）库存保障。合理控制库存，不能出现超卖的情况，否则带来的一系列售后问题将会影响店铺的评分。

3.2.4 确定活动内容

在确定活动内容时，可以根据店铺的活动需求来选择适合自己的活动类型。

（1）客单价。可以采用全场满就送，或者搭配套餐，如店铺日常客单价在 100 元左右，可设置全场满 200 元优惠 20 元，这样客户为了追求 20 元的优惠，就很有可能会多购买一些其他产品来享受优惠。而搭配套餐则可以为某款产品搭配一些常用的、配套使用的产品，比如手机的搭配产品有手机壳、手机屏幕膜等，为了能使客户在店内购买这些搭配产品，可以设置搭配套餐，给予一定优惠，从而提升客单价。

（2）单品销量。可以采用秒杀、团购等方式。秒杀、团购可以在极短时间内聚集大量人气，并形成大量销量，这样对单品的销量、评价、搜索权重都会带来很大的提升。

（3）收藏数。可以采用收藏店铺送优惠券的活动方式，促使客户收藏店铺，同时加上优惠券，即使客户本次没有购买，也极有可能在下次光临店铺时产生购买。

（4）访问深度和店内停留时间。可以采用全场折扣或全场满就送，当进行全场活动时，无论新老顾客，都会在心里想，今天店铺做全场活动，如果错过那就可惜了，应该会多看一些店铺内的产品，寻找是否有自己需要和喜欢的产品，则访问深度和停留时间会提升。

（5）转化率和销售额。可以采用全场折扣或全场满就送的方式。同理，在访问深度和停留时间提升的同时，客户因为看了较多的产品，那么他购买的可能性也会提高，所以转化率和销售额也会明显提升。

3.2.5 如何做好预热与推广

当我们确定好了活动的人群、时间和内容，接下来就需要对活动进行预热和推广，让更多的客户能够参与到活动中来。

（1）可提前在店铺首页或其他重要区域，加入店内广告引导到活动单页，以展示活动主体内容。

如图 3-11 所示，这是某店铺在双十二活动之前所展示的活动预告。从图中我们可以看到主要分为两部分。第一部分主要展示了双十二期间的活动内容，通过全场 3 ～ 5 折，送 iPhone 4、iTouch 4 等，充分吸引了客户的眼球，促使顾客对店铺活动有很大的期待。第二部分则提醒顾客收藏店铺和为支付宝充值，这部分也是为活动服务的，收藏店铺是为了防止客户遗忘店铺，支付宝充值则是为了客户能够在第一时间就购买到自己喜欢的产品。

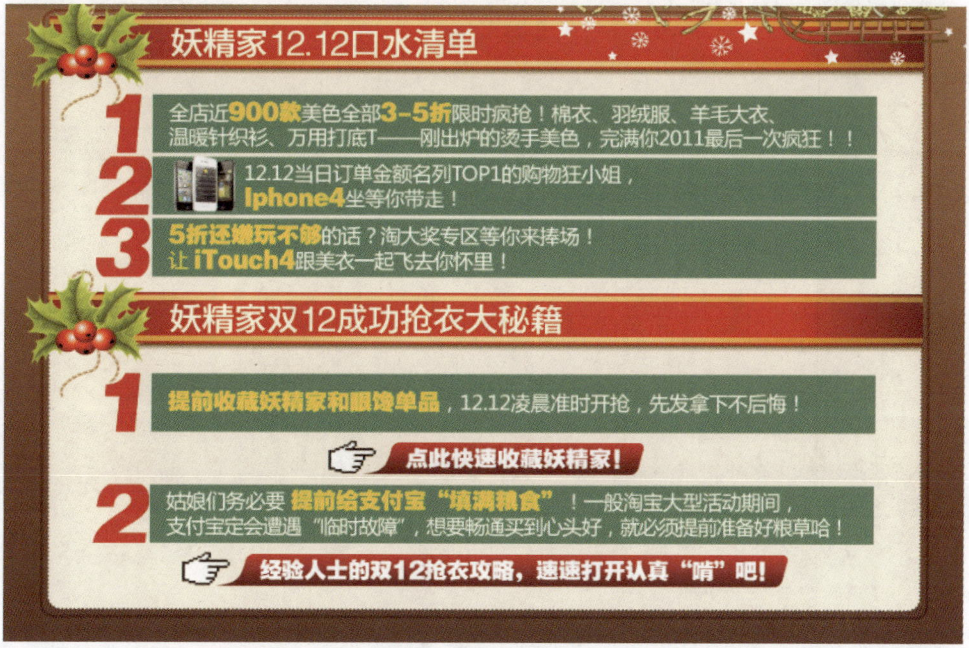
妖精家12.12口水清单
1
全店近900款美色全部3-5折限时疯抢！棉衣、羽绒服、羊毛大衣、
温暖针织衫、万用打底T——刚出炉的烫手美色，完满你2011最后一次疯狂！！
2
12.12当日订单金额名列TOP1的购物狂小姐，
Iphone4坐等你带走！
3
5折还嫌玩不够的话？淘大奖专区等你来捧场！
让iTouch4跟美衣一起飞去你怀里！
妖精家双12成功抢衣大秘籍
1
提前收藏妖精家和眼馋单品，12.12凌晨准时开抢，先发拿下不后悔！
点此快速收藏妖精家！
2
姑娘们务必要提前给支付宝“填满粮食”！一般淘宝大型活动期间，
支付宝定会遭遇“临时故障”，想要畅通买到心头好，就必须提前准备好粮草哈！
经验人士的双12抢衣攻略，速速打开认真“啃”吧！

图 3-11 双十二活动预告

（2）可提前投入推广资源到店铺活动单页，留住顾客并能在活动日来购物。

因为部分活动在活动当日，全淘宝都会广告费暴涨，所以可以采取避其锋芒的方法，提前进行推广，扩大影响范围。

（3）可提前开展小范围的优惠活动，以满足客户先尝为快的需求。

如图 3-12 第一部分所示，该店铺采取团购的方式，让部分顾客提前享受到活动期间的优惠和服务，让顾客对店铺有了一定的了解，从而加深顾客的购买信心，甚至，这些顾客能够为店铺做口碑营销，吸引更多顾客前来购物。

（4）可通过优惠券以及其他优惠方式，促使客户收藏店铺或单品。

如图 3-12 第二部分所示，该店铺通过限量发放优惠券，并设定使用条件和时间，使顾客能够享受更进一步的优惠，这样就能促使顾客积极地使用优惠券。

活动时间
12月5日-12月11日
活动内容
One 引爆“妖精团”
姑娘们千呼万唤的“妖精团”终于回来啦！！
搭乘年终盛宴的第一班快车，
“妖精团”将于每天早上10:00与姑娘们准时见面！
此次“妖精团”，将精选店内炙热单品“第一梯队”成员，
每日8款，共计56款人气爆棚的单品列
——全体5折，盛大开团！
现在就去团！
Two 疯抢“优惠券”
5折还是不过瘾？！优惠券火速来袭！！
活动期间，每日早上10:00，
妖精家店铺首页限量发放“双12”专场优惠券！
每天限量500张，抢完即止！
优惠券面额：10元（满150可用）
优惠券截止日期：2011.12.12 24：00
10元专场优惠券
点此领取！

图 3-12 双十二活动预热活动

（5）可提前通过短信、邮件等方式，尽可能地激活店铺老客户，使其在活动期间返回店铺并购买。

3.2.6 如何做好店内活动展示

在店内进行活动展示，我们首先要了解店铺内自身的“广告资源”。每个店铺每天都会有一定的人流量，所以店铺页面的每一个位置其实都是自身的广告位，包括每个产品展示都是在占用店铺的广告位。大部分卖家都会在首页展示店铺最好的产品，而这就是对店内广告资源的一个简单的合理利用。同理，我们在做活动时，也应合理地应用店内广告资源。

1. 店铺首页广告资源分析

如图 3-13 所示，这是常见的店铺首页布局图。

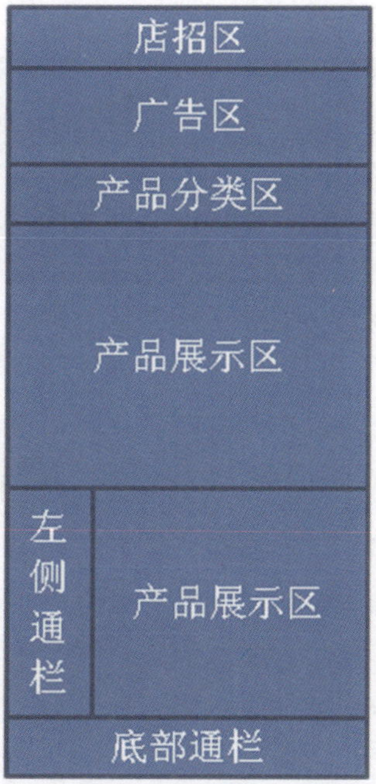

图 3-13　常见店铺首页布局图

（1）店招区，是店铺的核心区域，通常会由两大部分组成，一是品牌区，会展示店铺 LOGO 和品牌精神；二是导航条，方便顾客浏览店铺。

由于该区域在全店都可展示，且位置靠上，所以展现量很大，但是，由于淘宝官方限制，此区域最大可全店展示的高度为 250 像素，超出这个高度的部分，将无法在其他页面展示，所以在展示效果上略差。如图 3-14 至图 3-16 所示，店铺或将活动内容融入品牌区，或单独开辟一个区域，但基本都很简明扼要地展示活动内容。

广告效果：5 颗星。

图 3-14 店招区广告案例 1

图 3-15 店招区广告案例 2

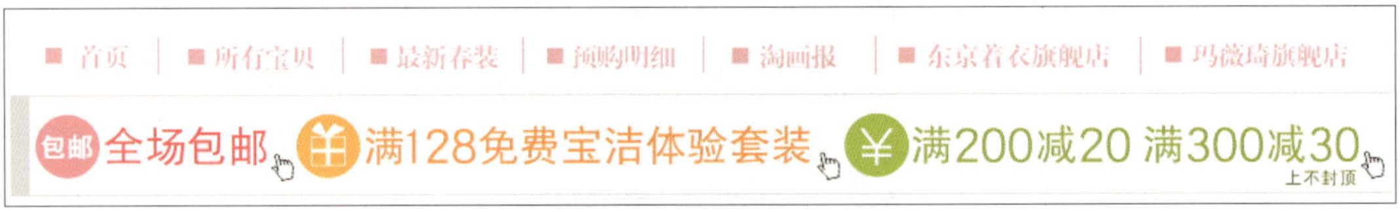

图 3-16 店招区广告案例 3

（2）广告区，大部分店铺都会在首页第一屏开辟一个轮播图方式的广告区，用来展示店铺内最热门的活动和产品，该区域由于处在首页第一屏，故广告效果极佳。如图 3-17 所示，就是常见的首页轮播图广告。

广告效果：5 颗星。

02.27日
20:00新品发布
24小时内
限时9折
妖精的口袋
ELF SACK
我是妖精，你是誰?
I'M THE ELF, WHO ARE YOU?
当茉莉遇见哈利 2012 February
第四章
我们的爱情回忆季
我偷瞄大合唱时最后一排的男生
眼神恰好和他撞上!
惊飞了青春林子里大群的画眉鸟
后来再后来的故事
竟也和曲子里那般百转千回
直到我倚着你 把当年的调子重新哼唱
至少你记得
一起唱过的歌～
音乐起 我们的爱情回忆季
邀你 轻轻和～
1 2 3 4

图 3-17 首页广告区案例

（3）底部通栏，在全店所有页面都可展示，但由于位置处于最下方，广告效果有限。

广告效果：2 颗星。

（4）其他区域，店铺首页每个区域都是广告资源，总体依循广告效果从上至下逐渐递减的原则。

2. 店铺分类页广告资源分析

如图 3-18 所示为常见的店铺分类页布局图。

（1）分类页顶部通栏，在店铺内所有分类页中都有显示，无具体像素高度限制，展示效果很好，展现量也很大。如图 3-19 所示为某卖家的分类页顶部通栏使用案例。

广告效果：3 颗星。

（2）左侧通栏，在店铺内所有分类页中都有显示，有像素宽度限制，展示效果一般，展现量也较大。卖家可在此区域间穿插广告，广告效果也依循从上至下逐渐递减的原则。如图 3-20 所示为某卖家的左侧通栏使用案例。

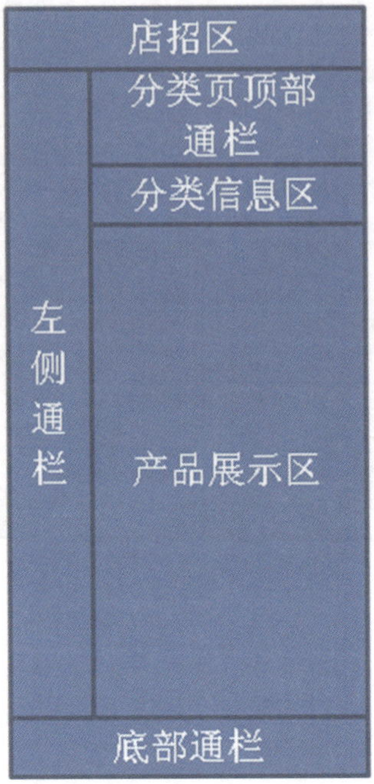

图 3-18 常见店铺分类页布局图

图 3-19 分类页顶部通栏案例

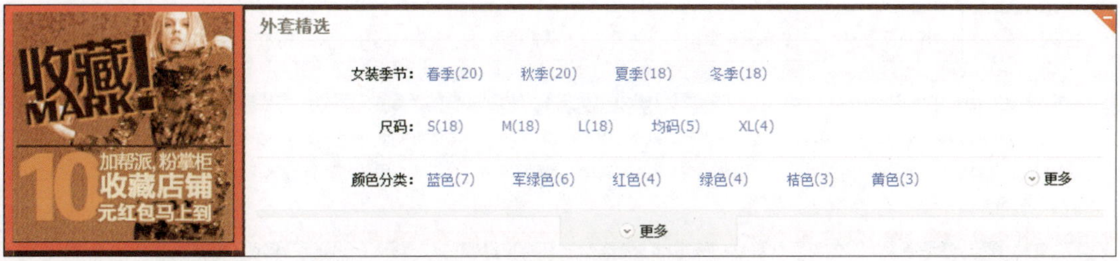

图 3-20 分类页左侧通栏案例

3. 店铺宝贝页广告资源分析

如图 3-21 所示为常见的店铺宝贝页布局图。

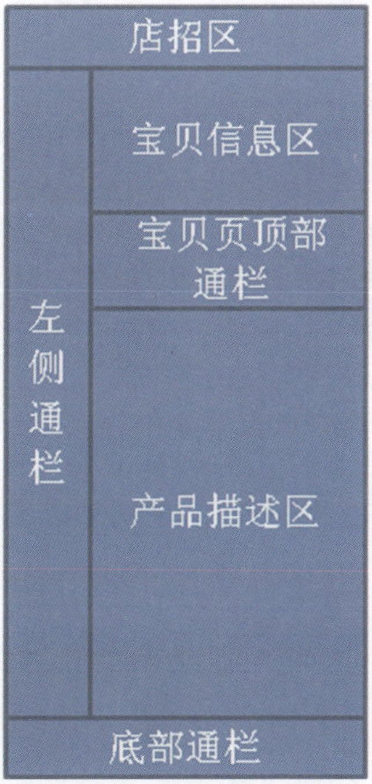

图 3-21 常见店铺宝贝页布局图

（1）宝贝页顶部通栏，在店铺内所有宝贝页中都有显示，无具体像素高度限制，该区域流量仅次于店铺首页，无论从展现量还是展示效果，都是很好的广告资源。如图 3-22 所示为某卖家的宝贝页顶部通栏使用案例。

图 3-22 宝贝页顶部通栏案例

注意：在淘宝集市店铺中，现已取消了宝贝页顶部通栏这一模块，可以通过第三方编辑软件来批量添加、删除广告图，从而达到这一效果。

广告效果：4 颗星。

（2）左侧通栏，在店铺内所有宝贝页中都有显示，有像素宽度限制，展示效果一般，展现量也较大。卖家可在此区域间穿插广告，广告效果也依循从上至下逐渐递减的原则。

注意：宝贝页的左侧通栏和分类页的左侧通栏可以分别设置，两者可不相同。

在分析完店铺内三种页面的广告资源后，对店铺内各个位置的展现量和展示效果有了一定的了解，那么就可以根据活动内容和需求来划分店内的广告资源以展示店内活动。

如图 3-23 所示，我们主要从这 4 个方面进行考虑。

- 销售压力。
- 库存压力。
- 单品热推需求。
- 折扣对品牌的折损度。

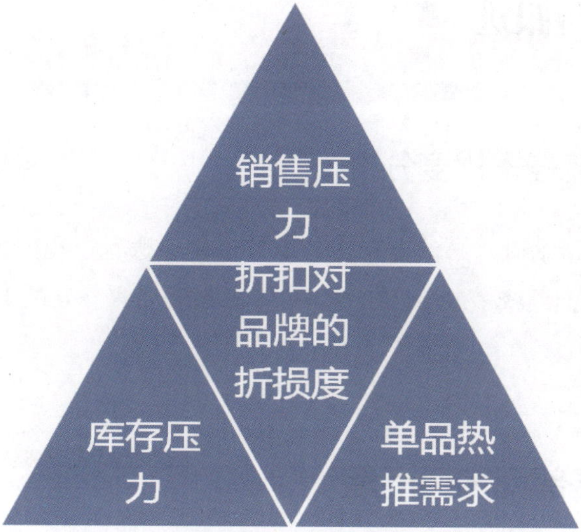

图 3-23 划分店内广告资源所需考虑的 4 个方面

前三者是从销售角度来看，他们之间存在紧密的联系，店内广告资源投入很大时，前三者的效果则必然会很好，但是第四点则是从品牌的角度来看的，如果店内到处都充斥着打折促销的广告信息，那么在消费者眼里，则觉得店铺促销气味浓厚，甚至觉得店铺在甩货，会怀疑店铺的品牌、产品质量等。那势必会给店铺品牌，甚至店铺的价格体系带来很大的折损。

所以，店铺在规划店内广告资源时，应妥善考虑这四点之间的关系和矛盾。如店招区，则应在开展全场大幅度活动时使用为佳，且也不可频繁使用。

如果是单品秒杀、团购等活动，则可以在首页轮播广告图、宝贝顶部通栏或首页其他位置导入流量，引导顾客前往购买。

如果是清仓活动，则不宜在首页重要位置大幅展示，可选用左侧通栏或首页轮播广告图较后轮次来进行展示。

合理地分析店铺活动需求，进行店内广告资源的规划，能够有效提高广告的效果。

3.3 活动执行与跟进

3.3.1 店内活动流程干扰度分析

店铺在开展促销活动时，必然会在活动准备过程和进行过程中出现各种各样的问题，如图 3-24 所示。这些问题或多或少会给正常的销售流程带来一定的干扰，而这个干扰程度即为活动对流程的干扰度。

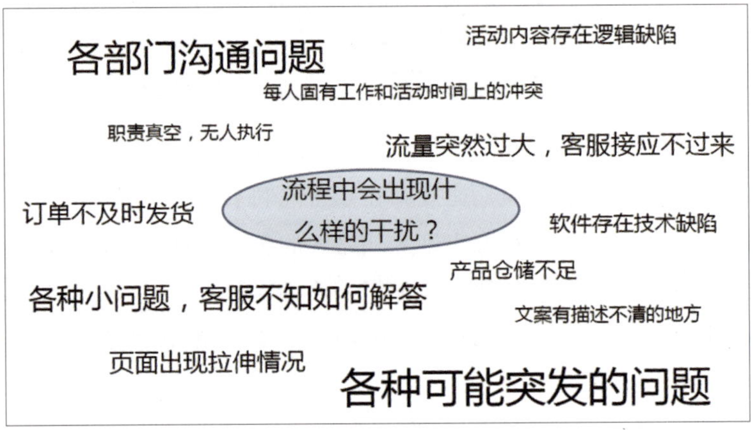

图 3-24 常见促销活动中的问题

那么，这些问题是不是不可避免？不是，店铺在策划活动时，需要对活动的每一个流程和每一个环节进行完善的设计和安排，并且在工作时不断跟进，确保各个环节之间衔接正常。

同时，我们在实际工作中，通过不断的积累也发现，大部分促销活动的流程都是统一的，所以，只要店铺的活动流程相对完善，那么就可以在很大层面上避免流程干扰度的产生。

3.3.2 确定项目组成员

每一次促销活动，都可以当做一个项目来对待，针对该项目，需成立项目组。

因为促销活动是非常规的销售行为，它会对店铺运营起到很大的影响，所以，项目组成员涵盖岗位较多，这样才能全盘地统筹策划活动。主要涵盖职位有：产品企划、仓储管理、视觉设计、客服、品牌营销、市场推广、数据分析等岗位。

成立项目组的目的主要有：

（1）推敲活动内容的可实行性。由于项目组涵盖岗位较多，可以达到全方位地去推敲活动内容的可实行性，这样活动就不会存在致命性的问题。

（2）工作内容区域划分，安排到人，职责清晰。每个岗位或部门，在促销活动中都有自己要负责的工作内容，确定项目组，方便安排工作内容。

（3）各部门核定衔接方式和时间。由于各岗位或部分都有成员参与项目组，所以彼此之间的沟通会更加紧密，方便明晰一些工作事务之间的衔接方式和时间。

（4）衡量工作负荷，提前做出安排。部分岗位或部门可能会工作负荷较大，通过项目组可以事先进行妥善安排，确保每个岗位或部门都可以正常运转。

3.3.3 制定项目推进表及推进表的内容

项目推进表是一种可以帮助卖家推进活动流程的工具，它本身其实是一种甘特图，按照时间进度标出工作活动，从而帮助卖家进行项目管理。

促销活动是一项十分复杂的项目，它涉及的方面太多，包括客服、设计、产品、推广等各个方面，所以需要推进表这样的工具，对所有工作进行划分，从而帮助卖家推进活动。

如图 3-25 所示，在这种项目推进表中，主要包含了 4 大区域，分别为工作内容区、责任人区、完成状态区、时间进度区。

				时间	周一	周二	周三	周四	周五	周六	周日
工作区域	工作内容	内容阐述	责任人	状态	2月1日	2月2日	2月3日	2月4日	2月5日	2月6日	2月7日

图 3-25 项目推进表的常见格式

通常项目推进表的主要工作内容包含以下几个方面，如图 3-26 和图 3-27 所示。

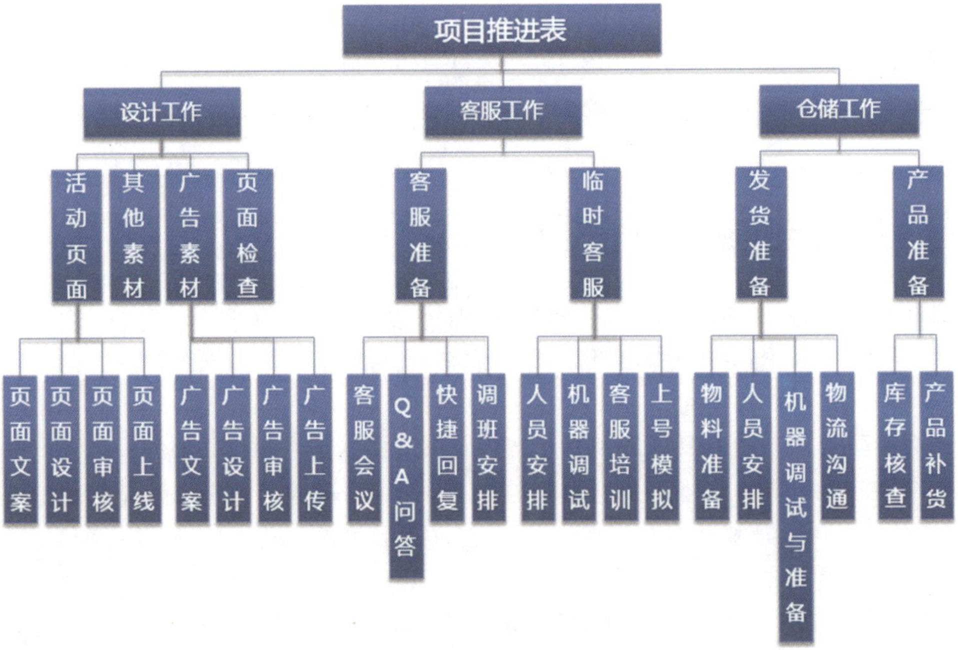

图 3-26 项目推进表的工作内容一

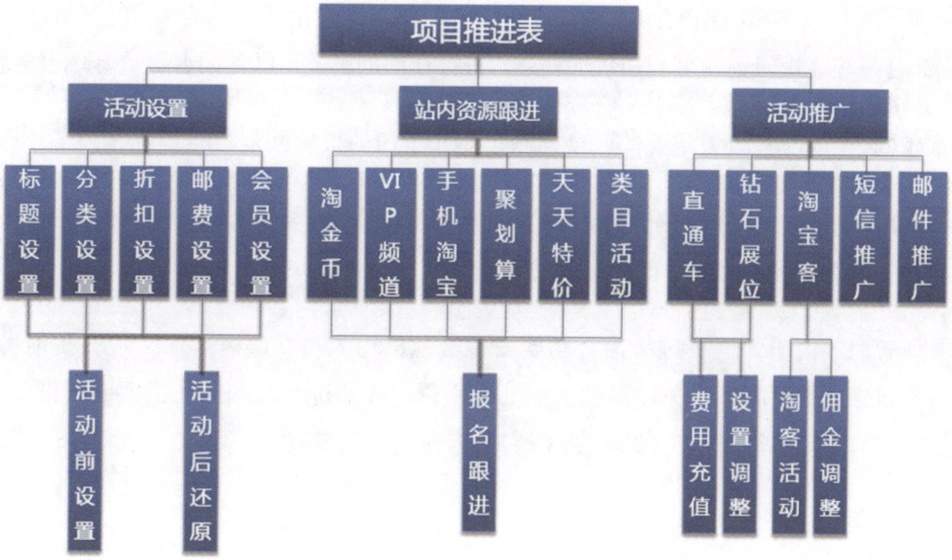

图 3-27 项目推进表的工作内容二

1. 设计工作

在设计工作中，需提前规划好此次活动所需要的所有图片素材，主要包含活动页面、广告素材和其他素材，其中广告素材包含店内广告资源和店外推广。

接着，开始由文案人员根据活动内容和页面需求撰写对应图片的文案，然后再由设计人员根据文案去设计图片素材。

最终还需通过审核，审核时，需审核图片的文案、色调、视觉效果是否符合活动需求。店外推广图片，则可以进行模拟投放，观察图片与投放位置周围的布局是否有较大的冲突，能否引起顾客的注意力等。而活动页面，则需要进一步检查页面上的超链接切割是否正确，链接地址是否正确。

2. 客服工作

在活动开始或活动展示之前，应先开展客服会议，告知客服相关活动内容，便于客服向顾客解释活动内容。

同时，应根据客服总结的问题和以往经验，制作本次促销活动的 Q&A 问答集，在问答集中，针对一些常规问题和可能出现的问题，进行详细的解答，以帮助客服更好地服务客户。

针对 Q&A 问与答较为重要的几个问题，制作专门的快捷回复，以提高客户工作效率。

此外，由于活动时间的问题，或活动人流量较大，往往需要对客服的工作时间进行调整，所以，应在活动开展之前就制订好对应的调整方案。

部分活动，由于人流量过大，会需要安排其他部门人员做临时客服，应该提前做好人员安排，划分工作时间，以免过多的影响其他岗位工作的进行。同时还需要做好机器调试、客服培训、上岗模拟等工作，以确保临时客服工作的顺利开展。

3. 仓储工作

在活动开展之前，也需要相应做好一系列的发货准备工作，对发货期间的物料进行提前购置，包括包装袋、包装盒、打印纸等，还要做好相关机器的调试与准备。如果发货量很大，需要安排其他部门员工和兼职人员，也需要提前准备。最后，还要和物流进行沟通，确保物流公司能够在第一时间把包裹全部接收并发出，以提升发货速度。

此外，还需要对产品进行准备，一是需要对库存进行核查，防止出现超卖现象，二是需要对部分产品提前备货，做到有货可卖。

4. 活动设置

在活动开始之前，需要针对活动内容进行相应设置，一般会有以下 5 个方面的设置：标题设置、分类设置、折扣设置、邮费设置、会员设置。需要注意的是，这些操作在活动开始之前要设置好，在活动结束之后也要及时恢复，这一点往往被很多卖家忽视，经常会在活动结束后好几天，才将一些操作恢复原样。

5. 站内资源跟进

在进行促销活动时，部分卖家会通过一些站内资源，为店铺导入流量，那么对这些站内资源就要负责跟进，因为部分资源需要不断地提供一些资料以及进行一些操作，同时还要避免平台与店铺活动期间在折扣上的冲突。

主要跟进的站内资源有如下几种：淘金币、VIP 频道、手机淘宝、聚划算、天天特价、试用中心、类目活动等。

6. 活动推广

卖家在开展促销活动时，也应安排活动前后的推广工作。直通车和钻展平台，则需要提前充值，以免出现费用不够的情况，此外还需要针对活动，做出对应的设置调整。

在活动开始前，如果活动折扣过大，淘客佣金可能会影响店铺利润，那么也需要提前进行调整，并及时通知店铺淘客，以免造成误解。

此外，还需做好短信推广和邮件推广的准备，准备好短信内容，制作好推广邮件。

3.3.4 某金冠女装店铺双十二活动项目推进表

如图 3-28 所示，是某金冠女装店铺为双十二活动所设计的项目推进表，从图中可以看出，该卖家对工作内容的划分十分完善和明晰，可以供我们学习借鉴。

双十二全民疯抢活动——项目推进表

日期：			项目负责人：			时间	星期四	星期五	星期六	星期日	星期一	星期二	星期三	星期四	星期五
工作区域		工作内容	内容阐述	责任人	跟进人	状态	12/8	12/9	12/10	12/11	12/12	12/13	12/14	12/15	12/16
设计工作	首页预热版块	文案	完成预热版块文案工作，烘托双十二气氛，积攒消费力。			已完成	14：00前								
		素材制作	完成预热版块页面工作，烘托双十二气氛，积攒消费力。			已完成		17：00前							
		页面上线	将页面切割上线。			已完成		18：00前							
	活动时期首页	首页布局	活动期间首页的布局。			已完成									
		文案	首页布局文案。			已完成									
		页面制作	活动期间首页的页面制作。			已完成		15：00前							
		页面调整	针对页面制作进行修改。			已完成			15：00前						
		页面上线	将首页进行切割保存在后台。			已完成									
		页面发布	将页面发布到店铺。			已完成				20:00					
	其他素材相关	淘大奖分区文案				已完成	16：00前								
		淘大奖分区页面				已完成		15：00前							
		硬广文案				已完成									
		硬广素材				已完成	15：00前								
		硬广素材审核				已完成		10：00前							
		硬广素材修改				已完成		10：00前							
		硬广素材提交				已完成		11：00前							
		友情链接文案				已完成									
		友情链接素材				已完成		16：00前							
	页面检查	页面检查	检查所有页面的标价、链接等			已完成									

图 3-28 某金冠女装卖家双十二活动项目推进表

客服工作	客服准备	客服会议	召开客服会议，解读本活动主体内容。			已完成									
		客服Q&A	编写本活动Q&A。			已完成	12：00前								
		客服Q&A回复	解答本活动Q&A。			已完成	14：00前								
		客服话术制作	制作针对本活动的话术			已完成									
		客服调班	因周一凌晨咨询量大，特将本周日客服休息调至周五。			已完成									
	临时客服	临时客服统计	调查各部门可安排临时客服人数，具体到每个人的名单。			已完成	12：00前								
		子帐号建立	根据名单，建立子帐号。			已完成	15：00前								
		帐号输入	根据名单，输入帐号，并进行相应的电脑设置。			已完成		12：00前							
		临时客服培训	各部门人员针对活动内容进行简单培训。			已完成		18：00前							
		调试	各部门人员进行半小时调试。			已完成		18：00前							
	客服群	群志愿者	招聘双十二解答群志愿者。			已完成		14：00前							
		志愿者培训	对志愿者进行培训工作。			已完成		18：00前							
		群准备工作	建群，志愿者入群，首页挂代码。			已完成									
仓储工作	仓储准备	物料准备	提前准备好物料，按活动时间共3天，3天销售额200W的规模准备。			已完成	18：00前								
		兼职招聘	按活动时间共3天，3天销售额200W规模的发货量准备兼职。			已完成	18：00前								
		笔记本准备	联系准备4台笔记本电脑以备用。			已完成	18：00前								
		物流公司准备	提前和物流公司沟通好，提前准备好人手和车辆，确保当日打包完毕的包裹全部发出。			已完成	18：00前								
活动设置	淘大奖	淘大奖购买	购买淘大奖软件。			已完成									
		淘大奖设置	设置淘大奖软件。			已完成									
	活动设置	标题修改	针对除空城计以外的产品，添加全民疯抢四个字。			已完成									
		添加分类	将全店5折产品单独建一个“双十二”临时分类，打标产品添加在子分类“打标产品”中，以方便管理。			已完成									
		打标报名	挑选200款产品，报名官方打标，进行折扣。			已完成									
		打标产品折扣设置	将打标产品进行折扣设置。										0:00		
		添加分类	将打标产品以外的其他5折产品，添加到子分类“非打标产品”中，以方便管理			已完成									
		折扣设置	针对打标以外的产品，进行折扣设置。												
		关闭自动上下架	关闭旺店宝自动上下架，以防止中断打标和淘金币。			已完成									
		双十二类目分类	根据布局上的新6大分类，进行相应新建。不调整原分类。			已完成									
		产品下架	不参加活动的产品进行下架，包括emma给出的名单，聚划算相关产品。在软件中取消自动上下架，并在页面上进行下架操作。			已完成				21:00					
		产品上架	将下架产品上架。											0:10	
		邮费设置	修改邮费模版。							23:40					
		邮费还原	还原邮费模版。											0:10	
		店铺VIP关闭	修改店铺VIP折扣。							23:55					
		店铺VIP恢复	恢复店铺VIP折扣。											0:10	
		新人体验关闭	关闭新人体验区折扣。							23:40					
		新人体验恢复	恢复新人体验区折扣。											0:10	
		描述批量添加	描述批量添加。			已完成									
		描述批量删除	描述批量删除。											0:10	
其他活动	淘金币	淘金币	淘金币产品报名。			已完成									
		淘金币跟进	确保报名产品能够在12日时在架。			已完成									
	手机淘宝	手机淘宝相关活动	确保折扣等设置正确，和小二保持畅通联系。												
	直通车	直通车全民疯抢	确保折扣等设置正确，和小二保持畅通联系。												
	毛呢、毛衣	毛呢、毛衣秒杀	确保折扣等设置正确，和小二保持畅通联系。												
	拍卖	拍卖专场	确保折扣等设置正确，和小二保持畅通联系。												
	VIP	VIP频道活动	确保折扣等设置正确，和小二保持畅通联系。												
活动推广	直通车	直通车充值	确保账户余额充足。			已完成									
		加大直通车推广													
	短信推广	短信文案				已完成		17：00前							
		预告短信	对双十二活动进行预告，发送对象：6个月内交易客户。												
		提醒短信	对双十二活动进行当日提醒，发送对象：1个月内交易客户。												
	EDM推广	EDM	主页面素材定稿后，即对双十二活动进行EDM推广，发送对象：6个月内交易客户。			已完成									
	淘客推广	淘客推广	对本店淘客活动，在各大淘客论坛进行第二轮轰炸发帖。			已完成									
活动跟进	单品检查	单品检查	每隔一小时检查首页所有单品在架情况，及时更换。												
		单品销量统计	每隔一小时检查首页所有单品销售情况，及时更换。												
		单品更换	根据在架情况和销售情况，及时调整首页产品展示。												
	头名状	奖项公布	公布中奖者信息和部分购买记录截图。												
	催付	催付短信	对当日订单进行短信催付。												
	氛围营造	氛围文案	烘托疯抢气氛的文案。												
		氛围素材	根据文案制作素材。												
		氛围素材上传	按照时间点，上传至页面。												
	客服群维护	客服群维护	维护好客服群。												
	对手资料收集	对手资料收集	保存竞争对象活动页面。												

图 3-28 某金冠女装卖家双十二活动项目推进表（续）

3.3.5 根据项目推进表跟踪执行

当卖家对促销活动制定好详细的项目推进表后，就可以按照推进表执行，顺利开展活动。

（1）对工作内容进行区域划分，对工作内容的条理结构掌握清晰。通过这样的划分，使促销活动中的每一样工作都不会出现缺失的现象。

（2）工作内容逐条细分，直接安排到人，保证职责清晰，可以有效地监督每种工作的开展情况，便于调控。

（3）工作内容划定好时间进度，进行跟进督促，确保各模块在时间上衔接正常，整体项目不会出现偏差。

（4）通过邮件的方式，每个人对每一天的工作进度进行汇报，有迹可循，确保项目顺利进行。此外，一旦出现问题，可依循推进表找出问题出现在哪一块工作、哪一个责任人、哪一个时间节点上，便于总结教训，避免再出现相同的问题。

3.4 活动格调和店铺格调完美统一

3.4.1 格调的提炼与定位

前文提及，店铺在进行促销活动时，往往会给店铺指定一个主题，寻找一个理由，制造噱头，而并不是平白无故的进行打折促销。

同时，在开展活动时，活动的格调也需要和店铺格调完美统一。例如，一个高档女装店铺，它的活动主题是放血大甩卖，那么立刻就会让它的客户群产生反感，进而质疑店铺和产品，造成活动效果不理想。

如图 3-29 所示，在总结店铺格调时，我们通常需要从三个方面进行分析。

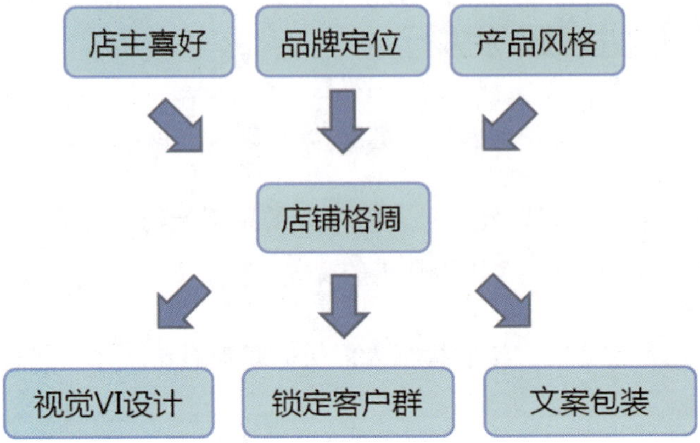

图 3-29 格调的提炼与定位

第一，店主喜好。由于大部分淘宝店铺规模较小，通常只有几个人，店主的喜好会在很大程度上影响店铺的格调。

第二，品牌定位。由于现在有很多传统品牌和自主品牌开始进入淘宝网，它们在进入淘宝网之前，就明确了品牌的定位，那么店铺格调也将由此决定。

第三，产品风格。部分卖家则是依赖店铺在产品渠道上的优势，所以店铺格调往往会由自己的产品风格而决定。

无论通过哪一点，还是结合几点，最终得出店铺格调后。卖家都需要通过店铺格调去制定店铺的视觉 VI 设计和文案包装，使得文案、设计格调与店铺格调完美统一。同时，由于店铺格调明确，也会在另一方面帮助店铺锁定自己的客户群，喜欢该店铺格调的客户，将极易转化成忠实客户，而格调不明确的店铺，则极易从客户的视线中消失。

3.4.2 文案、设计格调与店铺格调完美统一

当店铺的文案、设计格调与店铺格调完美统一后，店铺的风格将得以强化，客户对店铺、品牌的认知度和可识别度也将提高，能够吸引相同喜好的客户，且客户忠诚度较高。

反之，店铺风格将会被弱化和分散，客户对店铺、品牌的认知度降低，店铺的可替代性增强，即店铺与其他同类店铺没有差异性，客户对该店铺难以形成忠诚。

3.4.3 格调统一的部分案例

案例 1：哈喽 8/30 夜

该店铺是一家主营日记本、明信片的一皇冠店铺，店铺掌柜为一对年轻情侣。

店铺定位：精美日记本与小物的发售地。

店铺地址：http://helllllo.taobao.com

如图 3-30 所示是关于店铺和掌柜的简单介绍。从中可以看出，店铺掌柜所经营的产品是出于自己的喜好而选择的，他们将自己所喜欢的产品收集回来，精心拍照。并且从文字可以看出，这对情侣是活泼的、随性的、崇尚生活的，他们经营店铺更多地是想将自己认为美好的、好看的本子，分享给同样喜欢的客户。

图 3-30 关于店铺和掌柜的介绍

如图 3-31 和图 3-32 所示，店内产品的分类标题随性自由，但不影响店主表达自己的意思。而产品标题则是有大量与产品属性不相关的文字，但这些文字很好地表达了店主对这些产品的喜好。

图 3-31 店铺产品展示区

图 3-32 店铺产品展示区

同时，店主对产品的拍摄也很用心，很好地展示了产品，同时图片统一色调为暖色调，而图片本身也具有一定的观赏性。

该店铺从产品风格、设计风格和文案包装上，都能够做到完美统一，展示给消费者一个精品店铺，故而很容易在同类店铺中脱颖而出，仅用 1 年的时间就达到一皇冠的信誉。

案例 2：七格格

该店铺是一家主营女装的双金冠女装店铺。

店铺定位：潮流时装集结地。

店铺地址：http://shop33847557.taobao.com

如图 3-33 所示是七格格店铺首页的部分截图。

7GEGE.com
七格格TOP潮品
潮流时装集结地
OTHERMIX
我自是潮流!
FREE SHIPMENT
季度包邮卡
情人节
我依然爱你
一年前的约定，你是否还记得起。
如果是末日，你是否还有勇气。守着曾经的诺言
也愿意为你延续我不曾改变的真心。这一年情人节，
售价¥260.10
¥289.00
OTHERMIX
2012/02/10
10點準時相見。
每周五六日新品九折包郵體驗！
以爱之名 甜蜜上新

图 3-33 七格格店铺部分截图

产品风格：潮流气息浓厚，衣着风格大胆超前，自由随性，与店铺风格相呼应，达到共鸣。

设计风格：基调为白色，用色多采用亮色系，色彩鲜明，给人青春、活泼、大方的视觉感受。

文案包装：自信、大方、敢爱敢恨、洒脱。

结合七格格的目标人群是时尚潮妞，我们可以看出，该店铺定位、产品、设计、文案，几者之间格调完全统一，且产品风格也是目标客户群喜好的产品风格，加上格调相统一的设计和文案的烘托，极易与目标客户群产生情感共鸣，故而形成有效购买，加之辅以良好的购物体验，将产生很高的客户回头率。

3.5 常见的活动工具软件

3.5.1 限时打折

限时打折是淘宝官方推出的一款促销类工具软件，被广泛用于秒杀类活动。

限时打折使用步骤如下。

（1）进入卖家后台，单击“我是卖家”→“营销中心”→“促销管理”，选择“限时打折”标签，并单击“创建活动”按钮进入设置，如图 3-34 所示。

注意事项：同一时间段只可创建一个活动，即活动之间不能有时间上的重合。

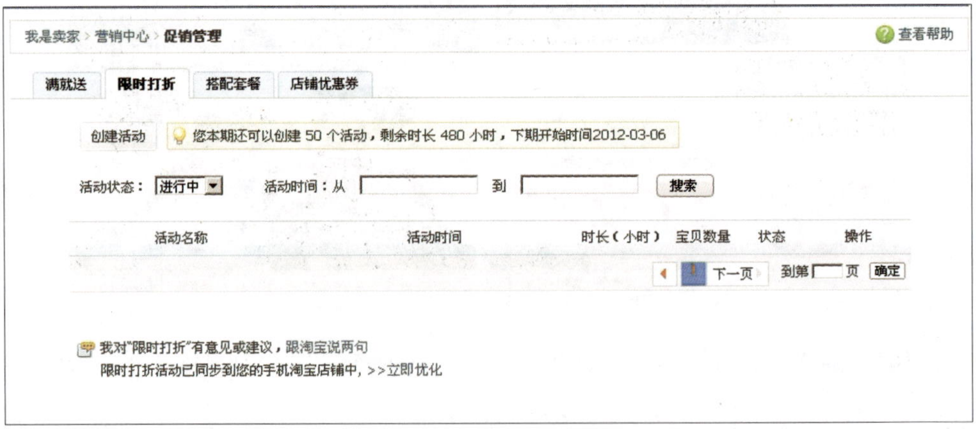

图 3-34 限时打折

（2）设置活动名称和促销时段，如图 3-35 所示。

注意事项：活动一旦创建成功，活动开始时间则不可以再更改；结束时间则不可以提前，只可往后延迟。所以在设定活动时间时务必谨慎。

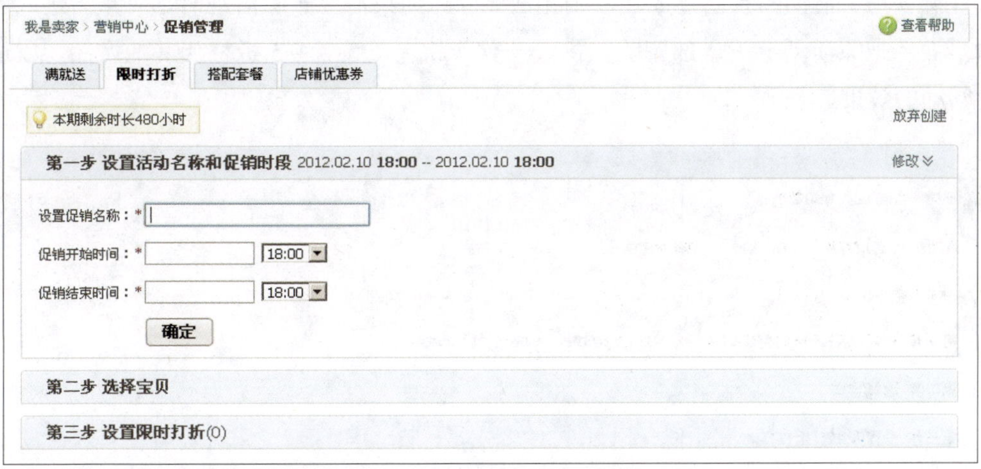

图 3-35 设置活动名称和促销时段

（3）添加参与活动的宝贝，如图 3-36 所示。

注意事项：每个活动最多可以加入 20 个宝贝。

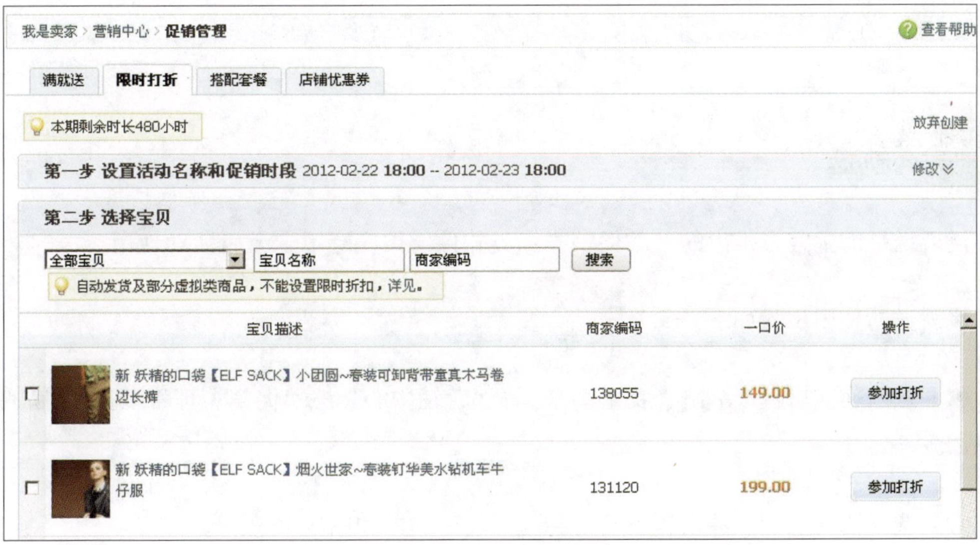

图 3-36 选择宝贝

（4）设置产品折扣和限购数。限时打折可设置的最高折扣为 9.5 折，限购数量可以设置为不限制。如图 3-37 所示。

注意事项：活动一旦创建成功，则无法删除。如果需要删除活动时，可重新进入活动编辑页面，把原活动宝贝全部删除，挑选一款冷款宝贝设置 9.5 折替代其他产品，以达到删除活动的效果。

图 3-37 设置折扣和限购数

3.5.2 满就送

满就送是淘宝官方推出的一款促销类工具软件，被广泛用于全店活动使用。

满就送的使用步骤如下。

（1）进入卖家后台，单击“我是卖家”→“营销中心”→“促销管理”，选择“满就送”标签。

（2）选择活动店铺，并设置活动名称与活动时间，如图 3-38 所示。

（3）设置活动信息。可采用普通优惠和多级优惠两种，并设置优惠条件和优惠内容，如图 3-38 所示。

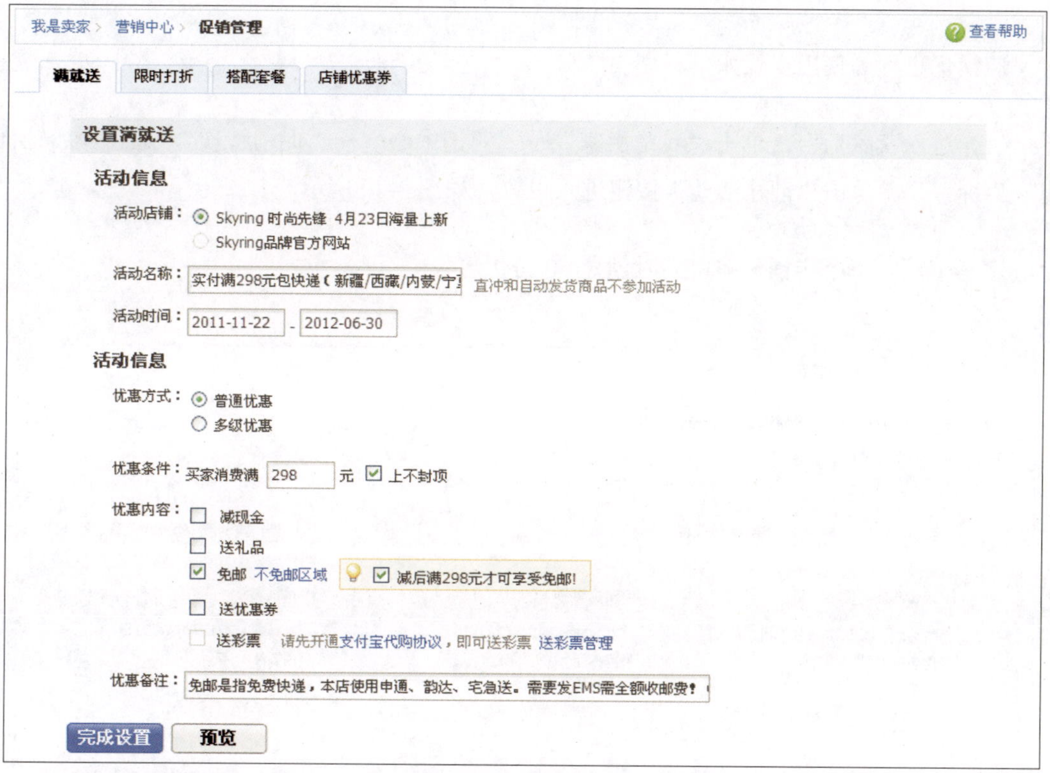

图 3-38 满就送

满就送的活动信息直接展示在全店所有宝贝的宝贝基础信息下方。展示效果良好，多用来创建整店活动，如图 3-39 所示。

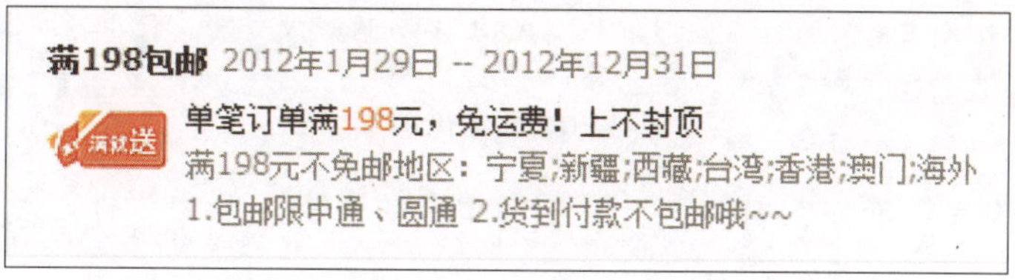

图 3-39 满就送展示

3.5.3 店铺优惠券

店铺优惠券是淘宝官方推出的一款促销类工具软件。

店铺优惠券的使用步骤如下。

（1）进入卖家后台，单击“我是卖家”→“营销中心”→“促销管理”，选择“店铺优惠券”标签，并单击“创建活动”按钮进入设置，如图 3-40 所示。

注意事项：每个店铺最多可同时创建 50 份优惠券。

图 3-40 店铺优惠券

（2）设置优惠券的面额、有效期、总领用量、每人限领数量、使用条件等，设置完成后单击“确认”按钮，如图 3-41 所示。

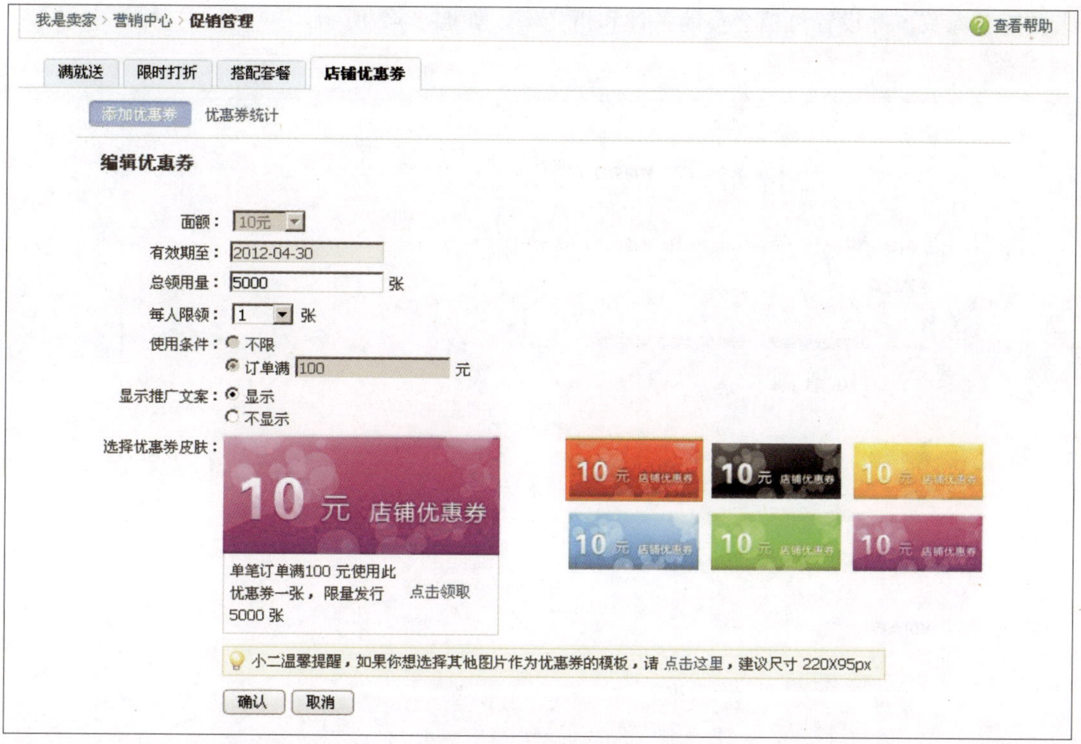

图 3-41 编辑优惠券

（3）单击图 3-40 中的“拷贝此优惠券代码进行推广”链接，获取优惠券代码，就可以在活动中进行展示和发放。

3.5.4 会员折扣

会员折扣是店铺内自身的会员折扣，分为 4 个等级，分别是普通会员、高级会员、VIP 会员、至尊 VIP 会员。

注意事项：此处会员折扣与淘宝 VIP 折扣不是同一概念，不可混淆。

会员折扣的使用步骤如下。

（1）进入卖家后台，单击“我是卖家”→“营销中心”→“会员关系管理”，选择“等级设置”标签，并设置每档会员的条件和折扣率，如图 3-42 所示。

图 3-42 会员关系管理

（2）在编辑宝贝时，勾选“参与会员折扣”复选框，该宝贝会员折扣即可生效。

3.5.5 搭配套餐

店铺优惠券是淘宝官方推出的一款促销类工具软件。

搭配套餐的使用步骤如下。

（1）进入卖家后台，单击“我是卖家”→“营销中心”→“促销管理”，选择“搭配套餐”标签，并单击“创建搭配套餐”按钮进入设置，如图 3-43 所示。

注意事项：每个店铺最多可同时创建 20 个搭配套餐。

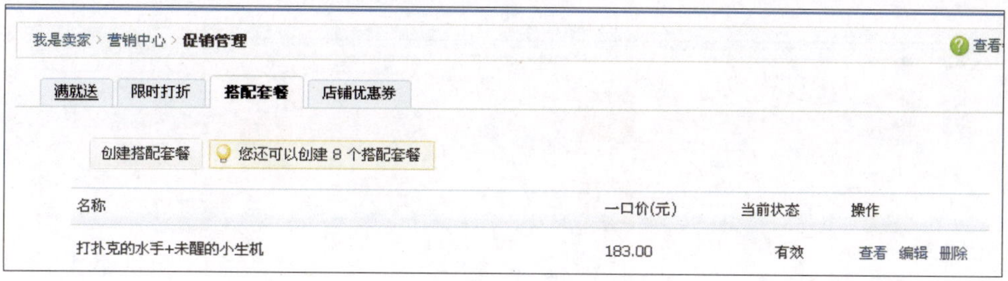

图 3-43　搭配套餐

（2）设置搭配套餐的基本信息和优惠信息，如图 3-44 所示。

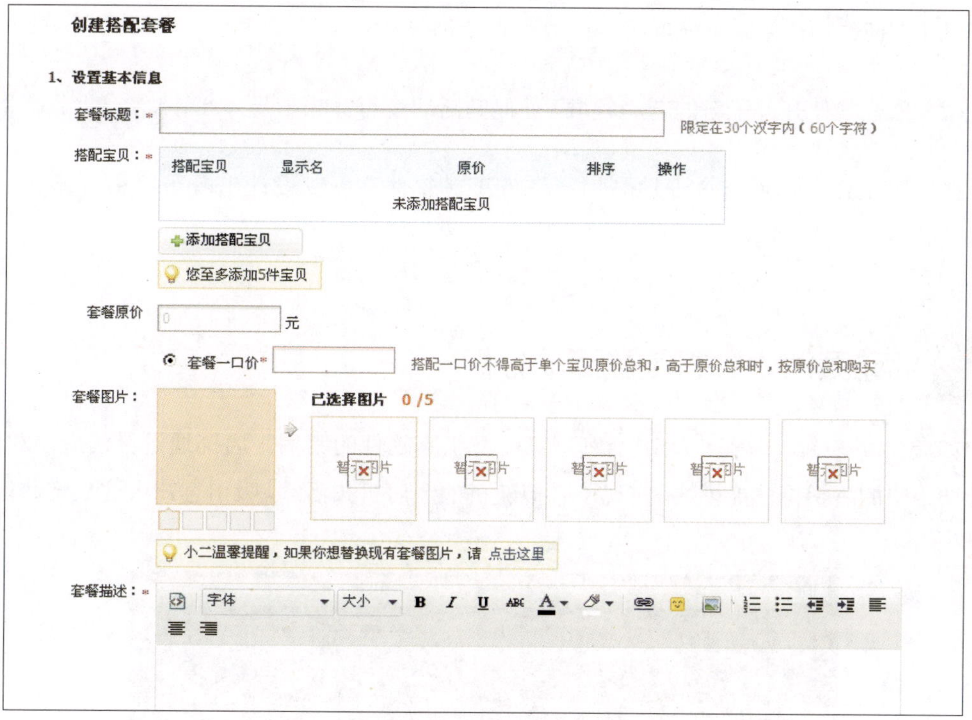

图 3-44　设置搭配套餐信息

3.5.6 第三方活动工具软件

在日常工作中，官方工具软件远远不能满足我们的需求，因为在淘宝服务市场上，出现一批优秀的应用工具软件，如图 3-45 所示。

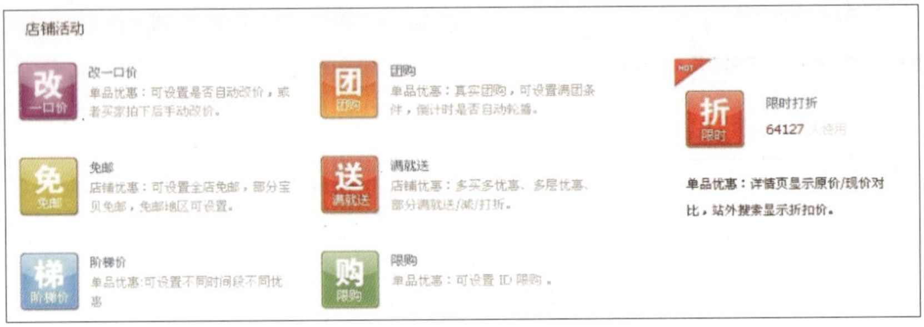
店铺活动
改一口价
单品优惠：可设置是否自动改价，或者买家拍下后手动改价。
团购
单品优惠：真实团购，可设置满团条件，倒计时是否自动轮播。
限时打折
64127
单品优惠：详情页显示原价/现价对比，站外搜索显示折扣价。
免邮
店铺优惠：可设置全店免邮，部分宝贝免邮，免邮地区可设置。
满就送
店铺优惠：多买多优惠、多层优惠、部分满就送/减/打折。
阶梯价
单品优惠:可设置不同时间段不同优惠
限购
单品优惠：可设置 ID 限购。

图 3-45 第三方工具软件

（1）部分软件是对官方软件的加强和革新，取消了很多限制条件，使活动设置更加自由，管理更加方便，如欢乐逛全能助手、限时冰点营销等。

（2）部分软件开辟了新的营销领域，使促销活动变得趣味十足，如淘大奖、收藏有礼等。

在实际工作中，通过合理地利用第三方工具软件，可以设计出既可以引导顾客消费，而又充满趣味性的活动。

3.5.7 活动案例——打地鼠活动分析

如图 3-46 所示，这是一个灵活利用第三方工具软件的案例。店铺通过灵活应用欢乐逛全能助手中的阶梯价功能模块，实现了看似随机的全店折扣活动，吸引客户关注店铺和产品。

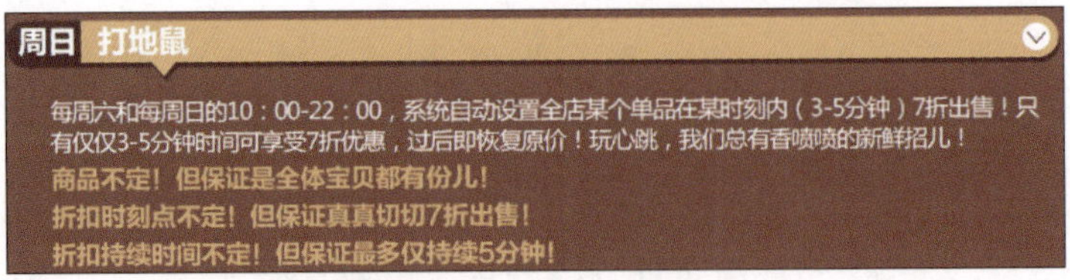
周日 打地鼠
每周六和每周日的10：00-22：00，系统自动设置全店某个单品在某时刻内（3-5分钟）7折出售！只有仅仅3-5分钟时间可享受7折优惠，过后即恢复原价！玩心跳，我们总有香喷喷的新鲜招儿！
商品不定！但保证是全体宝贝都有份儿！
折扣时刻点不定！但保证真真切切7折出售！
折扣持续时间不定！但保证最多仅持续5分钟！

图 3-46 打地鼠活动

应用方法：

（1）在软件中设置若干个阶梯价活动。

（2）在每个活动中设置若干个时间段，时间可自由设置，每个时间段限制在 3 ～ 5 分钟之内。

（3）为每个活动中自由添加若干个宝贝，设置折扣。

通过以上步骤，即可实现。

3.5.8 淘宝平台折扣方式的解析

在淘宝平台上，虽然有各种各样的促销活动和折扣，有时甚至会出现折上折的情况，但有时折扣之间却只能选择其中一种。通过仔细的辨别，我们可以发现，淘宝上的折扣主要分为两大类，分别是宝贝级折扣和订单级折扣，如图 3-47 所示。

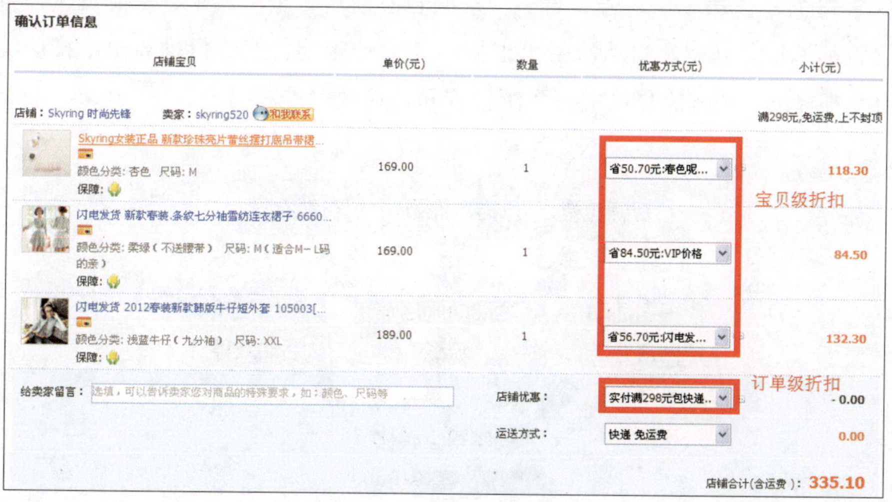

图 3-47 淘宝折扣的两大方式

其中，宝贝级折扣主要包含：限时折扣、单品折扣、会员折扣、淘宝 VIP 折扣、搭配套餐、淘金币、聚划算等。

订单级折扣主要包含：店铺优惠券、满就送、免邮等。

顾客在购物时，宝贝级折扣中如果存在多种折扣时，顾客只能任选一种。订单级折扣亦是如此。

宝贝级折扣与订单级折扣之间则同时享受，即折上折。故卖家在设计活动时，需注意各种折扣之间的冲突，避免出现折上折后反而亏本的现象。

3.6 活动评估与总结

3.6.1 活动预估与目标制定

店铺在开展活动前，需要对活动效果进行预估，并制定一个合理的目标，这样才可以方便卖家做一些有针对性的安排，例如，客服接待和发货量上的安排。

如图 3-48 所示。第一步，先结合活动期间自然流量、推广流量、资源流量，推算出活动期间的店铺流量。其中，自然流量可根据活动前的店铺自然流量推算出；推广流量可根据推广力度推算出；资源流量可根据资源位置和往期效果推算出。

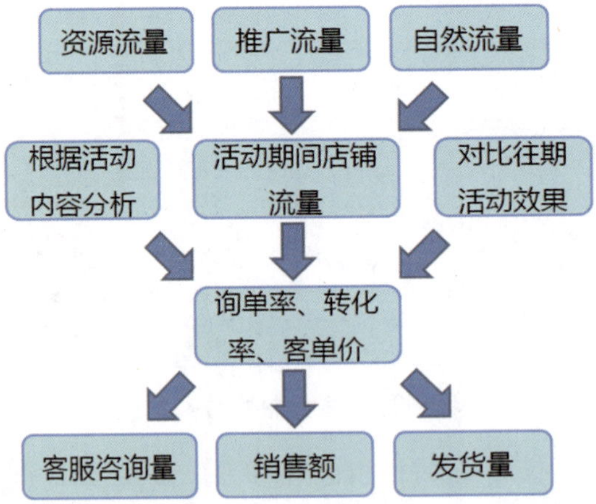

图 3-48 活动预估与目标制定

第二步，根据活动内容可分析活动的力度，再对比往期类似活动的效果，则可以推算出店铺活动期间的询单率、转化率和客单价。

第三步，结合推算出的活动期间的店铺流量，可以最终得出店铺活动期间的客服咨询量、发货量、销售额。从而帮助卖家安排客服和发货工作，以及制定活动目标。

3.6.2 活动效果分析与总结

在活动结束后，应对店铺在活动前后的数据进行分析总结，以评估活动效果。

访客数：可反映资源流量和推广投放的整体效果，需按项目来单独分析流量效果，并进行分析优化。

访问深度和店内停留时间：可反映活动内容及店铺产品对客户的吸引程度。值得注意的是，当大流量涌入时，会对该数值造成一定的冲击。

客单价：可反映店铺整体产品关联的效果。

产品均价：可反映活动期间店铺的折扣情况及利润情况。

转化率：可反映活动期间的销售情况，是活动效果的关键指标。

销售额：可反映活动业绩，考核是否达到目标设定，衡量活动效果。

当天产生收藏量：可反映店铺对新客户的吸引度。

浏览回头率和成交回头率：可反映客户对店铺的认可程度，以及客户的忠诚度。

DSR 评分、退换货率和宝贝评价：可集中反映客户的购物体验度和售后情况，如果一次活动后，该三项数值都反映不好，则需多加注意。

前文多次提及，营销活动是非常规销售行为，所以应极力避免对正常销售的折损，如折扣行为会对正常的价格体系造成折损，售后服务会对正常的售后服务造成干扰，通过对各项数值进行分析和总结，观察促销活动对正常数据的影响和提升。这样才可以在每一次促销活动中，既能够在短时间内获得销售额和客户的提升，又能够稳定地有助于店铺成长。

3.6.3 活动资料归档

在每一次促销活动结束后，我们都应该将活动过程中的所有资料进行归档保存，主要包括策划方案、文案、推进表、活动页面、广告素材、产品资料、总结数据等。如图 3-49 所示，这是某卖家在金冠庆典活动结束后进行归档保存的相关活动资料。

名称	修改日期	类型
数据	2011/12/29 0:49	文件夹
图片素材	2011/12/29 0:49	文件夹
复件 项目推进表	2011/4/29 15:08	Microsoft Office...
金冠庆典活动-帮派活动策划方案	2011/3/15 11:51	Microsoft Office...
金冠庆典活动-策划方案	2011/4/23 10:44	Microsoft Office...
金冠庆典活动-活动文案	2011/3/21 16:20	Microsoft Office...
金冠庆典活动-客服FAQ	2011/3/15 14:22	Microsoft Office...
金冠庆典活动-数据分析	2011/4/23 15:20	Microsoft Office...
金冠庆典活动-数据评估	2011/4/23 15:20	Microsoft Office...
金冠庆典活动-推广方案	2011/4/23 10:53	Microsoft Office...
金冠庆典活动-中期会议记录	2011/4/23 20:44	Microsoft Office...
金冠庆典活动总结	2011/4/29 15:22	Microsoft Office...
金冠庆典活动-总结PPT	2011/4/23 22:49	Microsoft Office...
金冠庆祝活动分享素材	2011/4/29 14:24	Microsoft Office...
秒杀产品列表	2011/3/23 14:55	Microsoft Office...
项目推进表	2011/4/29 14:42	Microsoft Office...

图 3-49 活动归档资料

通过资料归档，帮助我们保存所有活动资料，以便我们能够对每一次活动进行对比分析，得出每一次活动中的优点并加以总结，同时也能够得出每一次活动中出现的问题，并加以改正，不断优化完善活动流程。

通过长期的磨炼和积累，可以很灵活地开展适合店铺现阶段需求的促销活动，并从全盘布局上进行安排策划，完善店铺各部门、各环节的磨合程度，加强店铺开展促销活动的综合实力。

第4章

免费流量提升技巧

不管是大卖家还是中小卖家，只要是在网上开店铺的绝大部分卖家很关心的一个问题就是流量。

因为这与一个众所周知的销量公式有关。销量 = 流量 × 转化率。这个公式表明：想要提高销量，让店铺生意好起来，可以从转化率入手，也可以从流量入手。大部分情况下，短时间内提升转化率的难度比较大，因为影响转化率的因素太多。但是，只要懂得方法同时手里有一定的广告预算，想在短时间内提升流量是极有可能的。

提升流量，必须要了解淘宝网的流量结构，并且掌握流量的入口和获取方法。下面，让我们一起解开流量的秘密！

4.1 淘宝网流量

4.1.1 流量入口

淘宝网的流量惊人，结构错综复杂。首先，需要了解整个淘宝网的流量来源是如何构成的，了解了这个才能更清楚地知道，进入淘宝网店铺带来成交的流量都是从哪里进入的，并且针对这些流量入口做更有针对性的推广及优化，如图 4-1 所示。

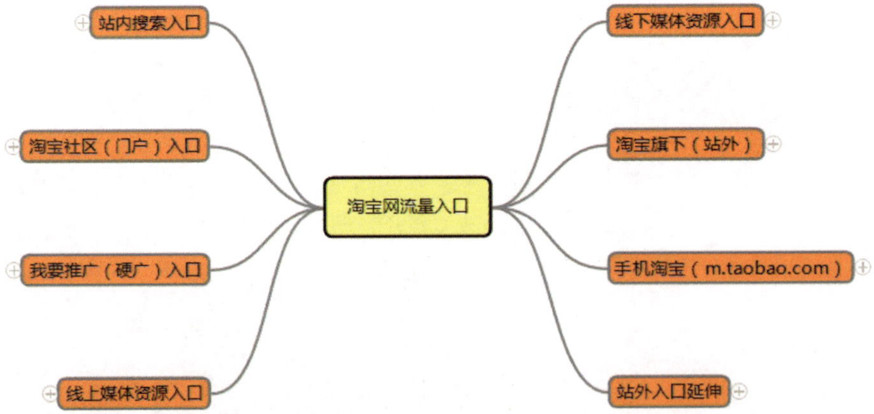

图 4-1　流量入口构成

淘宝网的流量可以分为八大模块。第一，淘宝站内搜索入口；第二，淘宝社区（门户）入口，如帮派和社区等；第三，我要推广（硬广）入口，这个入口也是最经常使用的；第四，线上媒体资源入口；第五，线下媒体资源入口；第六，淘宝旗下（站外）入口；第七，手机淘宝；第八，站外入口延伸。接下来详细了解一下每个入口的结构。

1. 站内搜索入口

首先看一下站内搜索入口，主要分为淘宝首页、天猫首页（原淘宝商城）、嗨淘、淘宝全球购等。主要的来源有宝贝搜索、类目搜索、店铺搜索等，如图 4-2 所示。

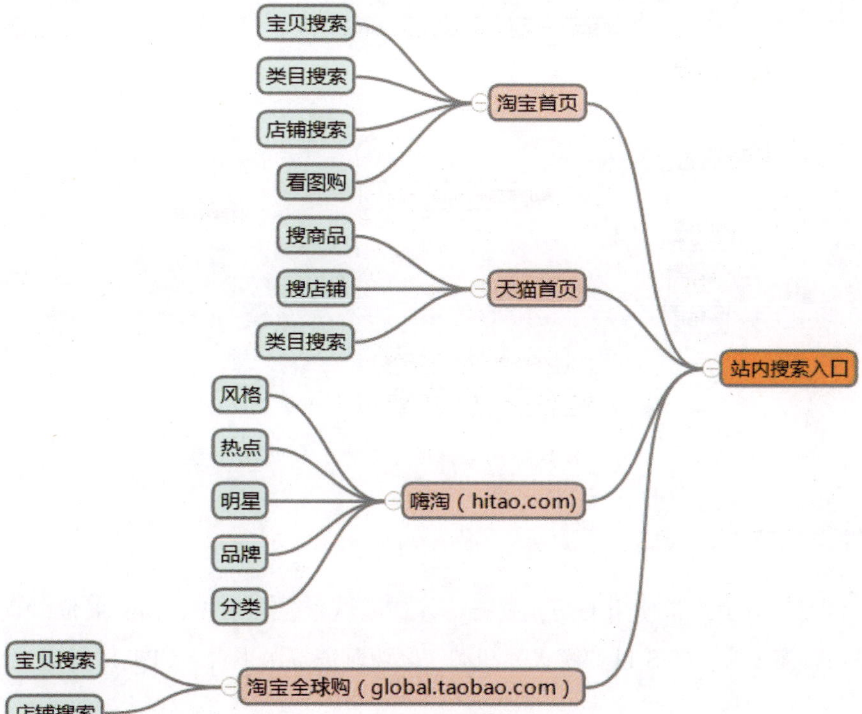

图 4-2　站内搜索入口

2. 淘宝社区（门户）入口

淘宝社区（门户）入口主要由淘宝资讯、购物交流、站内其他三个部分组成，如图 4-3 所示。

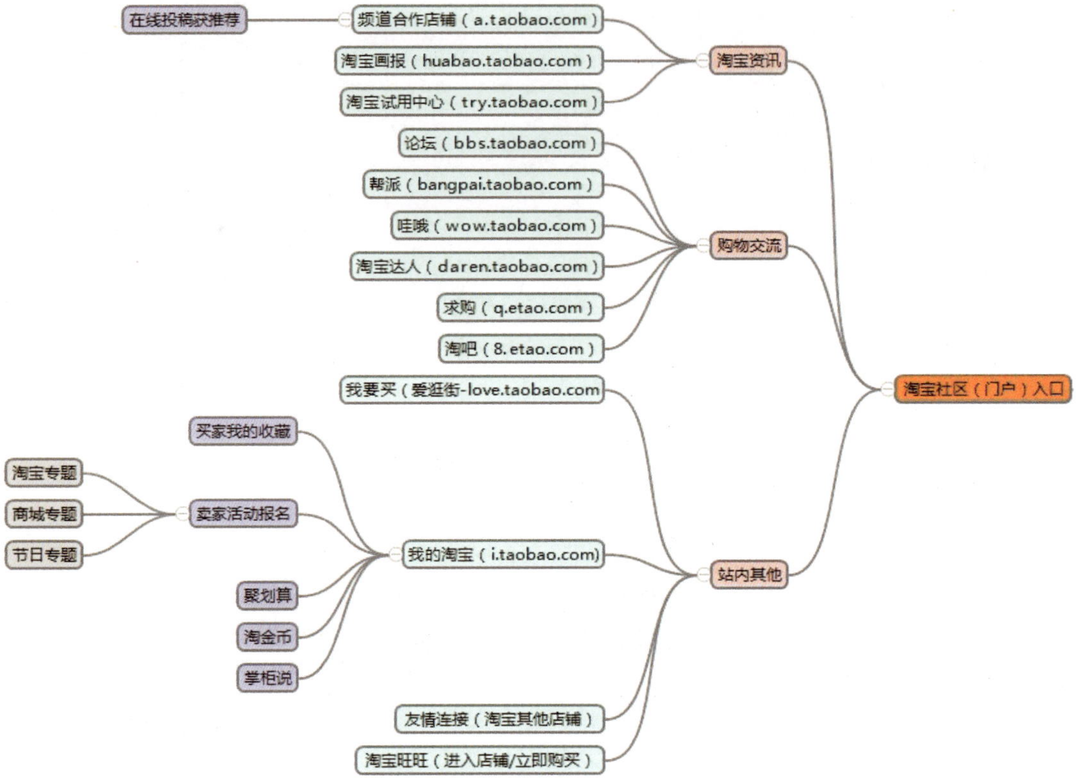

图 4-3 淘宝社区（门户）入口

3. 我要推广（硬广）入口

淘宝付费引流中最常使用的是我要推广入口。这里包含硬广、钻石展位、直通车和超级卖霸，还有淘宝客（CPS 付费模式）和淘宝联盟营销资源平台（CPT 付费模式）。

在这几个付费引流中，淘宝客的展现量和点击量都是免费的，但需要支付成交后产生相应的佣金。在整个付费推广中，目前最常用并且效果最好的三种推广方式是直通车、钻石展位和淘宝客。我要推广入口如图 4-4 所示。

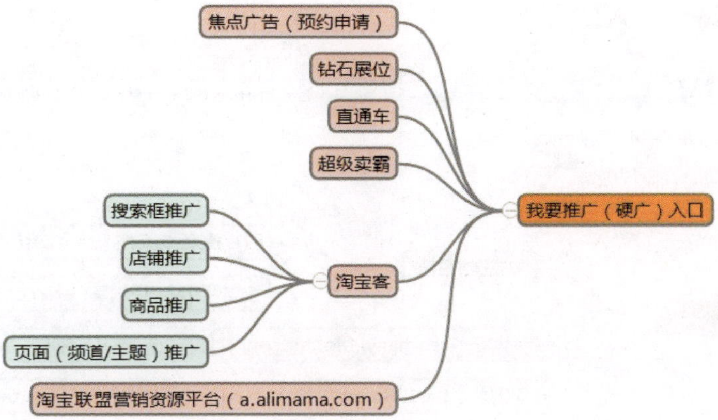

图 4-4 我要推广（硬广）入口

4. 线上媒体资源入口

线上媒体资源入口主要有淘宝天下子站和快乐淘宝，如图 4-5 所示。

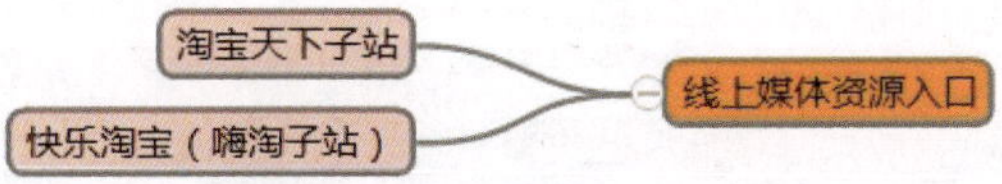

图 4-5 线上媒体资源入口

5. 线下媒体资源入口

线下媒体资源入口主要分为淘宝代购、淘 1 站、淘代码、淘宝天下和快乐淘宝，如图 4-6 所示。

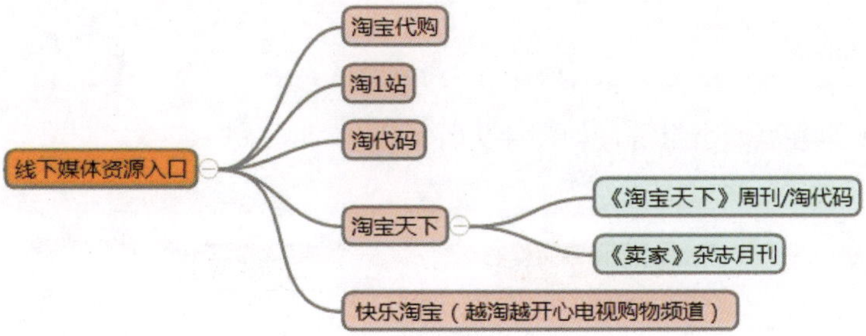

图 4-6 线下媒体资源入口

6. 淘宝旗下（站外）入口

淘宝旗下（站外）入口主要分为独立搜索引擎，如一淘、淘淘搜；淘满意（趣淘）；淘网址（淘店铺），如图 4-7 所示。

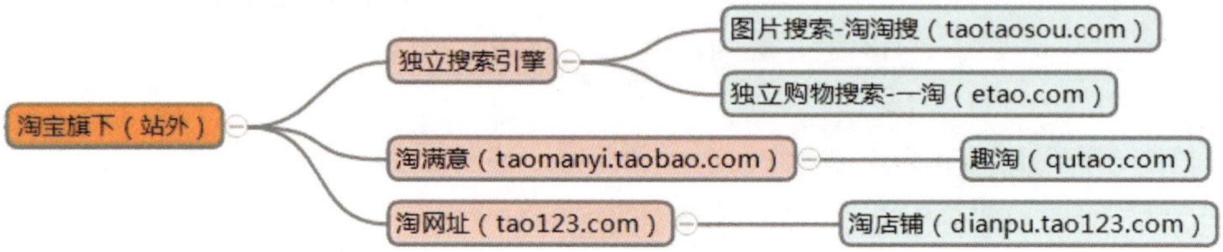

图 4-7 淘宝旗下（站外）入口

7. 手机淘宝入口

手机淘宝入口主要由搜宝贝、搜店铺、类目搜索、活动等组成，如图 4-8 所示。

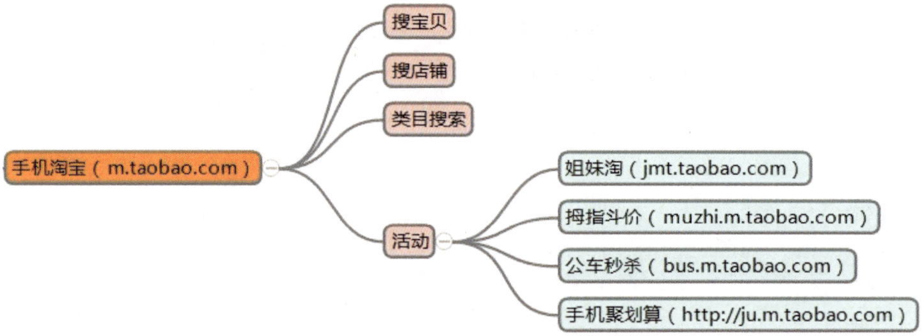

图 4-8 手机淘宝入口

8. 站外入口延伸

站外入口延伸有豆瓣小组等，如图 4-9 所示。

图 4-9 站外入口延伸

通过上面的几个流量入口图我们了解了淘宝网的流量地图分布情况。接下来再看一下，真正经常进入店铺的流量来源，如图 4-10 所示，淘宝站内流量来源最多的还是以搜索流量为主。

淘宝站内	淘宝类目	87,029	7.20%
	淘宝搜索	81,628	6.76%
	淘宝管理后台	57,990	4.80%
	淘宝收藏	47,135	3.90%
	淘宝其他店铺	15,887	1.31%
	淘宝店铺搜索	15,671	1.30%
	淘宝站内其他	8,576	0.71%
	阿里旺旺非广告	4,632	0.38%
	宝贝分享	1,606	0.13%
	淘宝首页	715	0.06%
	淘宝信用评价	687	0.06%
	店铺街	453	0.04%
	淘江湖	296	0.02%
	掌柜说	275	0.02%
	淘宝专题	160	0.01%
	淘宝画报	88	0.01%
	淘宝客搜索	72	0.01%
	淘宝社区	67	0.01%
	聚划算	34	0.00%
	淘金币	33	0.00%
	商城首页	22	0.00%
	商城搜索	13	0.00%
	淘宝试用中心	6	0.00%
	淘宝帮派	3	0.00%
	商城专题	1	0.00%
	商城类目	1	0.00%
	新品中心	1	0.00%

图 4-10 量子统计 - 流量来源构成

图 4-10 是某店铺量子恒道统计出的该店铺淘宝站内流量来源构成。首先需要了解这些来源所蕴藏的含义。

店铺访问来源中相关数据定义：

（1）搜索引擎：是买家从搜索引擎搜索到卖家的店铺并且单击进入的流量，例如，百度、谷歌、114、必应、搜狗、有道、搜搜等。

（2）淘宝管理后台：是从淘宝管理后台进入的流量，例如，买家已买到的宝贝、购物车等。

（3）淘宝店铺搜索：是从淘宝搜索店铺进入到店铺里的流量。

（4）淘宝搜索：是从淘宝直接搜索宝贝进入的流量。

（5）淘宝类目：是从类目分类页进入店铺的流量，例如，鞋子、连衣裙、iPhone 4S 等。

（6）淘宝信用评价：是从淘宝信用评价页面进入的流量，例如，从买家评价的宝贝信息进入的流量。

（7）淘宝其他店铺：是从自己店铺以外的其他店铺进入的流量，例如，通过友情链接进入店铺的流量。

（8）淘宝收藏：是从买家的收藏进入店铺的流量。

（9）淘宝看图购：是从淘宝看图购进入的流量。看图购就是进入产品类目以后有那种大图的。

（10）淘江湖：通过淘江湖进入店铺的流量。

（11）淘宝专题：参加旺铺和直通车等服务的用户，指定类目的店铺可以报名参加一些活动，参加活动后会有专题产生，从这个活动专题页面进入店铺的流量。

（12）淘宝空间：用户在空间里加入了卖家的链接，也有可能是卖家自己在空间里进行了推广。

（13）淘宝首页：淘宝首页这个流量比较少见，基本上也是参加活动后轮换显示，然后被一些人看到单击进入的流量。

（14）淘宝频道：从淘宝的各个类目频道进入的流量。

（15）淘宝站内其他：淘宝站内的其他地方进入的流量，也就是除了一些主要的，其他一些未分类的地方进入店铺的流量。

（16）直接访问：就是买家知道卖家的店铺地址或者在本地保存了相应的宝贝链接或者店铺链接（本地收藏夹等），直接在浏览器上输入店铺地址或者单击收藏夹里面的链接进入的流量。

（17）直通车：淘宝直通车的流量。

（18）钻石展位：通过钻石展位广告单击进入的流量。

（19）淘客：通过淘宝客推广链接进入店铺的流量。

（20）阿里旺旺广告：大客户硬广的一种，CPT 包时（按天计算的广告）形式的广告流量。

（21）定价 CPM：大客户硬广的一种，以 CPM 千次展现来收费的一种广告流量。

看到上面的介绍后，相信大部分卖家已经大致了解了来源构成里面这些来源的含义。接下来，4.1.2 节会分析这些流量的质量。

4.1.2 流量解读

在淘宝里流量主要分为付费流量和免费流量。可以从 4 个维度把这些付费和免费的流量再进行划分，如图 4-11 所示。

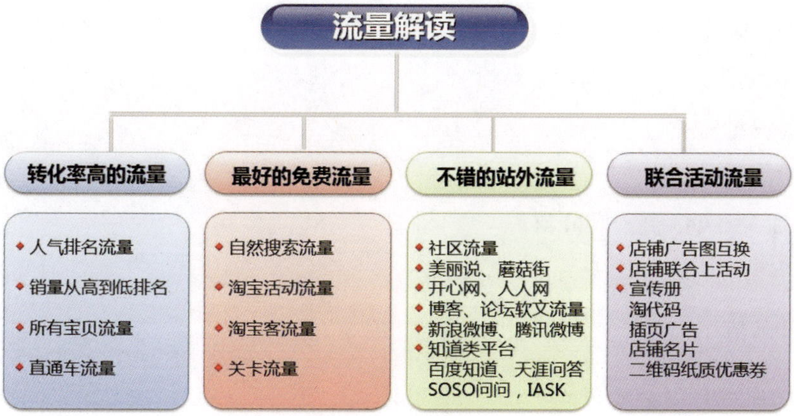

图 4-11 流量解读

1. 转化率高的流量

转化率比较高的流量有以下几类：

- 人气排名流量；
- 销量从高到低排名流量；
- 所有宝贝流量；
- 直通车流量。

2. 最好的免费流量

最好的免费流量有以下几类：

- 自然搜索流量；
- 淘宝活动流量；
- 淘宝客流量；
- 关卡流量。

3. 不错的站外流量

不错的站外流量有以下几类：

- 专业社区流量；
- 购物社区流量；
- SNS 流量；
- 博客流量；
- 微博流量；
- IM 流量（QQ 群、旺旺群）。

4. 联合活动流量

联合活动流量有以下几类：

- 店铺广告图互换；
- 店铺联合上活动；
- 商品保障卡、宣传册、店铺名片、二维码标签互相放到对方包裹里，发货时一起发送。

在图 4-11 流量解读里我们可以看到，转化率高且性价比高的流量其实都在淘宝站内，所以在思考如何引流的时候，首先要考虑站内流量，等站内流量已经无法再增加或者增长速度缓慢时，或者店铺里推广人员较多时再去考虑站外流量为佳。因为，做好站内流量也是需要很大的人力、财力和精力的。当然，淘宝站内流量的效果也是最好的。

4.2 节将主要针对淘宝网现有的有效免费流量进行分析。让卖家们用最少的成本，获得最有效、最有生产力的流量。

4.2 淘宝站内免费流量

淘宝站内的免费流量有两种类型，第一类是被动型流量，具有代表性的有自然搜索流量。第二类是主动型流量，具有代表性的有淘宝活动及淘宝客流量。接下来我们看一下，在淘宝上卖家们非常关注，并且转化率和性价比很高的自然搜索流量该如何优化和提升。

4.2.1 自然搜索流量

在讲解自然搜索之前，先看一下淘宝目前的搜索现状。

1. 搜索现状

淘宝搜索产品有很多，如果数一数，应该有几十个。当然这不是什么值得炫耀的事情，理想情况下，如果做得好，一个搜索入口就能满足用户的所有需求。几个比较大的搜索有：店铺搜索、天猫搜索、宝贝搜索。顾名思义，店铺搜索主要是搜索店铺，可以搜索店铺名称、店铺主营宝贝等；天猫搜索主要是搜索天猫内的商品；宝贝搜索则可以搜索所有商品，包括天猫内的商品。本节主要内容也是针对宝贝搜索的，首先了解一下淘宝搜索框，如图 4-12

所示。

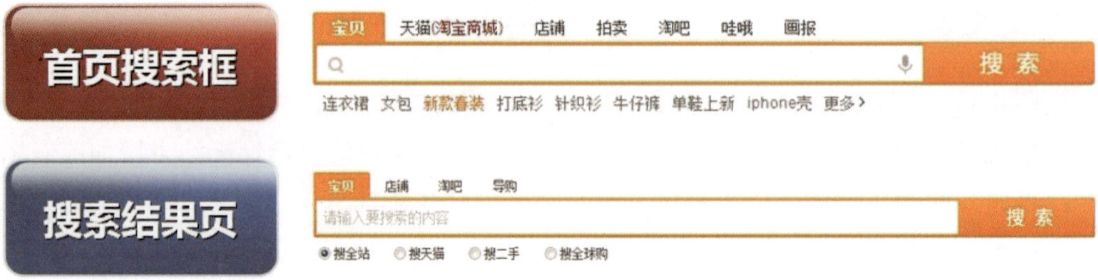

图 4-12 淘宝搜索框

宝贝搜索又包含了不少 Tab，例如，所有宝贝、人气、二手等。大家最熟悉的莫过于人气和所有宝贝了，有一段时间，搜索默认结果有一部分是直接按人气排序的。但现在搜索默认结果都是按所有宝贝排序了（从 2010 年 3 月 4 日开始到现在）。宝贝搜索中有两种搜索需求，类目浏览和带字搜索，如图 4-13 所示。

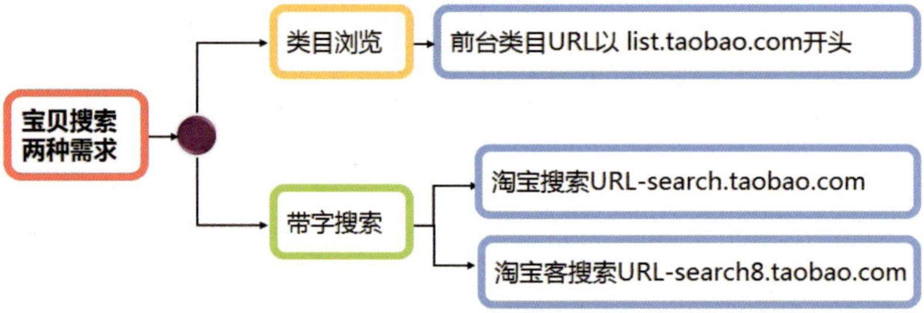

图 4-13 淘宝搜索框介绍

类目浏览基本上没有关键词，都是在浏览某个类目，类目的 URL 是以 list.taobao.com 开头的。带关键词搜索的 URL 一般以 search.taobao.com 开头。旧版搜索的 URL 是以 search1.taobao.com 开头，新版搜索是以 search.taobao.com 开头，目前旧版搜索的功能大都已经迁移到了新版搜索中，算法也基本一致，以后将不会再支持旧版搜索。

还有一个搜索，叫 search8 搜索，即淘宝客搜索。这个搜索结果的 URL 是以 search8.taobao.com 开头的，主要搜索内容是参加淘宝客的商品，结果数比全网的要少一些。有些非法淘宝客会采用一些手段篡改用户浏览器的淘宝搜索请求从而获利，所以大家一定要警惕。

2. 宝贝搜索排序

宝贝搜索有两种主要的排序方式，人气排序和所有宝贝排序。人气排序目前不是默认的排序方式，人气搜索与所有宝贝的展示占比目前大概是 10% ～ 20% 和 80% ～ 90%，如图 4-14 所示。所有排序中还有按照价格从低到高、从高到低排序、销量排序、信用从高到低排序的选项，这些排序的原则也很明确，基本上是按照选项来的，从名字上就可以知道其规则。

另外，这些特定的排序中，会有一些宝贝被过滤掉。也就是说，默认排序中的宝贝数目和特定排序中的宝贝数目可能会不一样。哪些会被过滤掉呢？包含两种宝贝，一种是被处罚的商品（本文后面搜索降权会详细解释），另一种是相关性不好的商品。

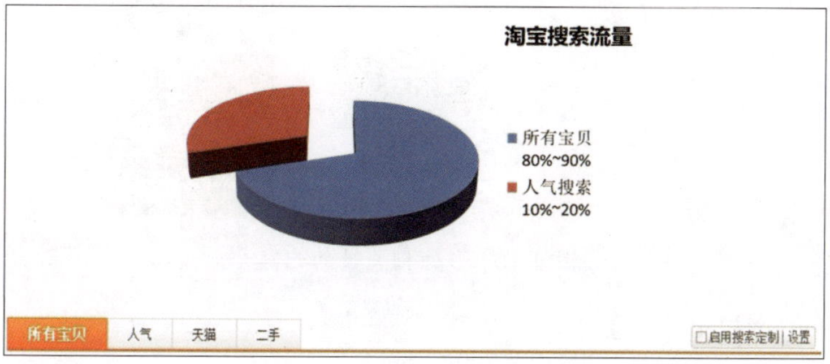

图 4-14 淘宝搜索排序展示占比

3. 影响所有宝贝的主要因素

影响所有宝贝的主要因素有 6 个，相关性、搜索降权、橱窗推荐、下架时间、消保、DSR 评分，如图 4-15 所示。

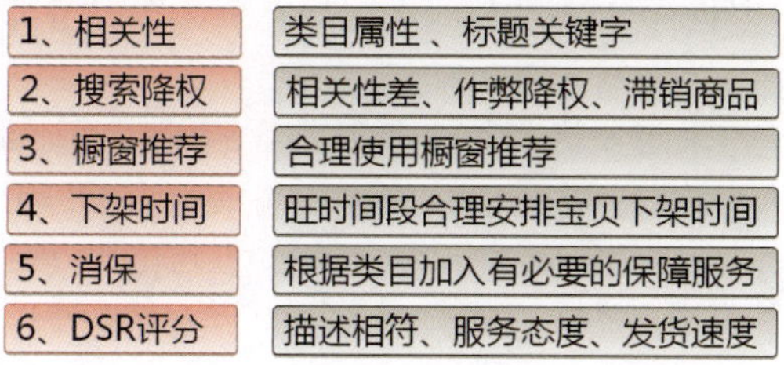

图 4-15 影响所有宝贝的主要因素

（1）相关性。技术上对相关性有比较复杂的计算，但简单理解就是宝贝和搜索的关键词是否相关。相关和不相关也不是绝对的，例如，搜索“篮球”，最相关的应该就是“篮球”的商品，其次才会是篮球鞋、篮球服等商品。因为现在计算的相关性主要是关键词和标题的相关性，所以大家一定要重视标题。标题如何描述一方面会影响相关性，另一方面也会影响用户体验。有些卖家为了让宝贝被找到，标题堆砌一堆关键词，其实这是会被降权的，这就叫过犹不及。影响相关性的内容如图 4-16 所示。

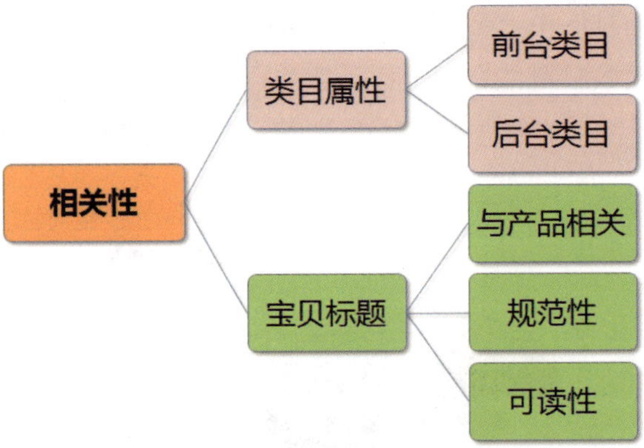

图 4-16 影响相关性的内容

接着看一下综合权重是什么？

很多卖家在讨论的时候会说，我的店铺权重下降了，所以宝贝排序靠后了。这里说的综合权重到底是什么呢？

如图 4-17 所示，综合权重主要分两个部分。第一个是店铺权重，简单来说，权重就是店铺的综合分数。影响店铺权重的因素有作弊程度、违规和扣分、退款率、投诉率、拍下发货时差、买家评分、旺旺响应等几十个因素。第二个是宝贝权重，宝贝权重主要有成交记录、收藏量、转化率、宝贝评分等因素。

知道这些因素之后，如果想要高权重，不管是在店铺排序还是宝贝排序上想有一个好的排序，那么就应该针对这几个因素下工夫来提升。

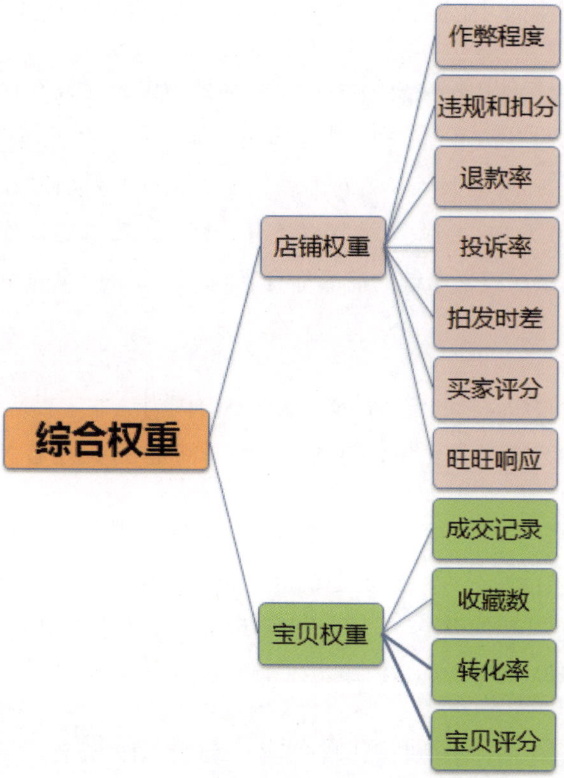

图 4-17 综合权重

如果发现商品在默认宝贝排序上无论怎么搜索，都排在最后几个，那么肯定是有一些作弊行为被处罚了。接下来“搜索降权”部分会做详细解释。

（2）搜索降权。淘宝搜索基本上是实时的，也就是说，宝贝信息修改会很快在搜索中反映出来。目前来看，最晚不会超过 15 分钟（凌晨时除外）。

没有进入淘宝搜索有一种情况是因为“滞销商品”。滞销商品目前的定义是：半年前发布的，而且最近 3 个月没有卖出过任何一件的商品，这一类商品是不会进入搜索库的。如果希望让其进入索引，目前的方式是修改一下标题、价格后重新发布。

搜索中还有一些处罚措施叫降权。意思是宝贝也能被找到，但是排序肯定是靠后的。如果有 100 条结果，被降权的商品，估计就排在 99 位或者 100 位。如果有 10000 条结果，那被降权的宝贝是找不到的，因为已经排在最后了，而从搜索结果上单击只能查看前 4000 条。

降权规则是一视同仁的，不会针对某个卖家来具体惩罚。被降权有很多原因，基本上所有不规范的操作都会被降权。例如，炒作信用、刷销量、故意堆砌关键词、广告商品、价格作弊、重复铺货、邮费虚假等。惩罚力度也各不相同，目前最长的是从最后一次不规范的操作开始计算，30 天左右结束。被降权还有一种是连带惩罚，如果整个店铺中被识别为作弊的商品过多，那么对整个店铺的商品都有影响，基本上所有的商品都会被降权，例如，炒作信用严重。

一旦被降权，可以把有问题的宝贝删除。这样不会因为这些宝贝造成对其他宝贝的影响。如果舍不得删除，那就等着降权结束，目前最长的时间是 30 天左右。

很多店铺不知道某些操作是否会被识别成作弊。是否作弊，就看卖家的行为是否为正常行为。注意，有时候普遍行为不一定是正常行为，例如，别人都是这么做的，如果别人都在炒作信用，这可能是普遍现象，但不是正常现象，都是要被处罚的。如果是正常行为，那就放心去做，所谓为人不做亏心事，半夜不怕鬼敲门。

现在来看一下，具体的作弊降权原因有哪些，如图 4-18 所示。

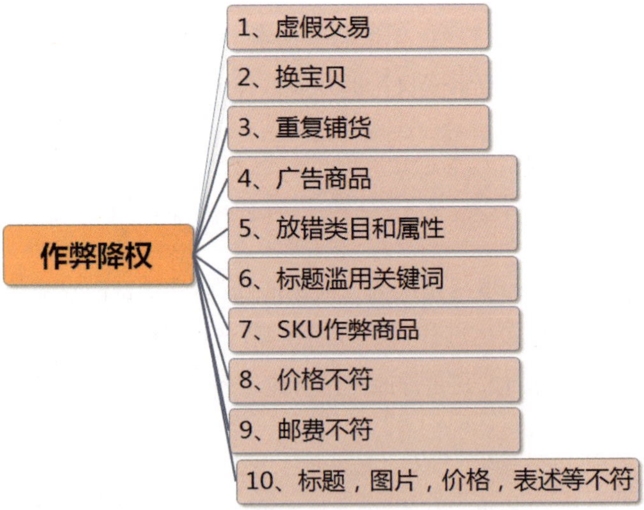

图 4-18 作弊降权

- 虚假交易

交易一方以一方或者双方增加“会员积累信用”为目的而发布的商品，淘宝网判定为信用炒作商品，如图 4-19 所示。

惩罚：系统识别后立即降权，降权时间为 30 天，炒作信用严重的商品可永久降权或屏蔽。

图 4-19 虚假交易

- 换宝贝

卖家为了累积销量或人气，修改原有商品的标题、价格、图片、详情等变成另外一种商品继续出售，这是严重炒作销量的行为，有这种行为的商品会被淘宝搜索判定为换宝贝，并立即降权。

惩罚：系统识别后立即降权，重复的商品删除后最早可在 5 天内结束降权。

- 重复铺货

完全相同以及商品的重要属性完全相同的商品，只允许使用一种出售方式（从一口价、拍卖中选择一个），发布一次。违反以上规则，即可判定为重复发布，并在搜索结果里靠后展现或不予展现；对于不同的商品，必须在商品的标题、描述、图片等方面体现商品的不同，否则被判定为重复铺货。

惩罚：系统识别后立即降权，重复的商品删除后最早可在 5 天内结束降权。

重复开店：系统识别后，保留其一个主营店铺，其余店铺屏蔽。

- 广告商品

商品描述不详、无实际商品、仅提供发布者联系方式以及非商品信息的商品（住宅类除外），淘宝网判定为发布广告商品。

惩罚：系统识别后立即降权，修改后最早可在 5 天内结束降权。

- 类目放错

商品属性与发布商品所选择的属性或者类目不一致，或将商品错误放置在淘宝网推荐各类目下，淘宝网判定为放错类目商品，如图 4-20 所示。

惩罚：系统识别后立即降权，修改后最早可在 5 天内结束降权。

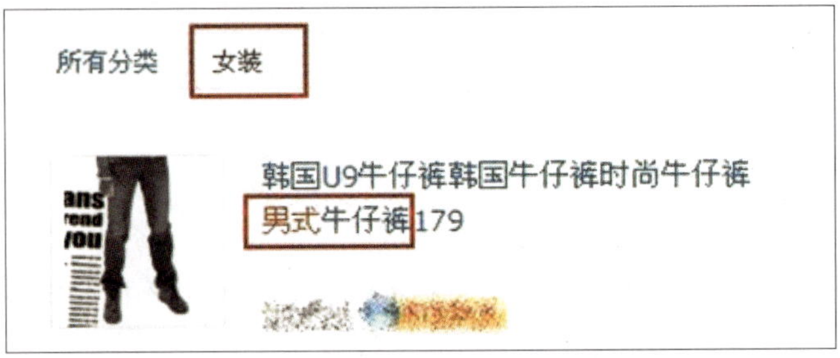

图 4-20 类目放错

很多卖家为了宝贝在人气旺的类目里展示，使用这种作弊行为。但是这种行为很容易被系统排查，并且有一个主观因素的错误理解。虽然在女装类目里搜索量和人气非常旺，但在女装类目里找宝贝或者店铺的买家，其目标是女装，即使在女装类目里面看到男装的商品，买家也不会产生非常大的购买欲望。因为买家购物行为的基础就是需求，没有需求的东西，拿给再多的人看，还是无法成交，并且后果会很严重。

- 标题滥用

卖家为了使发布的商品引人注目，或使买家能够更多的搜索到所发布的商品，而在商品名称中添加与本商品无关的字眼，捣乱淘宝网正常运营秩序的行为，淘宝网判定其相关产品为乱用关键词产品，如图 4-21 所示。

惩罚：系统识别后立即降权，修改后最早可在 5 天内结束降权。

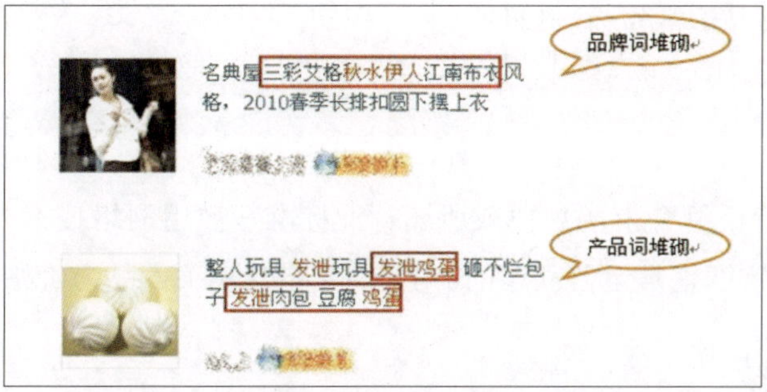

图 4-21 标题关键字滥用

- SKU 作弊商品

SKU 作弊商品指刻意规避淘宝商品 SKU 设置规则，滥用商品属性（如套餐），设置过低或者不真实的一口价，从而使商品排序靠前（如价格排序），淘宝搜索将这种商品判定为 SKU 作弊商品。

SKU 作弊包括以下行为（包含但不仅限于）：

① 滥用商品属性，将常规商品和瑕疵品、单机、样机、模型、二手等非常规商品放在一个宝贝里出售。

② 滥用商品属性，将常规商品和批发、缺货、换购、赠品、定金、订金等特殊商品放在一个宝贝里出售。

③ 滥用商品属性，将常规商品和商品配件（如手机和充电器）放在一个宝贝里出售。

④ 滥用商品属性，设置虚假一口价。

⑤ 滥用商品属性，将不同的商品放在一个链接里出售。

⑥ 滥用商品属性，将不同材质的商品放在一个链接里出售，如抱枕、汽车保护罩等。

⑦ 滥用商品属性，将不同容量的 U 盘放在一个链接里出售。

备注：手机类目全新宝贝的一口价必须是全新有现货出售的手机，不得以锁机型、预定价格、有坏点等商品价格作为一口价。

- 价格不符

发布商品的定价不符合市场规律或所属行业标准，滥用网络搜索方式实现其发布的商品排名靠前，影响淘宝网正常运营秩序的，淘宝网判定其相关商品为价格不符商品，如图 4-22 所示。

惩罚：系统识别后立即降权，修改后最早可在 5 天内结束降权。

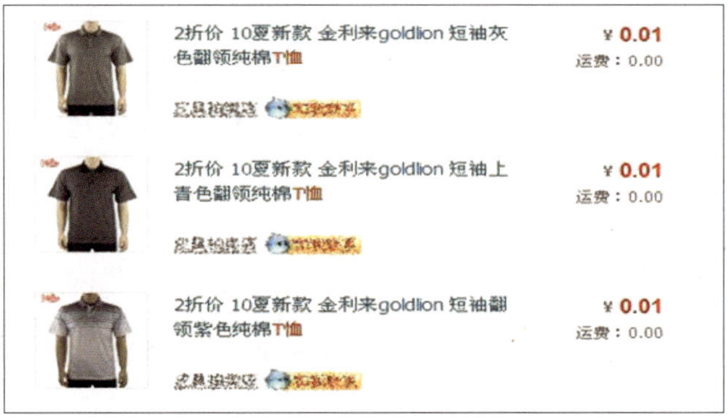

图 4-22 价格不符

- 虚假邮资

发布商品的一口价很低，邮费不符合市场规律或所属行业标准的（包含但不仅限于如下情况:“足浴器”，一口价 48 元，运费 115 元），淘宝网判定其相关商品为邮费不符的商品，如图 4-23 所示。

惩罚：系统识别后立即降权，修改后最早可在 5 天内结束降权。

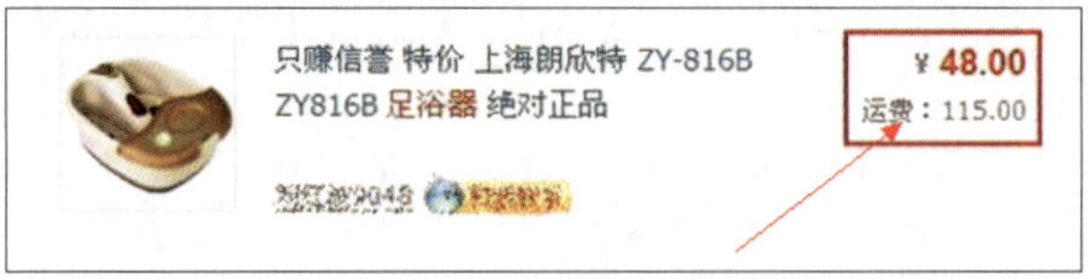

图 4-23 虚假邮资

- 标题、图片、价格、表述等不符

所发布的商品标题、图片、价格、描述等信息缺乏或者多种信息相互不一致的情况，淘宝搜索判断为标题、图片、价格、描述等不一致商品。

细则（包含但不仅限于以下情况）：

定义中所指形式要件为商品标题、图片、价格、描述、付款方式及卖家所展示的其他商品信息。

① 除虚拟商品和服务性质商品外，其他商品以无图片的形式发布。

② 发布缺乏必要要素的商品（包含但不仅限于如下情况：商品标题、商品描述中只有无含义的数字元和字母等）。

③ 发布必要要素相互不符的商品（包含但不仅限于如下情况：商品标题是“925 纯银小海星戒指”，但是商品图片却是一根项链的图片等）。

④ 商品信息中包含诽谤、谩骂、色情、暴力威胁等攻击性言语以及其他非商品信息的（包含但不仅限于如下情况：在商品标题或描述中私自公布他人 ID、聊天记录、交易纠纷、使用不文明语言等）。

另外还有一种就是滞销商品。滞销商品是半年前发布的，而且最近 3 个月没有卖出过任何一件商品。这一类商品是不会进入搜索库的，也就是说你用所有的标题去搜索，肯定找不到你的宝贝。如果希望让其进入索引，目前的方式是修改一下标题、价格后重新发布。

通过以上几个被降权原因的介绍我们知道不应该做哪些事情。

如何知道有没有“被降权”？

能否在淘宝搜索中被找到，有个很简单的检验方法：把你的宝贝标题全部复制到搜索框中，如果发现在所有结果中都找不到你的宝贝，那估计是有问题了。

检测宝贝是否被降权，还有一种方法，在销量排序中是否被过滤掉。也就是说，如果按照销量排序，发现找不到你的宝贝，说明你的宝贝被降权了。如图 4-24 所示。

图 4-24 检查宝贝是否降权情况

（3）橱窗推荐。卖家要珍惜你的橱窗推荐位。在搜索结果中，卖家橱窗宝贝是会被优先排序的。

- 什么是橱窗推荐

橱窗推荐宝贝会集中在宝贝列表页面的橱窗推荐中显示，每个卖家可以根据信用级别与销售情况获得不同数量的橱窗推荐位，如图 4-25 所示。

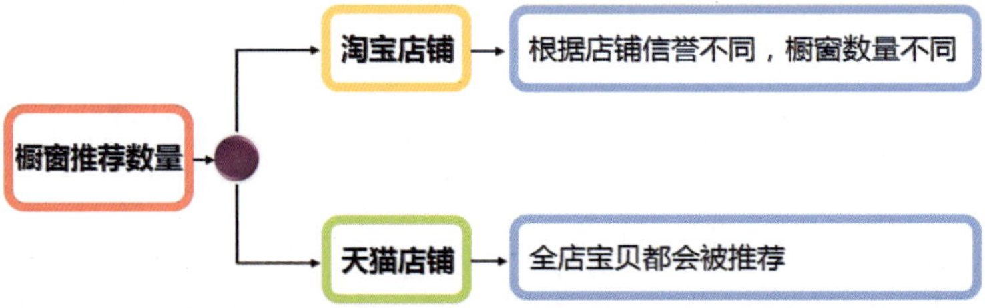

图 4-25 橱窗推荐数量

- 卖家定义

非消保卖家：指未签署消费者保障服务协议的卖家（进入“我是卖家”→“客户服务”→“消费者保障服务”完成签署）。

消保未缴纳保证金卖家：指已签署消费者保障服务协议，但是未缴纳消费者保障服务保证金的卖家。

消保且缴纳保证金卖家：指已签署消费者保障服务协议，且已缴纳消费者保障服务保证金的卖家。

- 橱窗推荐位规则

为规范淘宝网橱窗推荐位的分配与管理，特制定本规则，详情如下。

天猫商家橱窗推荐位规则：

2009 年 3 月 15 日至 2009 年 12 月 31 日，天猫商家的所有在售宝贝都可获得橱窗推荐位。

淘宝个人交易平台卖家橱窗推荐位规则：

因为现在大部分类目如果没有缴纳消保保证金是无法在淘宝开店上传宝贝的，所以以消保且缴纳保证金卖家来说明。更具体的可以到橱窗推荐位规则中查看。如图 4-26 所示。

淘宝店铺 → **根据店铺信誉不同，橱窗数量不同**

消保且缴纳保证金卖家橱窗推荐位规则

规则	说明	信用分 卖家信用+<买家信用的一半>	奖励数量	注解
第一条	根据信用评价获得橱窗推荐位	0-3分	10	
		4-10分	15	
		11-40分	20	
		41-90分	25	
		91-150分	30	
		151-250分	35	
		251-1000分	40	
		1001-5000分	45	
		5001-10000分	50	
		10001分及以上	55	
第二条	根据开店时间的扶持	开店时间少于3个月	10	三个月以上不再获得扶持

图 4-26 消保且缴纳保证金卖家橱窗推荐位规则

- 淘宝店铺限量的橱窗推荐数量如何有效利用

如图 4-27 所示，我们推荐两种橱窗分配方案，手动分配和工具分配。

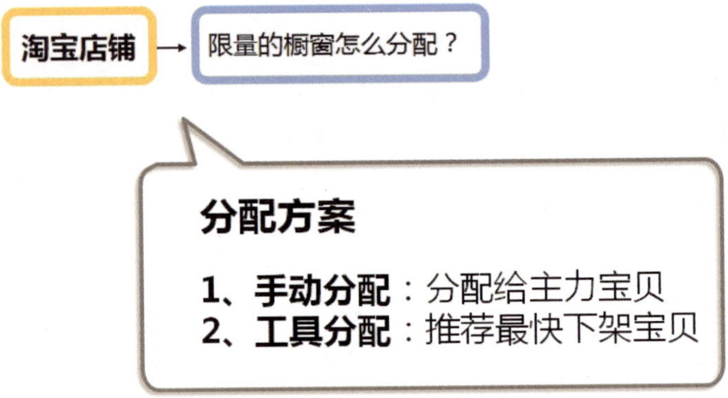

图 4-27 分配橱窗推荐方案

手动分配：也就是把有限的橱窗推荐分配给我们店铺里有潜力的主力宝贝，让这些宝贝展示在更多的买家面前。

工具分配：也可以使用第三方软件（可以在淘宝卖家服务里面查找并购买使用）来分配这些橱窗位给最快下架的宝贝。这种方案是把橱窗位轮流分配给每个宝贝，让每个宝贝都有机会展示。这种方案的好处是，本身快要下架的宝贝是会优先在所有宝贝页面里展示的，这时再给它提供橱窗位，这个宝贝的权重会增加不少，排名靠前的概率会更高。

（4）下架时间。这一直是排序中比较重要的因素，用来保证每个商品都有机会展示。因此你的商品上架时间也很重要，因为什么时候上架的宝贝就会在 7 天或者 14 天后的同一时间段内下架，所以上架时间决定下架时间，如何让你的商品在一天不同时间段都有展示，有很多技巧。最好在宝贝展示的时候，卖家能在线服务，否则买家想买也联系不到卖家。淘宝的交易高峰时段，或者说购买人群最多的时段在一天之内有三个：早上 10:00 ～ 12:00，下午 3:00 ～ 5:00，晚上 8:00 ～ 10:00。正常情况下，周一到周五的人群比周末要多。所以如何安排你的宝贝上架，也需要考虑好时间分配。如图 4-28 所示。

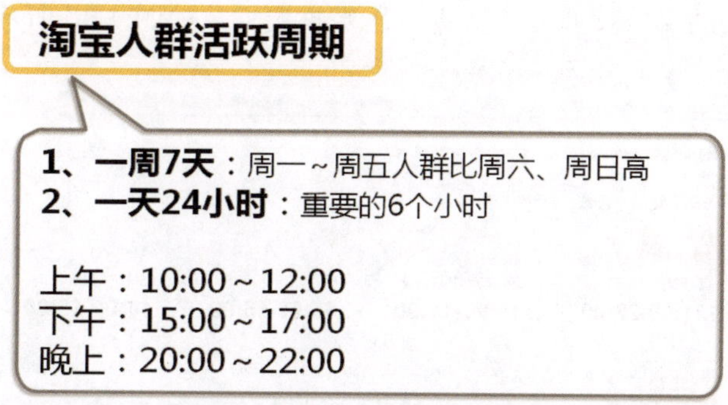

图 4-28 淘宝人群活跃周期

现在知道了淘宝人群活跃周期，当然，根据不同类目活跃周期会稍有不同。但是整体周期是差不多的。那么，现在来分析一下如何安排上架时间有利于宝贝在排序时靠前。

如图 4-29 所示，在准备宝贝上架的时候主要考虑两个项目，宝贝数量和时间计算。

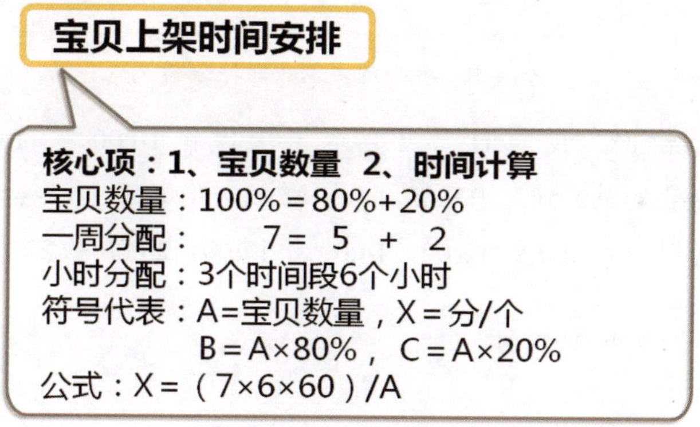

图 4-29 宝贝上架时间安排

案例：

有一个卖女装的用户小李，有 300 个宝贝，如何安排上、下架时间比较合理呢？

模拟一下一般的做法。

第一，收集 7 天的淘宝周期数据（行业的周期数据通过数据魔方来获取），一周期间，周一到周五较好，周六、周日不好。

第二，收集一天的淘宝行业周期数据，用数据魔方，如图 4-30 所示。

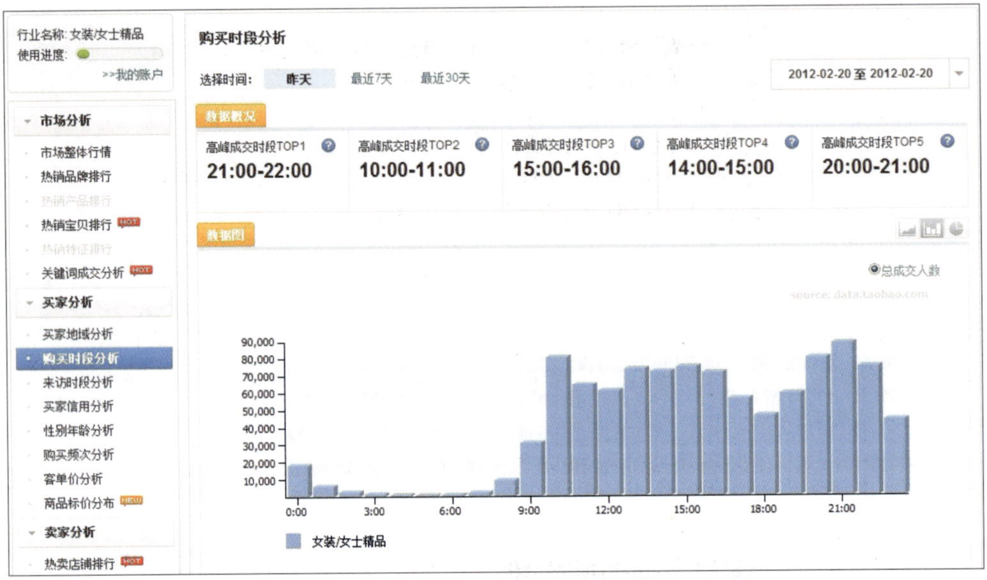

图 4-30 数据魔方购买时段分析

查看访问时段数据，我们的宝贝要尽量出现在 10:00 ～ 11:00、14:00 ～ 16:00、20:00 ～ 22:00。但是我们考虑到上午 9:00，下午 17:00，晚上 23:00 也会有不少买家来购物。所以整个时间安排可以是：9:00 ～ 12:00，14:00 ～ 17:00，20:00 ～ 23:00。

300 个产品，每天 9 小时，一周 7 天。

方案一：7 天全部平均分配。

（9×7×60）/300= 12.6 分 / 个。

方案二：7 天时间分权重，5+2 模式。商品数量分权重，80%+20% 模式。

300×80%=240，300×20%=60

把 240 个宝贝在周一至周五上架，60 个宝贝在周六、周日两天上架。

周一至周五：（9×5×60）/240 = 11.25 分 / 个

周六至周日：（9×2×60）/60= 18 分 / 个

也就是说可以在周中的时候，每天根据上面选好的时间段，每 11.25 分钟上架一个宝贝，在周末的时候每 18 分钟上架一个宝贝。这样，我们的宝贝什么时候上架，就会在 7 天后这个时间段内下架。因为上架时间决定下架时间，因此这个时间段一定要选好。

（5）消保。消费者保护的简称，在淘宝上有很多消保的认证。现在的默认排序，大部分类目对是否参加消保是很依赖的。如果没有参加消保，这些商品肯定会排在参加消保商品的后面。淘宝搜索最直接的用户是消费者，为了保证消费者的利益，淘宝鼓励卖家参加消保。这不是对淘宝的承诺，而是对消费者的承诺。如图 4-31 所示。

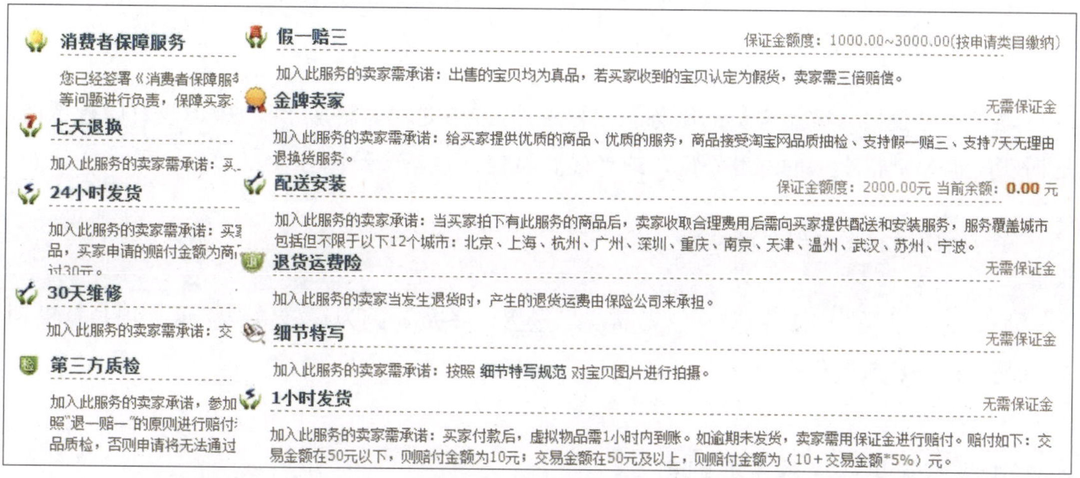
消费者保障服务
七天退换
24小时发货
30天维修
第三方质检
假一赔三
保证金额度：1000.00~3000.00(按申请类目缴纳)
加入此服务的卖家需承诺：出售的宝贝均为真品，若买家收到的宝贝认定为假货，卖家需三倍赔偿。
金牌卖家
无需保证金
加入此服务的卖家需承诺：给买家提供优质的商品、优质的服务，商品接受淘宝网品质抽检、支持假一赔三、支持7天无理由退换货服务。
配送安装
保证金额度：2000.00元 当前余额：0.00 元
加入此服务的卖家需承诺：当买家拍下有此服务的商品后，卖家收取合理费用后需向买家提供配送和安装服务，服务覆盖城市包括但不限于以下12个城市：北京、上海、杭州、广州、深圳、重庆、南京、天津、温州、武汉、苏州、宁波。
退货运费险
无需保证金
加入此服务的卖家当发生退货时，产生的退货运费由保险公司来承担。
细节特写
无需保证金
加入此服务的卖家需承诺：按照 细节特写规范 对宝贝图片进行拍摄。
1小时发货
无需保证金
加入此服务的卖家需承诺：买家付款后，虚拟物品需1小时内到账。如逾期未发货，卖家需用保证金进行赔付。赔付如下：交易金额在50元以下，则赔付金额为10元；交易金额在50元及以上，则赔付金额为（10+交易金额*5%）元。

图 4-31 消费者保障服务

（6）DSR 动态评分。目前淘宝非常注重消保及店铺的 DSR 动态评分。如图 4-32 所示，动态评分所占的权重非常重要，所以我们一定要在这三项上用心做，即宝贝与描述相符、卖家的服务态度、卖家发货的速度。

- 如何做好宝贝与描述相符

从宝贝的拍摄到修图、排版一定不要太过夸张。不要让买家收到的东西和在网上看到的是截然不同的。如果在店铺里面展示的宝贝太过优美，或者表现得太好，但实际没有那么好。这时买家的购物体验就会下降，因为与期望值的落差太大，理所当然无法给高分。

所以一定要从实际出发，做好图片。但重要的亮点部分一定要凸显，不然宝贝就没有竞争力了！

图 4-32 DSR 动态评分

- 卖家的服务态度

这一项是直接与客服人员的服务态度相关的，或者是卖家答应了买家，但没有履行承诺，这时买家也会觉得卖家的态度不好，或者没有诚信，也不会给高分。

- 如何提高卖家发货的速度

最好的方法是如果店铺里有热卖品，尽量提前备货，因为很多情况下这一项拉低的原因就是库存不足或者供应链跟不上。

4. 影响人气宝贝排序的主要因素

所有宝贝排序中，由于是在一定下架时间范围内按照店铺服务质量分（这个分数是系统通过多个参数计算出来的综合分数，并非指店铺评分）进行排序，时间因素权重大，几乎每分钟都在动态变化，结果数少的搜索词，30 ～ 60 分钟后也会有明显的变化，但人气排序结果相对稳定。虽然目前默认排序只占 10% ～ 20%，但这里还是兵家必争之地！

首先看一下人气排序的原理。

人气指的是宝贝的受欢迎程度。这个受欢迎程度要量化到具体的分值，称之为“人气分”。买家在搜索的时候，宝贝和搜索关键词的相关程度，称为相关性。目前的人气排序主要依据两个方面的因素，相关性和人气分。

相关性是基础。如果相关性不好，再高的人气分，这个宝贝也不会排序靠前，或者根本没有展示的机会。决定相关性的因素有 3 个，宝贝标题、搜索关键字、类目相关性。

关键词和类目属性的相关性：买家在搜索的时候，已经有了较为明确的购买意向。例如，搜索“棒球”，很明确是在找棒球，这时的结果，会优先显示所有“棒球”类目的宝贝。关于棒球服、棒球鞋等类目的宝贝，基本不会出现。所以，一个宝贝的类目属性，很多时候直接决定了这个宝贝的排序位置。

相关性差不多的时候，人气分就很重要。人气分是一个综合的分数，参考因素有几十个，通过一系列非线性公式来加权计算。下面介绍一下几个主要影响因素，如图 4-33 所示。

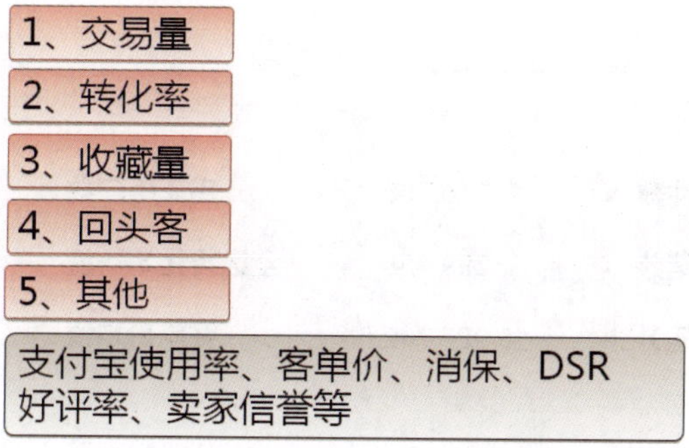

图 4-33 人气排序主要因素

（1）交易量。交易量某种程度直接反应了一个店铺和一个宝贝的受欢迎程度。交易量中又分销售总量和交易笔数，都会进行参考。人气分会参考最近 30 天的数据，还会根据时间的因素进行加权。天猫的宝贝虽然详情页显示的销售量是累计的，但也会计算最近 30 天的交易笔数，如图 4-34 所示。

（2）转化率。转化率是指 100 个客户看了卖家的宝贝之后，有多少个客户产生了购买的比例。淘宝可以跟踪到不同流量来源，转化率也是按照不同来源进行计算，也会分不同类目来计算权重，所有的宝贝都会按照宝贝所在行业内进行比较，如图 4-35 所示。

图 4-34 宝贝交易量

支付宝成交件数	316,768	成交用户数	48,546
支付宝成交笔数	229,458	全店转化率均值	4.95%
支付宝成交金额（元）	10,027,742.64	客单价均值	189.43

图 4-35 转化率

（3）收藏量。很多买家会收藏自己喜欢的宝贝，或者收藏喜欢的店铺，以后或许会产生购买。收藏量从侧面反应了宝贝的受欢迎程度，如图 4-36 所示。收藏了宝贝或者店铺的买家是如何进入卖家店铺的呢？一般都是通过淘宝管理后台、淘宝收藏、掌柜说、直接访问等渠道进入店铺。

（4）回头客。回头客是指在一个卖家店铺重复购买的客户，回头客比例越高，反应宝贝的质量越好，店铺服务越好。同时也说明店铺客户转化率能力强。回头客比例高了，搜索会带给该店铺更多新的用户，从而回头客比例会降低，然后再把转化提升，形成正循环，如图 4-37 所示。

图 4-36 收藏量

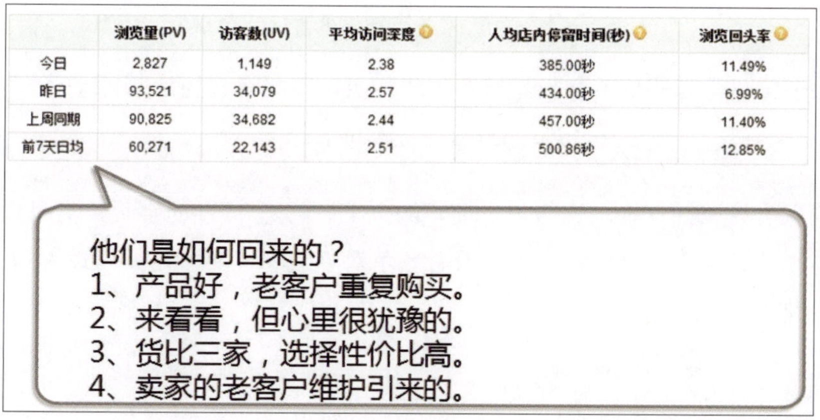

	浏览量(PV)	访客数(UV)	平均访问深度	人均店内停留时间(秒)	浏览回头率
今日	2,827	1,149	2.38	385.00秒	11.49%
昨日	93,521	34,079	2.57	434.00秒	6.99%
上周同期	90,825	34,682	2.44	457.00秒	11.40%
前7天日均	60,271	22,143	2.51	500.86秒	12.85%

图 4-37 回头客

（5）其他。还有其他一些因素，如支付宝使用率、消保、发货速度评分、服务态度评分、好评率、卖家信用、橱窗推荐等，这部分主要是保证让买家有好的体验。

人气分是一个综合分数，会参考不同的因素，给予统计分析拟合出一个数值。不少人质疑有些参数很容易通过刷销量、刷信用等作弊方式得到。淘宝针对那些作弊的宝贝，识别越来越严格，在计算人气分的时候，会事先进行数据的去噪处理。一旦某些参数不符合一定的统计规律，系统会自动过滤，甚至会降低某些分数。

5. 人气排序优化建议

人气排序优化建议如图 4-38 所示。

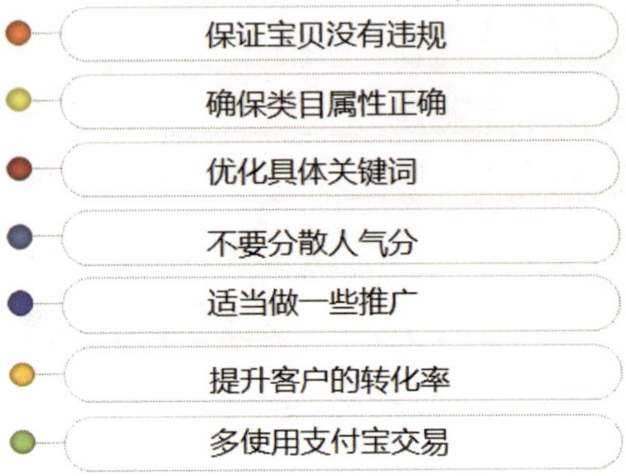

图 4-38　人气排序优化建议

（1）保证宝贝没有违规。如果想培养人气宝贝，不要有任何违规的动作。不仅包括淘宝的 10 大降权类型，类似嫁接宝贝的方法也是不可取的。

（2）确保类目属性正确。这点很重要，淘宝上有将近 10% 的宝贝，类目设置有问题。如果不知道如何设置，可以搜索一下，看看竞争对手或者大卖家是如何设置的（大部分大卖家这方面做得很规范）。

（3）优化具体关键词。选择关键词有三个地方可以参考：

- 选择有一定流量的关键字，可以开通直通车账户，不一定要消耗费用，里面有个关键词推荐工具可以供选择关键词时参考。
- 搜索结果页有“你是不是想找”的功能，太热门的关键词竞争太激烈，可以选择这个功能推荐的关键词来做。
- 关注搜索排行榜（http://top.taobao.com），里面有很多行业的搜索关键词变化情况，一个宝贝最好能重点确定 1 ～ 2 个关键词，然后看看关键词的搜索结果有哪些，这些结果就是自己的竞争对手，每天多优化和关注自己的排名。

（4）不要分散人气分。很多卖家为了增加曝光率，把同一个宝贝用不同的方式发布（颜色、型号不一样等），这样一方面可能会被视为重复铺货，另一方面也容易分散宝贝的人气分。人气排序有很多大卖家在盯着，要有重点地培养自己的人气宝贝。

（5）适当做一些推广。推广有多种方式，除了直通车、淘宝客、钻石展位和硬广等收费推广方式以外，还有很多免费推广方法。论坛发帖介绍经验，多逛外部网站论坛（非淘宝），参加淘宝运营活动等。只要多花些精力，还是可以得到不少流量的。

（6）提升客户的转化率。每天关注自己重点培养的人气宝贝，如果发现浏览量大，但咨询量少，可能是宝贝描述不够吸引人。如果咨询量高，但成交量低，可以通过赠送小礼物、包邮等方式来加强转化率。总之，一定要想办法提高客户转化率，如果宝贝的转化率不高，人气排名也会逐渐下降。

（7）多使用支付宝交易。从技术角度讲，用支付宝成交，淘宝系统很容易跟踪。这样对积累人气分是有好处的。使用其他的方式交易，系统也能跟踪，但并不一定那么全面。

人气宝贝排序跟踪表如图 4-39 所示。

				关键字人气排行跟踪表(2月份)																																	
店铺	关键字	日搜索量	日点击量	标题	款号	销量	1	2	3	4	5	6	7	8	9	10	11	12	13	14	15	16	17	18	19	20	21	22	23	24	25	26	27	28	29	30	31

图 4-39 人气宝贝排序跟踪表

6. 优化方法

（1）一级优化目标，如图 4-40 所示，优化目标分为两个方向，淘宝搜索和搜索引擎的搜索。在淘宝搜索中又分为宝贝搜索、店铺搜索、类目搜索。搜索引擎主要是谷歌、百度、搜狗、必应等。

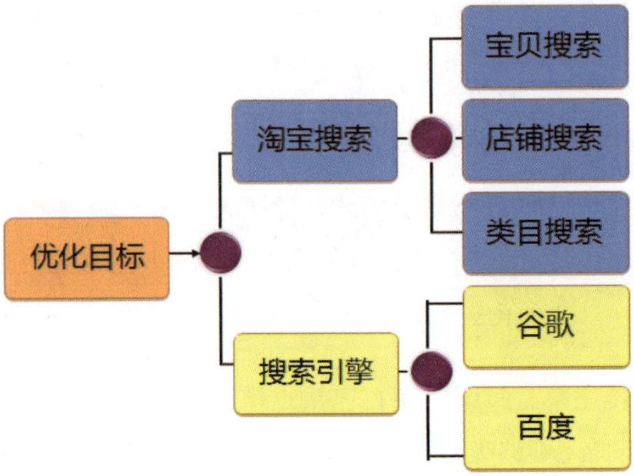

图 4-40 优化目标

（2）二级优化对象，如图 4-41 所示。

图 4-41 二级优化对象

做二级对象优化的时候，分为 10 个方面来做，搜索优化、店名店标、掌柜 ID、域名选取、宝贝分类、宝贝详情、图片 alt 注释、首页内容、店内帖子、店铺简介。

以上 10 种方法中，接下来会以最核心的搜索优化为主来做深入分析，并且了解如何合理地做标题优化。

- 搜索优化

在做搜索优化的时候，主要从 3 个方向去思考如何优化，如图 4-42 所示。

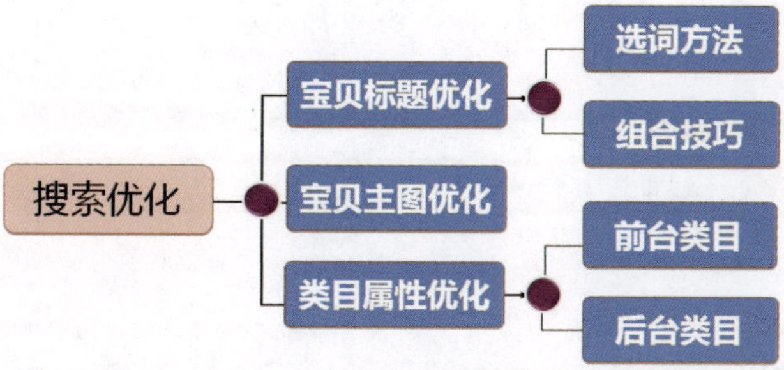

图 4-42 搜索优化的 3 个方向

第一，宝贝标题优化。

做标题优化时的第一步也是最重要的一步就是选好词，首先一定要知道这些词可以从什么地方获取。

九种选词方法

① 淘宝首页搜索下拉框，如图 4-43 所示。在这里会有一些行业和类目当前最热的关键词做一个默认推荐。从这里间接可以观察到，目前哪个细分类目是大趋势，也可以从这个地方了解，当前应该主推哪一类宝贝。

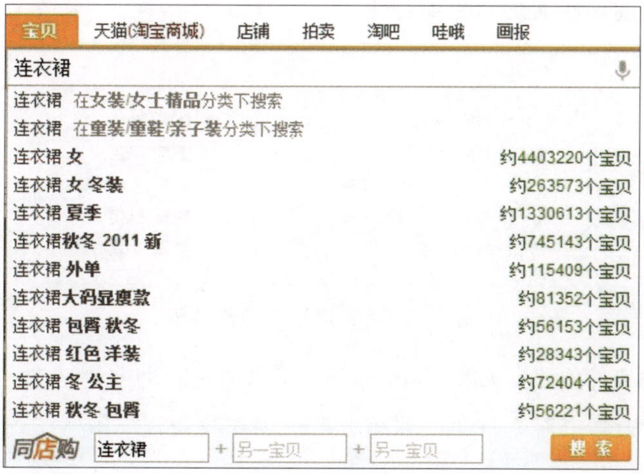

图 4-43 淘宝首页下拉框

② 搜索结果页属性分类的提示词，如图 4-44 所示。

图 4-44 搜索结果页属性分类的提示词

③ 宝贝详情页的属性词，如图 4-45 所示。

品牌：cherrykeke	货号：3018	袖长：长袖
款式细节：蕾丝花边	风格：韩版	图案：纯色
材质：蕾丝	颜色分类：米色 黑色	尺码：S M L XL 2件包邮，买3送1 …
季节：冬季	价格区间：121-200元	腰型：低腰
女装领型：圆领	裙长：常规	年份：2012

图 4-45 宝贝详情页的属性词

④ 直通车 top5 万关键词，如图 4-45 所示。可以通过“淘宝论坛”→“直通车”→“关键词专区”或者“万堂书院”→“在线培训”→“视频教程”→“学习阶段”进入“关键词表 top5 万下载”。

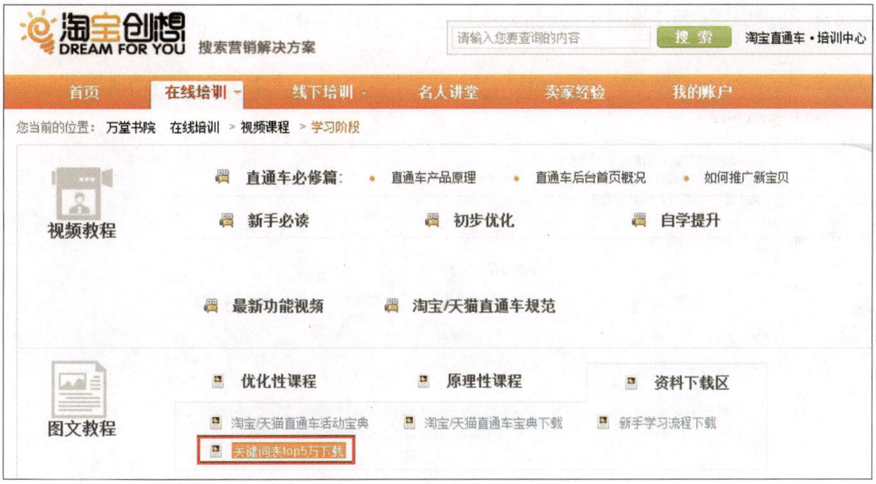

图 4-46 直通车 top5 万关键词

⑤ 直通车查询系统推荐词。

开通直通车的朋友可能对这个系统很熟悉，就在直通车的后台“工具及其他”中有个“关键词查询”，如图 4-47 所示。在这里我们可以以关键词的形式来搜索，搜索结果中可以获取 3 个信息：这个词的一周平均每日搜索次数；在直通车的平均点击单价；这个词优先展示的类目。

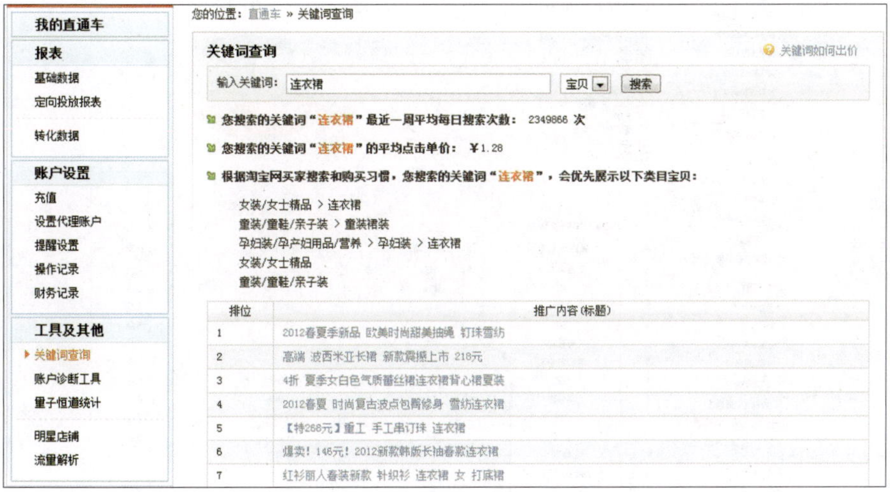

图 4-47 直通车查询系统推荐词

⑥ 直通车关键词查询中的相关词查询方法，如图 4-48 所示。

图 4-48　关键词查询中的相关词查询方法

⑦ 顾客在店铺中搜索的关键词，如图 4-49 所示。

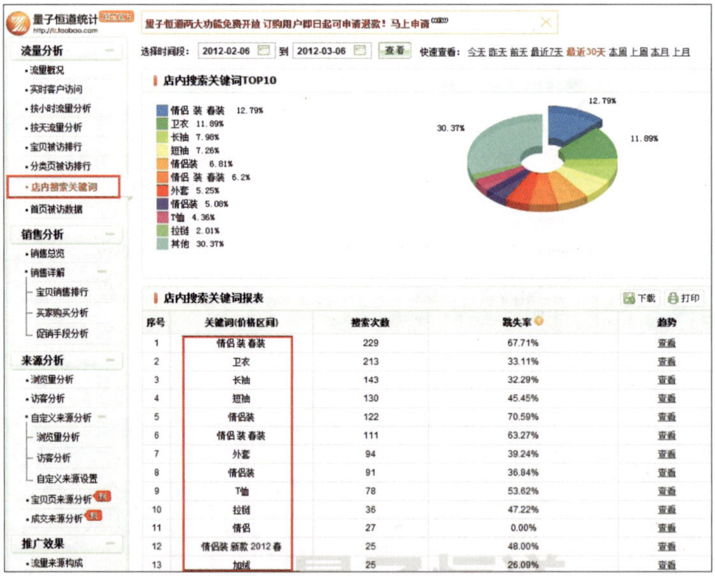

图 4-49　顾客在店铺中搜索的关键词

⑧ 数据魔方淘词，如图 4-50 所示。

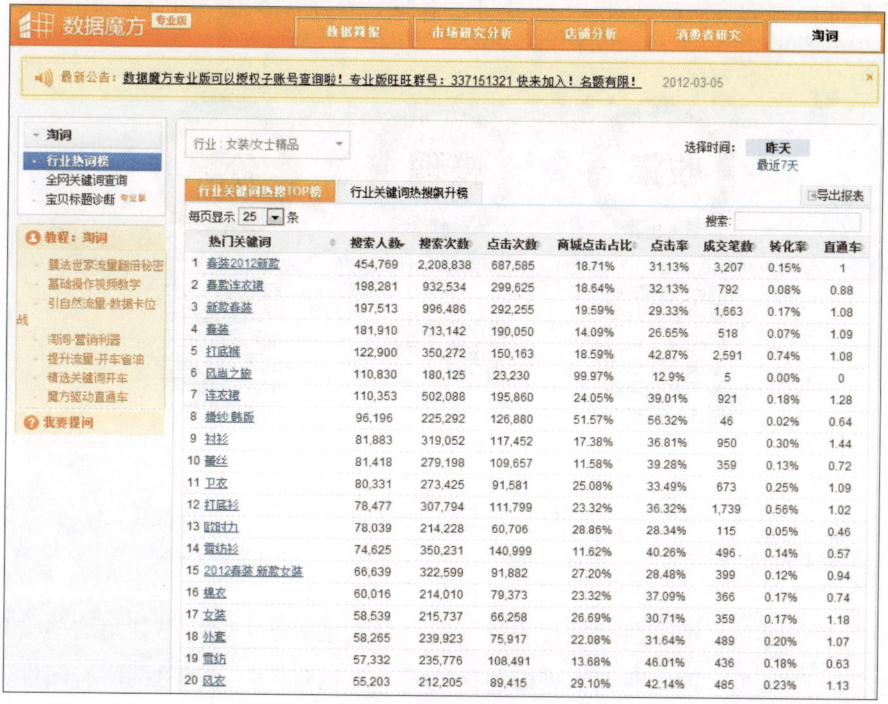

	热门关键词	搜索人数	搜索次数	点击次数	商城点击占比	点击率	成交笔数	转化率	直通车
1	春装2012新款	454,769	2,208,838	687,585	18.71%	31.13%	3,207	0.15%	1
2	春款连衣裙	198,281	932,534	299,625	18.64%	32.13%	792	0.08%	0.88
3	新款春装	197,513	996,486	292,255	19.59%	29.33%	1,663	0.17%	1.08
4	春装	181,910	713,142	190,050	14.09%	26.65%	518	0.07%	1.09
5	打底裤	122,900	350,272	150,163	18.59%	42.87%	2,591	0.74%	1.08
6	风尚之旅	110,830	180,125	23,230	99.97%	12.9%	5	0.00%	0
7	连衣裙	110,353	502,088	195,860	24.05%	39.01%	921	0.18%	1.28
8	婚纱 韩版	96,196	225,292	126,880	51.57%	56.32%	46	0.02%	0.64
9	衬衫	81,883	319,052	117,452	17.38%	36.81%	950	0.30%	1.44
10	蕾丝	81,418	279,198	109,657	11.58%	39.28%	359	0.13%	0.72
11	卫衣	80,331	273,425	91,581	25.08%	33.49%	673	0.25%	1.09
12	打底衫	78,477	307,794	111,799	23.32%	36.32%	1,739	0.56%	1.02
13	欧时力	78,039	214,228	60,706	28.86%	28.34%	115	0.05%	0.46
14	雪纺衫	74,625	350,231	140,999	11.62%	40.26%	496	0.14%	0.57
15	2012春装 新款女装	66,639	322,599	91,882	27.20%	28.48%	399	0.12%	0.94
16	棉衣	60,016	214,010	79,373	23.32%	37.09%	366	0.17%	0.74
17	女装	58,539	215,737	66,258	26.69%	30.71%	359	0.17%	1.18
18	外套	58,265	239,923	75,917	22.08%	31.64%	489	0.20%	1.07
19	雪纺	57,332	235,776	108,491	13.68%	46.01%	436	0.18%	0.63
20	风衣	55,203	212,205	89,415	29.10%	42.14%	485	0.23%	1.13

图 4-50 数据魔方淘词

⑨ 行业类目词，如图 4-51 所示。

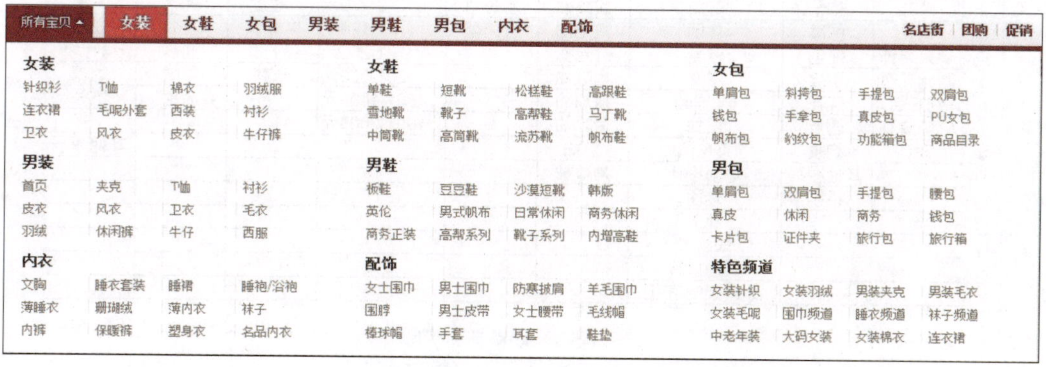

图 4-51 行业类目词

标题关键词组合技巧

在做标题组合的时候，主要有 3 个步骤，收集、整理、分配，如图 4-52 所示。

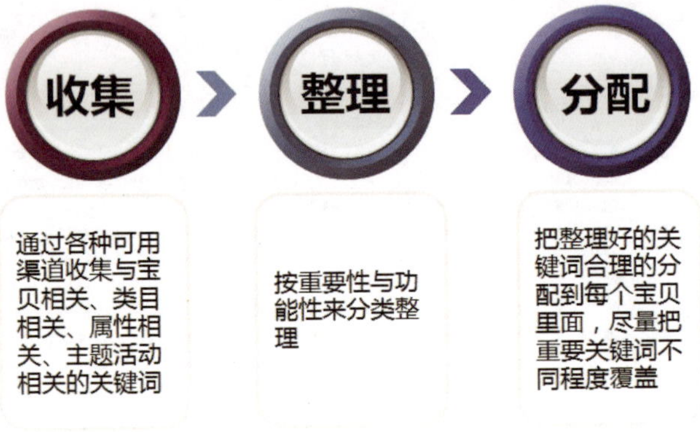
收集
整理
分配
通过各种可用渠道收集与宝贝相关、类目相关、属性相关、主题活动相关的关键词
按重要性与功能性来分类整理
把整理好的关键词合理的分配到每个宝贝里面，尽量把重要关键词不同程度覆盖

图 4-52　标题组合步骤

行业类目词的整理

不管是哪个类目，都有自己特有的类目词，也就是买家也会经常使用这些类目词来搜索自己所需要的宝贝。因此在做宝贝标题优化时，一定要把自己类目的所有属性词都做一下整理，后期做关键字组合的时候非常重要。如图 4-53 所示。

	A	B	C	D	E	F	G	H	I
1	细节	图案	风格	袖型	板型	价位	衣长	质地	领子
2	流苏	格子	韩版	蝙蝠袖	修身型	31-70元	短款	纯棉	方领
3	绣花	图案	休闲	泡泡袖	直筒型	71-120元	常规款	灯芯绒	立领
4	肩章装饰	纯色	欧美	灯笼袖		121-200元	中长款	亚麻	荷叶领
5	蕾丝花边	手绘	淑女	喇叭袖		201-500元	长款	羊绒	翻领
6	蝴蝶结	碎花	OL通勤	插肩袖		501-1000元		涤纶	圆领
7	订珠装饰	圆点	日式	荷叶袖		1001-2000元			V领
8	铆钉	豹纹	英伦风	包袖					其他领子
9		其他图案	原创设计	常规袖					
10		条纹	瑞丽						
11			甜美						
12			民族风						
13			其他风格						
14			街头/嬉哈/前卫						

图 4-53　女装类目词

一个好的标题可以做到刚发布一个宝贝，在只有几件或者十几件销量的时候，就可以给这个宝贝带来不少精准的自然搜索流量！

标题的组合方式

促销语/热词+黄金关键词+大流量关键词+目标关键词+类目关键字+长尾关键字/型号。

何为黄金关键词？就是搜索量很多，但是竞争力却很低的关键词。

组合关键字没有一个固定的模式，但搭配组合时也要考虑主要词的分配问题。比如真正能带来成交的主要核心精准词只有 20 个，其他边缘词有 50 个。那么组合词的时候，把这些主要关键字先分配给店铺里的人气宝贝或者预备人气宝贝，然后再把其他关键词分配给每个宝贝。做标题优化时需要记住，一定要定期做一下词的调整和优化。因为买家购买商品的品种是根据季节性、节假日等因素而一直变化的。所以一定要跟进这个变化，每天去关注店铺类目和淘宝首页推荐的关键字的变化。

第二，淘宝主图优化。

目前淘宝搜索排序考虑把主图质量因素算进去，所以需要把主图做得干净、整洁、漂亮，可以获得加分。以往的那些把促销信息像牛皮癣一样贴在图片上的宝贝会受到影响。如图 4-54 所示。

@淘宝鬼脚七 V：亲们注意了，透露个小道消息：淘宝搜索排序算法在考虑把宝贝主图质量因素加入进去，上线时间估计在一个月以后。大家宝贝的主图上做得漂亮一些，不要把一些促销信息像牛皮鲜一样贴到图片上。像下面的这类宝贝，以后在排序上会受影响。@淘宝搜索官方微博
收起
查看大图
向左转
向右转
月销八千台
iPhone 4
香港直供
香港直供热卖包邮
月销两千台
iPhone 4
鸿润月销壹千台
@淘宝鬼脚七
11月3日 10:01
来自新浪微博
转发(980)
评论(354)

图 4-54 淘宝搜索排序会把主图因素加入到算法里面

第三，类目属性优化。

类目属性主要分前台类目及后台类目，如图 4-55 所示。

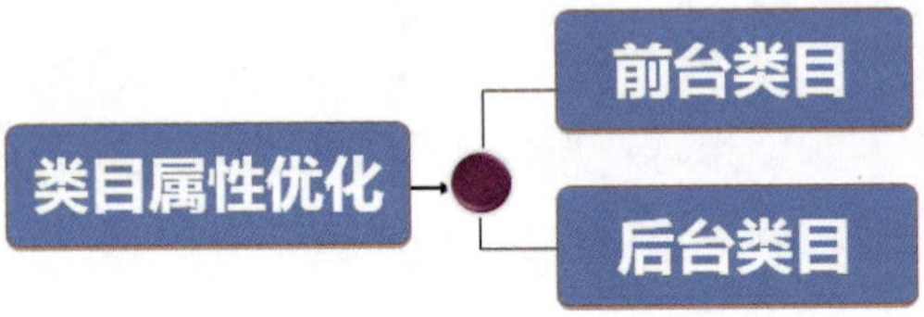

图 4-55 类目属性

在淘宝中搜索，大家都是如何挑选商品的呢？输入关键字，如“iPhone”，单击“搜索”按钮。然后所有在淘宝上出售的 iPhone 手机都会展现在结果页面上。其实，这短短的几毫秒中，是淘宝强大的计算处理能力和许多工程师的心血在背后支持的。

可能大家都知道，目前淘宝搜索是通过商品的标题和用户输入的关键字匹配得到搜索结果的。也就是说，如果搜索的关键字是“iPhone”，搜索结果只会展现标题中包含有 iPhone 的商品。目前在淘宝的商品管理平台中，标题都是由卖家自己填写的。通过标题匹配的方式，发现很多不是 iPhone 的商品也出现在搜索结果中。例如，“iPhone 手机多功能电源适配器”或是“苹果 iPhone/3GS 手机链”。这样，用户经常要翻很多页才能找到几件和自己想要找的东西一致的商品。

这样的例子经常出现，在一些情况下，卖家为了让自己的商品获得更多的流量，故意在商品标题中堆砌很多与本身商品完全不相关的词汇。如“伊芙丽 / 哥弟 / 三彩 / 秋水伊人 / 艾格 10 专柜女装”，这样许多想搜索这些品牌服装的买家很难通过搜索找到自己想要买的商品。

为了提升淘宝搜索的用户体验，帮助买家更好地通过搜索找到他们想要的商品。淘宝搜索的算法工程师在商品标题与用户查询词匹配的基础上，增加了一些相关性的计算原则。

类目属性与相关性的关系：

淘宝的商品搜索环境和普通的网页搜索不同。主要表现在，淘宝搜索的商品，他们在卖家上传的时候都是放在一些特定的类目下的，例如，iPhone 手机应该放置在“手机”这个类目下；而日常使用的皮带应该放置在“服饰配件 / 皮带 / 帽子 / 围巾”下面的“腰带 /

皮带 / 腰链”这个类目下。每一个商品都有一个固定的类目存放路径，方便商家管理自己的商品。不过，淘宝有时候为了买家挑选商品的便利，有一个前台类目的概念，例如，买家在挑选皮带的时候，需要首先定位到自己想购买的是男士皮带还是女士皮带。因此，淘宝展现给买家挑选的有一个“男士皮带”的类目，会将所有“腰带 / 皮带 / 腰链”下配件性别是男士的腰带都自动放在这个前台类目下方便买家挑选。打个比方，这就是超市的仓库和货架展台。仓库中一类商品为了方便只能放在同一个地方，而货架展台中一类商品可以放在多个货架上，既可以放在特价促销的柜台，也可以放在正常商品所在的柜台。因此，商品所在的前台类目是随着季节、促销、市场流行程度时时变化的，而方便卖家上传管理商品的后台类目是基本恒定的，很长时间才会变化一次。随着前台类目的变化而产生变化的是利于挑选的前台类目和利于管理的后台类目之间的对应关系。

介绍了这么多关于前、后台类目的情况，其实是为了提醒各位卖家注意商品上传时所存放的类目。回到相关性的话题上来，淘宝搜索的相关性和商品所在的前台类目是息息相关的。用户输入一个关键字的时候，如何判断买家想找的是什么商品呢？这就依赖于淘宝强大的算法技术了。淘宝会根据这个关键字来猜测用户想要找哪一类的商品。比如用户输入的是 iPhone，大体应该是想找苹果牌的手机，那么配件类的商品在默认排序中是会被降权的。用户输入的是“防晒霜”，那么他大概是想找“美容护肤 / 美体 / 精油”类目下的“面部防晒”或“身体防晒”类的商品，其他类目下的商品，就会被降权。用户输入的是“皮带男”，那他大概想要找的是“男士皮带”类别的商品，女士皮带或其他商品就会被降权。因此，您的商品在后台商品上传的时候，准确度越高，所有的商品属性填写得越完善，越能够被买家精准搜索到，从而更容易达成成交。以皮带为例，如果您在上传的时候偷懒，只把商品存放在“服饰配件 / 皮带 / 帽子 / 围巾”下面，那么买家在搜索男士皮带的时候，因为前台类目的关系，您没有完整填写属性就很有可能找不到您的商品。

有一些卖家可能已经知道淘宝搜索的相关性计算和类目、属性有很大的关系，所以抱着侥幸的心理故意将商品错放类目或者属性，希望获得更多的流量。例如，卖家的宝贝根本不是一件雪纺类的女士连衣裙，但是因为今年雪纺裙是热门款式，故意将自己的商品放在雪纺连衣裙类目下，希望能够获得更多的流量。这里要奉劝各位卖家一句，再狡猾的狐狸也逃不过猎人的眼睛。淘宝的反作弊小组已经盯上这些卖家了，这一类商品一经发现，会直接过滤或放置在商品列表的最后，结果得不偿失。另外，现在最先进的营销手段就是精准营销，与其将它放置在一个不正确的类目被没有需求的买家发现，同时还要受到处罚，不如将它放在正确的类目下，被有需要、成交意愿高的买家发现效果更好。因为一旦错放类目和属性，实际上也就丧失了被归到正确类目的可能，有高成交意愿的买家也无法找到卖家的商品了。

如图 4-56 和图 4-57 所示，前台类目与后台类目不同。前台类目根据季节或者节日，类目属性关键字会有变化。

- 掌柜 ID

  符合店铺定位；
  有特色、特点，方便好记；
  中文名字。

- 域名选取

  符合店铺定位；
  有特色、特点，方便好记；
  使用英文域名。

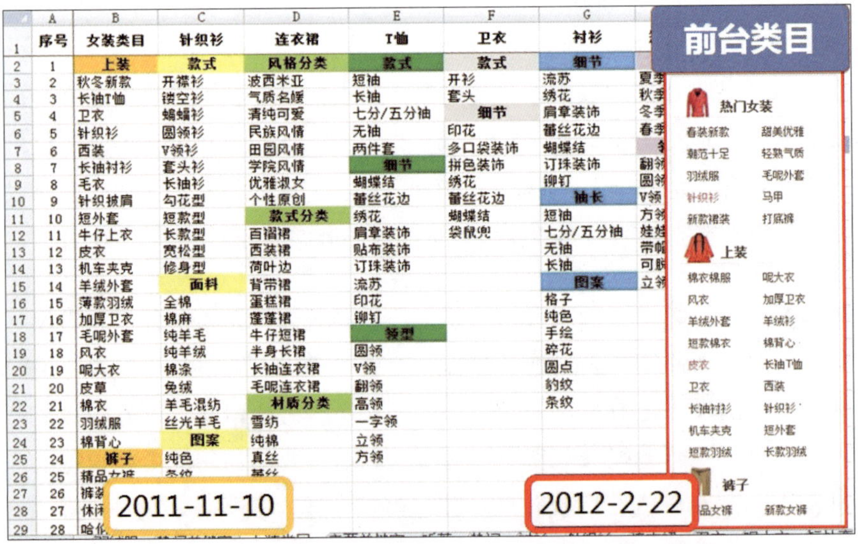

图 4-56 女装前台类目属性词

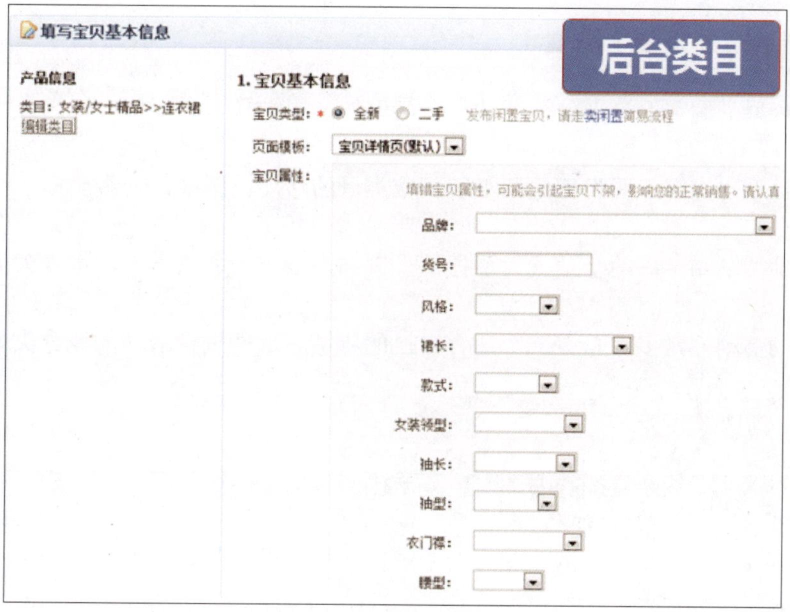

图 4-57 女装后台类目属性

4.2.2 淘宝活动流量

淘宝活动的流量是一个免费流量的重点，重中之重，基本上想很快打造一个超级爆款的宝贝都离不开这个，大家常常看到 30 天销量上万件的宝贝一般都参加了活动，直通车等活动再怎么做也是坐车，而淘宝活动是坐火箭！但是大部分店主没有在淘宝活动上用心，原因如下。

- 认为自己的店铺信誉太少（这个确实是硬伤，但是一般上了 3 钻、4 钻，问题就不是很大）。
- 店铺动态评分和好评率太低。
- 淘宝活动报名竞争太激烈，所以就懒的申请了，大部分人都错在这里。

下面大概介绍一下淘宝的一些活动，因为有些大家可能知道，有些并不知道。淘宝上最不缺流量，每天有 6000 万 UV，这些活动是免费的，凡事借势而为是最快的，为什么不去淘宝借流量？

1. 淘宝上的活动分为 3 个类型

（1）平台型：淘宝促销平台等活动很多，例如，聚划算、天天特价、淘金币等。

（2）类目型：淘宝不同类目定期组织相应类目的活动，例如，超级卖霸、主题活动等。

（3）全站型：淘宝搞的全站式大型促销，例如，双十一、双十二、年终大促、年货等。

平台类的活动非常多，总有一个适合自己的店铺。这些平台活动大概分类如下。

- 按活动销量分类

S 级：活动销售量 1000 件以上	A 级：活动销售量 500 到 999 件	B 级：活动销售量 200 到 499 件	C 级：活动销售量 100 到 199 件
聚划算、天天特价、淘乐汇、淘满意等	新人专享、淘金币、淘团购等	手机天天特价、学生频道课间购、姐妹淘、公车秒杀、淘宝 VIP 专区、试用中心、淘画报图实惠、淘分享跟随购等	淘上瘾、我爱淘折、神奇农场、礼物、淘宝 V 特惠频道等

根据以上的介绍，卖家需要以自己的实际情况和实力寻找适合自己的活动。当然级别低的活动申请更容易些。

- 怎么能报上淘宝的活动

如果店铺里面有推广专员，要专门有一个人负责每天不停地报名活动，不能指望从来都不报活动或者偶尔报一次活动就能轻松的参加淘宝活动。

淘宝没有规定不允许不断地报名活动，一直报，换着宝贝换着活动报，只要在宝贝符合标准的前提下，总会被选上的。这个办法看似很笨，但是很有效。

- 参加淘宝活动要注意的事项

① 弄清楚自己做活动的目的，是清库存还是做店铺人气。更多的是打开销量培养人气宝贝，培养客户口碑和再购买，不要太在意价格，哪怕小赔，不管什么样的目的，宝贝质量放在第一位。否则就是搬起石头砸自己的脚。

② 看自己实力够不够，准备是否充分，量力而行！因为看过很多参加聚划算把自己店

铺弄死的卖家的案例。

③ 要注意分析有些活动是否适合自己参加，有些活动不一定适合自己的宝贝，也许上了，但是表现很差，小二会有压力，小二有压力了，下一次再上活动就比较难了。

还有一个就是参加完淘宝活动的后遗症，中差评问题，换货问题，退款问题，还有宝贝的人气热度维持问题，这是非常重要的一件事，否则 30 天后宝贝又回到原点。

2. 活动报名入口

淘宝官方活动入口：http://daohang.taobao.com。

大部分的淘宝运营活动都可以在这个淘宝营销导航页面里去查找和报名，如图 4-58 所示。这个页面主要整合了平台活动和类目活动，并且根据卖家信用等级来推荐适合的活动。刚开始不知道活动去哪里报名的卖家们可以研究一下。

图 4-58 淘宝营销导航

目前报名淘宝运营活动的方式主要有 3 种。

（1）卖家后台报名，如图 4-59 所示。

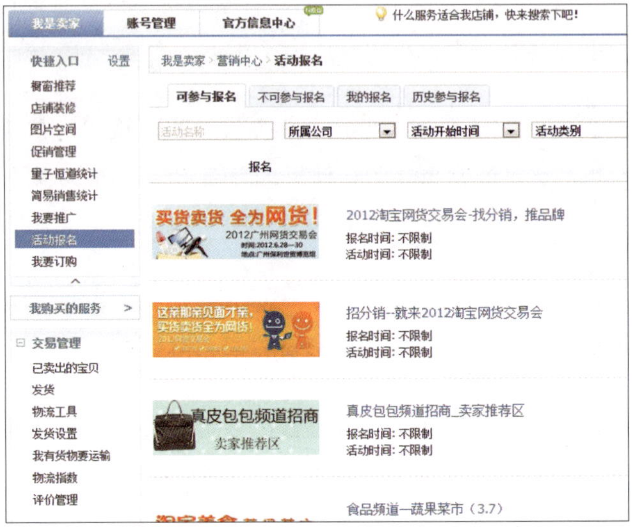

图 4-59　卖家后台报名

（2）类目帮派报名，如图 4-60 所示。

图 4-60　类目帮派报名

（3）类目旺旺群报名。

这种报名入口是在各个类目官方旺旺群里面临时招商的。所以想及时获得活动信息的卖家，一定要加入自己类目的旺旺群。如果没有加入，那些类目活动报名信息是无法接收到的。毕竟资源是有限的，想上活动的人很多。目前很多类目旺旺群已经满员了，但是一定要时时去试一下加入，因为有时候群主会定期做一下群里面人员整理，将不怎么活跃的，或者发广告的卖家踢出去，这时就会有位置进入。

3. 报名活动常用表格

如果想顺利参加活动，建议先对每个活动进行一下了解。例如，活动要求、店铺要求、宝贝要求等。先收集这些信息，并且再做一些分类。做好了这些前期工作，以后报活动的时候会很顺手，如图 4-61、图 4-62、图 4-63 所示。

序号	活动名称	店铺要求（活动小类）	宝贝要求					报名地址	活动属性	
			销量	评分	折扣	库存	其他		费用	周期
1	聚划算	商城综合评分，宝贝与描述相符项4.5以上；活动结束后7天内完成发货。	月10个以上	所属类目必须是总交易额30%以上的主营类目	五折以下	1000以上	每周每次限报3个	帮派	免费	月两次
2	天天特价	没有强调	月100个以上	4.5分以上	1-7折	300以上	包邮	后台	免费	天天
3	VIP	商城综合评分，宝贝与描述相符项4.5以上；活动结束后3天内完成发货。	周10个以上	没有强调	五六七折	500以上	每10T每次限1个	帮派	免费	月两次
4	新人专享	0元疯抢	周有销售记录	4.5分以上	0.01元	200以上	统一运费	帮派	免费	定期
		限量包邮	月30个以上	4.5分以上	六折	200以上	包邮原价不得高于500元			
5	购优惠	天天1-3折	有销售记录（可	没有强调	1-3折	200以上	500元以下	帮派	免费	每天
		今日特价	有销售记录	没有强调	五折以下	没有强调	包邮500元以下	帮派	免费	一三五更新，2天
		全民5折	有销售记录	没有强调	五折以下	没有强调	500元以下	帮派	免费	一三五更新，2天
		优惠店铺	有销售记录	没有强调	五折以下	充足	包邮	帮派	免费	一次
6	我爱淘折	商城店铺，三天内发货	月20以上，评	4.5分以上	七折以下	50以上	每小时减一折	展示页面	免费	主题活动
7	淘满意	加人消保，淘宝客	月30个以上20	4.5分以上	秒杀三折以	300以上	秒杀包邮	帮派	免费	周三报名
8	试用中心	商城4.5分以上	没有强调	没有强调	没有强调	30以上,单品总额1000以上		帮派	免费	两周
9	跟随购	加入消保	没有强调	没有强调	没有强调	没有强调	被客户分享过	帮派	免费	定期
10	神奇农场	团购老大，淘便宜两个关连						帮派	免费	长期
11	淘金币	商城4.5分以上	月10个以上	4.5分以上	没有强调	没有强调	免费提供总价值≥1000元的宝贝作为与钱庄合作的“推广金额”	帮派	提供	4天
12	一淘网	一淘网首页广告 4.5分以上	月10个以上	没有强调	低折扣	没有强调	包邮 设置1.5%佣金	帮派	免费	分期 一天
		9.9元包邮 4.5分以上	没有强调	没有强调	低折扣	没有强调				
13	手机急速60秒	没有强调	20个以上记录和好评		1-5折	200以上	包邮	帮派	免费	2天
14	手机公车秒杀	商城4.6分以上	10个以上	没有强调	3折以下	1000以上	包邮	帮派	免费	时段
15	手机天天特价	商城4.5分以上	50个以上	没有强调	五折以下	充足	包邮	帮派	免费	天天
16	手机女人频道（姐妹淘）	加入姐妹淘（移动购物街）	没有强调	没有强调	五折以下	充足	包邮当季新品	帮派	免费	天天
17	快乐淘宝（HI淘）	商城4.5分以上，卖家支付宝退款率低于10%，卖家支付宝使用率不低于70%						帮派	付费	长期
18	淘折1+1	特惠区 4.5分以上 3天内发货	月20以上，评价10以上		1-5折，对应5-10个			帮派	免费	时段
		1+1分享区 4.5分以上			五折以下	50以上	包邮	帮派	免费	时段
19	代码摇摇乐	商城4.5分以上 3天内发货	有销售记录和评语		五折以下	没有强调		帮派	免费	3天
20	淘画报	跟帖报名，报名成功后每周要做一期画报，画报上传时间周一到周五的 8：30-18：30						帮派	免费	长期

图 4-61 各种活动整理表

2012.2.4日整理

序号	活动名称	报名时间	活动时间
1	旺铺画报“情人节”实拍画报征集活动	2月03日 - 2月08日	
2	淘宝清仓街商家报名入口	不限制	
3	付费推广 优质推广位招募	不限制	
4	【快捷支付】衣食住行【清仓季】商品报名	2月03日 - 2月10日	2月13日 - 2月20日
5	淘宝会员俱乐部专供频道报名	不限制	
6	新品中心-新品试卖-服饰招商	不限制	
7	【图实惠】情人节专场	2月02日 - 2月7日	2月10日 - 2月13日
8	C2C女装运营-孤品赏鉴（创意活动）	2月01日 - 2月08日	2月20日 - 2月27日
9	女装运营-女装新品标签权限申请	不限制	

2012.2.10日整理

序号	活动名称	报名时间	活动时间
1	女装运营-每日上新频道街头单品第47期	02月09日 - 02月16日	02月20日- 02月26日
2	女装运营-每日上新频道甜美单品第47期	02月09日 - 02月16日	02月20日- 02月26日
3	付费推广 优质推广位招募进行中	不限制	不限制
4	独畅团【情人节】专场2.10-2.14	不限制	不限制
5	超优汇5折封顶招商	不限制	不限制
6	淘宝清仓街商家报名入口	不限制	不限制
7	集分宝商家专场招商（需赞助集分宝）	不限制	不限制
8	独畅团搭配减价招商2.7-2.14	不限制	不限制
9	超优汇新版【超疯狂】招商	不限制	不限制
10	超优汇5折封顶招商	不限制	不限制
11	女装运营一新.春 HOLD住快时尚第一期	02月06日 - 02月11日	02月13日 - 02月19日
12	【图实惠新版】扶植商家招募（1-5折）	02月02日 10:00:00 - 02月13日	不限制

图 4-62 可报活动整理表

活动要求与报名宝贝匹配表

记录	店铺要求		宝贝要求												
序号	要求	费用	销量	评分	折扣	最低数量	报名数量	包邮	商品款号	30天销量	实际库存	成交价	活动价	预计销量	利润
1															
2															
3															
4															
5															
6															
7															
8															
9															
10															
11															
12															
13															
14															
15															
16															
17															
18															
19															
20															
21															
22															
23															
24															
25															
26															
27															

图 4-63 活动与店铺、宝贝匹配表

4.2.3 淘宝客流量

当各种诸如直通车、钻石展位、硬广等推广方式的费用逐年增长，众多卖家对先成交，再收费的淘宝客推广好感倍增。做推广，虽然目的各有不同，或为了销量，或为了品牌推广，但最终谈论的焦点都是 ROI（投入产出比）。在 ROI 这一项里，淘宝客毋庸置疑是所有推广方式中最高的。因为推广展示不收费，点击进入店铺不收费，只有在成交之后才给予一定佣金。所以对于卖家来说是最安全、最有保障的一种推广方式。

1. 淘宝客是谁

淘宝客是帮助淘宝卖家推广商品，商品成交后，获得一定佣金的人。

2. 淘宝客推广是什么

淘宝客推广是一种按照成交来计费的推广模式。由淘宝客（个人或网站）帮助淘宝卖家推广商品，买家通过推广的链接进入完成交易后，淘宝卖家支付一定比例的佣金给帮助推广的淘宝客。

3. 目前淘宝客所经营的网站类型

目前淘宝客所经营的网站类型主要有社区网站、电商网站、分类信息网站、行业垂直网站、本地门户网站等，如图 4-64 所示。

知道了淘宝客们主要经营哪种类型的网站和渠道之后，我们要去找淘宝客就有方向了。可以根据自己店铺的类目属性，去寻找匹配度高的网站进行合作，并且把主要精力放在上面介绍的这几种类型的网站上。

4. 推广计划

（1）通用推广计划：系统默认必须参加的推广计划，让所有的淘客都可以参加，所有的淘客都能够推广的计划。

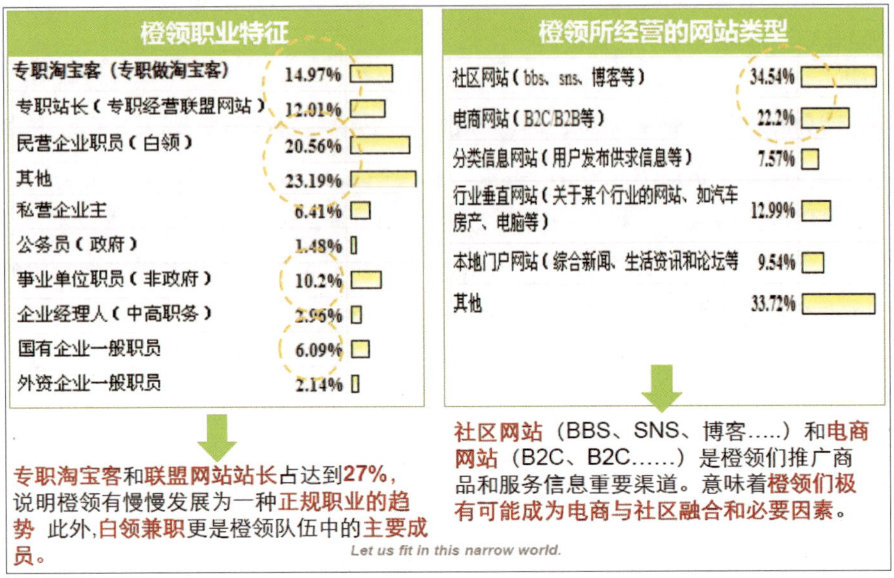

图 4-64　淘宝客所经营的网站类型

（2）定向推广计划：定向推广计划是卖家为了淘客中某一个细分群体设置的推广计划。卖家可以选择淘客加入，也可以让淘客来申请加入。可以让淘客在阿里妈妈前端看到推广并吸引广大淘客来参加；也可以由卖家不公开跟某些大网站协商好，以让卖家获取较大的流量、让淘客获取较高的佣金。

（3）工具推广计划：卖家可以针对淘宝客官方频道设置佣金推广计划，最高佣金上限从 50% 提升至 80%！之后的频道资源位将按照卖家频道推广计划设置的佣金以及成交转换等综合数据进行评估。（工具佣金：如果卖家对官方频道设置推广计划，只有来自频道流量产生的直接成交才按此计划设置的佣金比率结算，否则按照通用计划计算。）

再介绍一下可设置的推广计划的数量。通用推广计划可设置 1 个计划，定向推广计划可设置 9 个计划，工具推广计划可设置 1 个计划。

5. 效果最好的淘宝客官方频道

淘宝客官方频道推广的数据列表如图 4-65 所示，其中推广效果最好的是综合频道。

成交效果最好的频道推广		
频道名称	PV	类型
综合频道	6,873,020	综合
店铺导航	862,251	店铺
商城频道	1,026,570	商城
天天疯狂购	278,653	活动
女人频道	829,919	类目
男人频道	244,313	类目
数码频道	45,836	类目
鞋包频道	86,397	类目
美容频道	42,155	类目
家装频道	89,159	类目
母婴频道	23,830	类目
食品频道	15,000	类目
电器城频道	10,263	类目
台湾馆频道	2,624	类目

图 4-65 效果最好的频道推广

6. 淘宝客常用的广告素材尺寸

淘宝客常用的广告素材尺寸如图 4-66 所示。

商家购买成交金额最高的广告尺寸排行	ECPM最高的广告尺寸排行
950x90	360x190
468x60	160x600
300x250	760x90
760x90	336x280
728x90	290x200
180x250	250x300
250x250	180x250
200x200	120x240
658x60	728x90
250x60	120x600
250x300	950x90
160x600	250x250
336x280	200x200
360x190	300x250
120x240	100x100
120x60	658x60
290x200	468x60
100x100	120x60
120x600	250x60

图 4-66 淘宝客常用广告素材尺寸

卖家可以根据这个尺寸，自己制作广告图发给淘宝客，让淘宝客帮助卖家进行推广。

7. 如何维护好淘宝客

（1）以什么方式与淘宝客沟通。

- 旺旺群。
- QQ 群。

（2）如何挖掘新淘宝客。

- 提高店铺品牌与知名度（修炼基本功）。
- 积极引入优秀站长资源开展合作（外部输血）。
- 整合淘宝客返利活动开拓新淘宝客（利益刺激）。

（3）如何留住旧淘宝客。

- 把淘宝客当朋友，建立物质（收入）和精神（尊重信任）双重激励机制。
- 分等级设置差异化的佣金比例，有效引导淘宝客之间的良性竞争，提高淘宝客推广的积极性。
- 真诚沟通，急淘宝客之急，及时提供素材和信息。

4.2.4 关卡流量

什么是关卡流量？用案例来讲解其含义。

在淘宝网首页搜索栏里输入“秋装新款”这个关键词搜索一下，找到相关宝贝 2384739 件。

搜索“连衣裙”，不设任何限制，搜索出的宝贝数是 2384739 件。

如果勾选“货到付款”复选框，搜索出的宝贝数是 350485 件。

如果勾选“消保”复选框，搜索出的宝贝数是 330689 件。

如果勾选“正品保障”复选框，搜索出的宝贝数是 18735 件。

如果勾选“VIP”复选框，搜索出的宝贝数是 1883 件。

如果勾选“限时折扣”复选框，搜索出的宝贝数是 160 件。

不要认为自己购物时不会勾选这些，其实勾选这些的买家绝不在少数。所以建议能开通的都开通，流量从哪里来？从这些细节中来，开通一个，竞争就能降低几十倍甚至上百倍。

以下建议如果有条件开通都需要去开通：货到付款、正品保障、消保、VIP、限时折扣、搭配减价。某新开店铺，每天靠货到付款就多出了十几单到几十单。当然可能货到付款会引来很多新手买家，反而会产生一些麻烦，但是开了终究是好的。

4.3 淘宝站外免费流量

引入站外免费流量有很多方法，但是建议不要在站外流量上花太多时间，因为站外流量和淘宝站内流量的转化率相差极大，除非自己店铺在淘宝站内流量无法扩展或者自己产品利润很大又急于扩大流量和销量。

目前常用且效果还不错的站外流量主要有 SNS、专业社区论坛、专业博客等。

4.3.1 SNS

SNS 是社交网络服务，英文“Social Network Service”的缩写。依据六度理论延伸，以“熟人的熟人”形成的网络社交拓展，从认识朋友开始，无限扩张自己的人脉。现在一般所谓的 SNS 更多的是凝聚共同特性人群的社交网络，商务价值正逐渐展现。以人人网和开心网为代表，如图 4-67 所示。

图 4-67 SNS 社区——人人网

SNS 社交网络的核心是分享与互动，这也决定了 SNS 营销推广一定要围绕“分享和互动”来展开。SNS 推广可以入手来做的方法有申请账号、选择性加好友、软文及图片转发。

（1）申请账号，注册一个主账号和若干个辅助账号，辅助账号数量根据推广策略和承受能力来确定。

账号头像用漂亮女生照片，目的是为了前期拉人气。注册初期每天更新频率为：文字 1 篇，图片 10 张以上，视频 1 个，热门投票转载 2 ～ 3 个。账号注册 1 个星期后，更新频率可调整为：文字 2 天一篇，投票每天 1 种，图片要围绕自己的店铺类目展开，如搞笑图片、个性化创意（例如，服饰搭配）等，同时前期一定要多分享热门帖子。

（2）选择性加好友，选择人气高的活跃用户加为好友，借势积聚人气和最大化扩展信息覆盖面。以人人网为例，主页浏览量高于四五千的用户好友一般都有 500 个以上，只要此用户分享推广一篇日志，就可以覆盖到 500 个以上的人群。

（3）软文及图片转发，等好友累积到一定程度之后，可以用图片附加软文等形式发布自己的店铺或者商品。大多数以咨询帖或者晒单帖为主，如图 4-68 所示为图片软文。

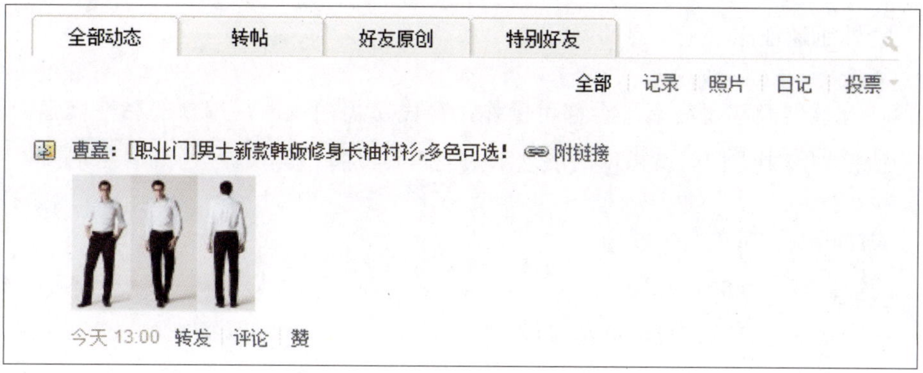

图 4-68 图片软文

4.3.2 专业社区论坛流量

此类网站一定是要对应专业，很精准的流量，比如想买一些发烧耳机或者 CD，会经常逛一些专业耳机论坛，这时上面放淘宝的广告或者软文介绍是很有针对性的。尤其是论坛里面混的很不错的版主开耳机方面的淘宝店，用户对其是非常信任的，成交转化率非常高。

4.3.3 专业博客流量

这种案例倒是不少，专业博客流量不好把控，大部分卖家很难操作实施，仅作为简单了解。成功的案例如独立博客 www.ixinqi.com，这个博客有不错的新奇产品的搜索引擎流量，通过博客注入到自己的新奇产品店铺 http://blog.sina.com.cn/jingzhimeishi 二级博客，这个新浪博客有很大的美食爱好者流量、搜索引擎流量，最后把流量注入到自己经营美食的淘宝店中。

4.3.4 微博营销

微博是一种通过关注机制分享简短信息的广播式的社交网络平台，以其微小而强大的即时通信特性迅速征服了全世界的网民。

微博在互联网及移动终端平台都可操作，全民覆盖面积广，用户的黏性极强，其商业模式和价值挖掘潜力无限。就微博的展现形式而言，其特性鲜明。

- 关注机制：可单向可双向。
- 简短内容：140 个字以内。
- 广播式：公开的信息，谁都可以浏览。
- 社交网络平台：把微博归为社交网络。

1. 微博营销的定义

微博营销，是借助微博平台对企业品牌商品等进行的营销推广系列活动，包括品牌推广、活动策划、个人形象包装、产品宣传等一系列的营销活动。如图 4-69 所示。

图 4-69 七格格新浪微博

2. 微博营销的十大技巧

（1）定位明确，运营专注。微博运营的前提一定是定位明确，这样才能做好微博内容的话题及相关活动，微博才会实现短小精悍的传播效果。定位明确之后，微博整体运营必须专注，做精做专企业或品牌的深入高度，有思想、有深度的主题才能吸引目标受众的关注。

（2）个性识别度。微博是一个完整的体系，微博的名称、微博页面形象、微博基本信息等就是标准意义上的企业 VI 形象。建立完善的微博体系，包括微博用户名、微博模板和微博产品内容等，简洁好记，便于网络用户的记忆，更是营销推广获取搜索流量的重要手段。一般品牌和企业在微博营销时，以企业名称、品牌商标作为个性名称，有助于建立个性识别度。

（3）视觉营销模板。微博页面展示重在视觉传播，专注微博营销必须做好平面视觉效果。微博模板有平台模板和个性模板，要选择与营销推广主商品相符合的微博模板，或者独立设计有个性、有特色的模板风格，着重传达出营销思想。

（4）内容信息的最佳更新频率。微博 140 个字的传播长度，信息传播速度和频率超越了其他信息传达形式，微博的内容信息要保证短小有质，坚决杜绝一味发布商品信息。要学会围绕企业品牌和商品，制造话题，参与高热度的可持续话题，吸引和增强粉丝关注。微博信息定期更新非常重要，保持好更新的频率和质量，才会达到微博的可持续营销推广的效果。

（5）学会微博语言。微博有自己的语言特色，一般常用的是“#”和“@”符号，这是微博互动和微博话题重要的符号工具，微博营销必须掌握并善于使用“#”与“@”符号，与粉丝交流，参与和制造话题，让微博成为话题中心，这才是真正的营销。

（6）分享互动。互动和分享是微博的核心所在，维护粉丝与粉丝互动，积极分享微博内容，是增强微博粉丝黏度的重要方式。查看并回复粉丝的评论，主动关注粉丝，在来往互动中挖掘目标客户的内在需求，润物细无声地实现营销推广的目的。

（7）用私信传达营销。私信保护收信人和发信人的隐私，使微博信息容纳量和兼容性更大，微博互动时有效使用私信，可以更尊重粉丝，传播出良好的推广内容。

（8）定期分析营销效果。微博平台具有强大的搜索功能，使用搜索检索，查看与自己相关的内容，查看微博的评论数量、转发次数，以及关键词的提到次数，对推广营销效果有科学综合的评估，适时调整完善推广方案。

另外，搜索高热度和关注度的微博话题，分析特定时间内的营销话题，才能借势制造属于自己的营销话题。

（9）利用微博活动平台。微博活动有强大的平台资源，在活动设计、执行和实现效果方面真实透明，所以有效利用微博活动平台资源，可以增强企业和品牌的影响力，实现与目标客户大面积的互动。微博活动的公开化和高关注度，是有效实现营销推广的强有力手段。

（10）杜绝僵硬麻木堆砌。微博重在分享和互动，绝对不是单纯的广告平台，直接发布大量产品广告，无内容，无互动的切入点，这不是微博营销。微博需要有价值、有深度的信息分享，在互动中实现企业商家的营销推广。

4.3.5 购物社区流量

购物社区流量的代表性网站主要有蘑菇街和美丽说，网站的内容都是买家们、粉丝们自发的发布内容，此类网站的核心是买家购物分享交流社区，可以划归为新兴的电子商务化社区。

蘑菇街是一个新型的女性买家社区，是杭州卷瓜网络旗下的一个专注购物分享交流的平台，每天几百万网友在这里自由地交流时尚、购物的话题，相互分享，相互帮助，发现折扣，享受优惠。其核心就是购物与社区的相互结合，是最有影响力的社会化网络媒体之一。如图 4-70 所示。

美丽说创立于 2009 年 11 月，同样专注于女性时尚购物交流，是电子商务化领域最为活跃的分享解答交流的平台。美丽说成长速度惊人，截止 2012 年 2 月，美丽说注册用户数超过 960 万人，每天页面访问量超过 1.3 亿，并以平均每天 5% 的速度增长，是目前国内最大的社区型女性时尚媒体。如图 4-71 所示。

图 4-70 蘑菇街首页

图 4-71 美丽说首页

在这两个网站做好推广首先要知道这两个网站用户的结构：一个是买家，另一个是卖家。

在蘑菇街和美丽说平台上，很多卖家在精心运营自己的人气账号或者已经慢慢在扩大推广范围。但是如果一直发商家商品信息，很容易被系统删除。所以这两个网站平台的营销推广还是以分享、交流为主，软性渗透形成购物引导。

运营好这两个网站的思路如下。

（1）维护主页：主页装修漂亮，吸引和提升人气，因为用户群大部分都是女性，她们喜欢美丽、喜欢时尚。

（2）达人效应：话语权最大的分享达人积聚人气和消费引导力，达人的分享大部分排在类目或者频道前面。所以营销推广一定要与分享达人们保持良好的关系。

（3）付费广告和团购：适当参加付费广告和团购，提升关注度和高效凝聚人气，推广商家或产品显示在醒目的页面展示位置，好的宝贝会更多地被分享。

第5章

店铺数据解读与分析

5.1 数据时代

电商相比线下企业拥有着无可比拟的先天优势，那就是电商对一切活动都可以数据化，良好的数据分析与解读能力对于店铺的日常运营、广告投放、绩效考核等具有重大意义。

目前淘宝有很多数据类产品，官方出品的有量子恒道统计和数据魔方（标准版 / 专业版）。相对而言，量子统计更多的是关注店铺内部的数据，如流量数据、销量数据等，而数据魔方则提供了更多行业类数据进行参考。

本章主要针对店铺内部数据进行解读与分析，我们选取的所有数据都来源于自己店铺的量子恒道统计后台。

5.1.1 紧抓店铺核心数据

店铺在实际运营过程中会产生大量数据。不仅包括流量数据、销量数据，还有客户来源地、客服回复、成交转化等数据，所有这些数据都是有用的，但不一定每个数据对店铺的影响都重要。

在时间和精力有限的情况下，选择店铺核心数据进行解析，无疑会大量节约我们的时间，而对于重要数据的把握，则可以保证我们从这些数据中获取对店铺运营有重要影响的信息，帮助我们进行下一步的决策。

5.1.2 用数据指导网店运营

数据无处不在，它贯穿网店运营的始终，数据是一切运营的基础，很多问题从自己店铺的数据中都可以获知答案。

例如，关联推荐是否有效，宝贝详情页设计是否吸引人，店铺产品定位是否精准等，通过对相应数据的解读和分析，就可以有一个清晰的认识。

假设为了提高用户体验，店铺近期进行了一个大的改版，从首页到宝贝详情页都有了很大的变化。那么如何得知这次改版是否成功呢？这里，数据分析将提供重要的支撑。可以对比改版前后的首页停留时间，点击率是否增加，对比宝贝详情页的停留时间、跳失率、平均访问深度、转化率是否有所改善，还可以对比改版前后的浏览回头率。只有这样系统性的数据分析才是有意义的数据分析，才能正确指导店铺的实际运营。

假如仅仅对比改版前后的销售额数据，恐怕就是一种错误的、片面的数据分析，因为销售额的影响因素有很多，而不能单单根据网站设计来进行判断。

5.2 流量数据：店铺健康晴雨表

流量是店铺生存的生命线，是一切店铺活动的基础。没有流量的店铺，再好的产品和设计，再有竞争力的价格都无法产生实际的销售。

于是，各种各样的流量入口成为兵家必争之地，关键词搜索、类目、各种活动、直通车、钻展、淘宝客、微博、论坛、蘑菇街等，大家都使出浑身解数，想尽一切办法让自己店铺的流量更多一些。

但是，大家会慢慢发现，流量终归是有限度的，而且不是所有流量都是有效的，很多流量非但无法为店铺带来成交，反而会拉低各项数据指标，影响店铺整体权重。

本节没有任何针对流量提升的方法，而是对一些流量数据进行解读，试图让大家从流量数据中挖掘更多对店铺有用的信息。

首先，我们有必要对一些常见数据指标做简要的说明。

UV（独立访客）：即 Unique Visitor，访问您网站的一个客户端为一个访客。00:00 ～ 24:00 内相同的客户端只被计算一次。

PV（访问量）：即 Page View，页面浏览量或点击量，用户每次刷新即被计算一次。

本节我们将重点对有关流量的 4 个数据进行深入剖析，分别为流量比例、平均访问深度、停留时间和浏览回头率，如图 5-1 所示。

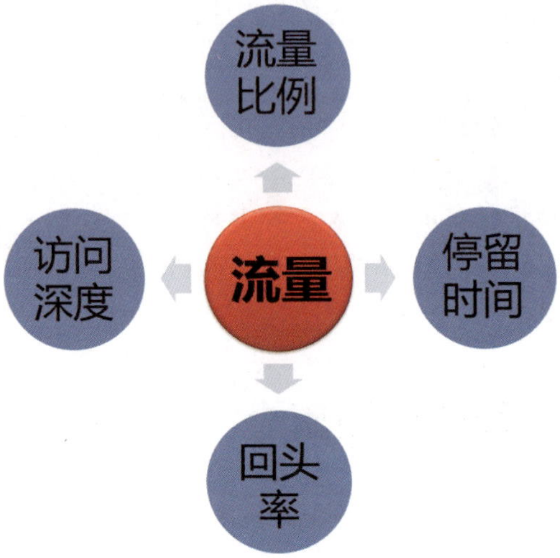

图 5-1　流量的 4 个数据指标

5.2.1 流量比例

一句话解读：均衡比例，维持店铺健康发展。

淘宝目前的流量来源大致分为两种，一种是来自宝贝标题的 SEO 优化、用户收藏夹、老客户回访等途径的免费流量，另一种是来自直通车、钻展、硬广等的付费流量。

而本节中所讲到的流量比例，就是指一个店铺免费流量和付费流量的比值。

对一个店铺而言，维持各项流量比例的均衡，对于店铺健康发展是大有裨益的。

如果是一家新开的店铺，前期往往免费流量很少甚至没有，那么想让店铺快速起步，就需要引入很大一部分的付费流量，有些店铺前期的付费流量占比甚至达到 90%；而随着销量的提升和老客户的积累，慢慢的店铺会有一定比例的免费流量，这个时候付费流量的比例才会下降。

随着店铺的进一步发展，很多大卖家在成熟期拥有非常明确的店铺定位，也有相当比例的重视粉丝，他们即使不花钱做任何广告，也可以保持相当高的访问量，创造很多中小卖家难以企及的销售额，但是，这是否意味着他们完全不需要付费流量了呢？答案取决于这家店铺未来的发展意愿。

在当今竞争如此激烈的环境下，不主动获取新流量、拉拢新客户是一件很危险的事。当别人都在奋力奔跑的时候，如果你只是缓缓而行，那么相信过不了多久，你就会被大部队落下很远。

店铺需要不断发展和壮大，那么保持一定的广告投入，吸引新用户的关注就是非常有必要的。

一般而言，笔者的建议是，新起步的店铺，商业流量占比可以高一些，70% 甚至更高都是可以接受的，因为起步阶段在所难免；而店铺发展中期，这个比例可以慢慢下降到 50% 左右；而到了成熟期，拥有 30% 的商业流量比例则相对而言比较健康。如图 5-2 所示。

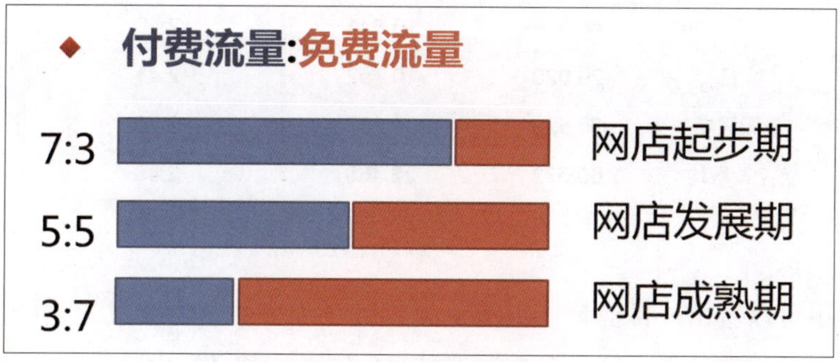

图 5-2 网店不同时期的流量比例

5.2.2 平均访问深度

一句话解读：更多浏览，创造更多销售机会。

平均访问深度即用户平均每次连续浏览的店铺页面数。

平均访问深度 = 浏览量 PV/ 访客数 UV

相对于单纯追求 PV 和 UV 的绝对值大小，这二者的比例关系有时也显得非常重要。

访问深度对于一家店铺而言，是一个相对比较重要的数据指标，尤其是女装等服饰类、母婴类卖家，如果访问深度低，很难有比较高的店铺转化率。

与线下店面用户浏览行为类似，想象一个用户在逛一家服装店，她看到的衣服越多，相对而言购买的可能性越大。如果她进入店铺只看见了一件衣服，那么除非这件衣服她特别喜欢，否则就没有下单购买的可能。

同样，店铺里访问深度的数据也很大程度上影响着用户购买的可能性，用户看过的宝贝数越多，购买概率越大。

如图 5-3 所示就是某家店铺量子恒道里给出的访问深度数据。

	浏览量(PV)	访客数(UV)	平均访问深度
今日	44,319	16,841	2.49
昨日	29,030	10,752	2.41
上周同期	95,628	36,337	2.45
前7天日均	60,572	22,465	2.48

图 5-3 平均访问深度示例

从图 5-3 中可以看出，目前量子恒道只提供截至当前时刻，今日、昨日、上周同期和前 7 天日均的访问深度数据。这几个数据因为对店铺而言意义重大，需要对其做长期解读，所以要单独进行跟踪记录。后面会做进一步讲解。

对于平均访问深度，我们还可以有更深层的解读。

大部分情况下，用户的购买行为都是发生在浏览单品的时候，而很多店铺无论大小，基本都会投放广告，做相应的引流工作。

那么，我们这里要提出一个全新的概念，叫做平均引流成本。

平均引流成本 = 平均点击价格 / 平均访问深度

如何理解呢？想象一下，一家女装店铺通过直通车引流，关键词的平均点击价格为 1 元。如果这家店铺的平均访问深度只有 1，也就意味着，花 1 元钱引入的流量平均只能看到一个宝贝，那么他的平均引流成本就是 1 元钱；而如果访问深度为 4，也就意味着每引入一个用户（流量），基本都会看 4 个页面，假定这 4 个页面都是宝贝页，也就是说花 1 元钱为 4 个宝贝创造了被浏览的机会，那么这家店铺的平均引流成本就降到了 0.25 元，如图 5-4 所示。

店铺	关键词点击价格(元)	平均访问深度	平均引流成本(元)
A	1	1	1
B	1	2	0.5
C	1	4	0.25

图 5-4 平均引流成本计算表格

所以我们可以把平均访问深度称之为流量放大器，它可以帮助我们以点带面，将流量价值最大化。

如果之前我们想尽一切方法提升关键词质量得分，降低关键词点击价格，就是为了降低引流成本的话，那么从现在开始，我们是否也应该关注一下“平均访问深度”这个“流量价格杀手”的指标了呢？

既然大家都知道平均访问深度这个数据的意义和重要性了，接下来想办法如何提升它，才是更关键的。

基本上，这个数据值会处于一个相对比较稳定的区间，很大程度上跟店铺的视觉设计、产品结构、老客户比例等有很大关系。如果想要优化平均访问深度，笔者的建议是可以从以下三个方面入手。

首先是更加合理的商品结构，有的人认为访问深度低的原因在于店铺商品 SKU 不足，于是想尽办法增加商品数量，但结果并不能达到预期的效果。

从买家角度出发，如果是服饰类，更多的人希望可以一次性购买一整套，不但帮助他们解决了服装如何搭配的难题，而且省得再花时间和精力去寻找其他合适的搭配；而像母婴类产品的买家，育儿用品需要用到的产品有很多，她们则希望可以在同一家店铺同时购买到所有需要的商品，四处挑选总归是件很麻烦的事情；如果是喜欢吃零食的白领一族，更希望同时买到不同种类的零食来尝鲜，那么只卖山核桃的卖家，除非特别有特色，否则就不如同时卖山核桃、碧根果的卖家生意好。

从买家的喜好和需求出发，不是单纯的增加店铺商品的 SKU 数，而是能满足用户一站式购物需求的合理搭配的商品结构，才能更加吸引用户浏览更多的商品页面，从而提高店铺的平均访问深度。

除了合理的商品结构外，在哪里摆放和如何摆放这些有内在相关性的商品也是关键。

于是，提升平均访问深度的第二个建议就是更加有效的关联推荐。

说起关联推荐，有些店铺的做法很简单，就是粗暴地把店铺热卖的、库存多的、评价好的、新上市的产品统统堆在宝贝详情页第一屏的最上方，期待用户可以在第一时间看到其他商品并点击进去。

殊不知，这样的做法往往适得其反，非但不能提升店铺访问深度，达到销售更多商品的初衷，反倒可能引起用户反感，直接关闭浏览器去逛别人家的店铺。因为线上不同于线下，店铺与店铺之间的距离仅仅隔着电脑显示屏上一个鼠标单击的距离而已。

有效的关联推荐，一是尽量减少引起客户反感的程度，二是为用户推荐有用的商品，提高推荐商品的点击率。而且淘宝网最新的搜索规则特别提到关联推荐，头部过多的关联推荐会影响店铺权重，进而影响店铺商品的搜索排名。

目前，淘宝的关联推荐可以在宝贝详情页的头部、底部和左侧，这里重点讲头部和尾部。我们来参考一下几位大卖家的实际情况。

如图 5-5 所示，商品详情页的头部是一个类似品牌宣传区的广告区域，没有通常意义上的商品推荐，他们把关联商品的推荐放到了详情页底部，用了 1.5 屏的大小。相信这样的内容编排不但能让用户浏览体验更好，还能增强用户对品牌的认知度，提升品牌影响力。

图 5-5 关联推荐案例 1

如图 5-6 所示的店铺，则拥有典型的详情页头部商品推荐区域，当前商品为女裤的前提下，在推荐区域为买家推荐了其他类型的牛仔裤，与牛仔裤搭配的外套、T 恤等，占用了 1.5 屏的区域；而页面底部则没有其他推荐商品。1.5 屏大小的推荐，相对而言，也是在普通用户可以承受的范围内。

图 5-6 关联推荐案例 2

如图 5-7 所示的关联推荐，相对而言，则要大胆的多。在描述页头部堆积了超过 4 屏的推荐商品，底部还有 3 屏。打开这家店铺的任何一个商品，你都很容易陷入无论怎样拖动鼠标似乎都找不到当前描述商品的境地，没耐心的用户恐怕会选择一走了之。

图 5-7 关联推荐案例 3

但是，是否这样就代表这家店铺的关联推荐很失败呢？也不一定。

适合自己店铺的才是最好的，不同的用户群体拥有不同的喜好。图 5-7 所在的店铺，在内衣类目中是排名前三甲的店铺，相信他们有非常多的数据支撑来让他们长年累月的选择这种“堆砌式”的关联推荐，或许他们的偏年轻化的用户群体就是喜欢这种满屏的商品可供慢慢挑选的感觉。

但看得出来，他们在摆放这么多关联推荐商品的同时，也下了很大一番工夫。首先，不同的商品品类会有图片尺寸、色调上的明显区别，而且还会用突出的 banner 隔开不同系列，以此让用户的眼睛得到休息和停留，获取更高的访问深度和更好的用户体验。

提升店铺访问深度的第三个建议是更加吸引人的商品布局。

这个概念和线下服装店的商品陈列非常类似。如何摆放自己店铺内的商品，也是一门学问。找到最适合自己店铺的商品布局和关联推荐方式，满足自己店铺用户群体的视觉需求，才能提升店铺整体的访问深度，真正发挥其“流量放大器”的效用。

5.2.3 停留时间

一句话解读：用户停留时间长度决定店铺销售。

人均店内停留时间 = 访客总访问时间 / 访客数

同样对比线下，用户在一家店铺逗留的时间越久，购买产品的可能性越大。线上情同此理。一家店铺的商品越吸引人，活动越诱人，用户的停留时间越久，最后也越容易下单购买。

如图 5-8 所示就是某家店铺人均店内停留时间的实际截图。可以看到，这家店铺的人均停留时间基本在 500 秒左右，也就是每个用户平均会在这家店铺浏览 8 分钟左右。

	浏览量(PV)	访客数(UV)	平均访问深度	人均店内停留时间(秒)
今日	46,874	17,711	2.49	409.00秒
昨日	29,030	10,752	2.41	597.00秒
上周同期	95,628	36,337	2.45	438.00秒
前7天日均	60,572	22,465	2.48	500.75秒

图 5-8 人均店内停留时间示例

但这里需要说明的一点是，我们从量子恒道后台所查看的停留时间，不是真正意义上所理解的停留时间，统计从一个用户进入一家店铺的时刻算起直到离开这家店铺的时间点截止的时间段，因为网页技术的限制，没有一个类似计时器的东西可以帮我们精确统计用户到底停留了多久，而是一种近似的计算，这其中舍弃了一部分时间。大家可以通过如图 5-9 所示的计算方式来了解一下。

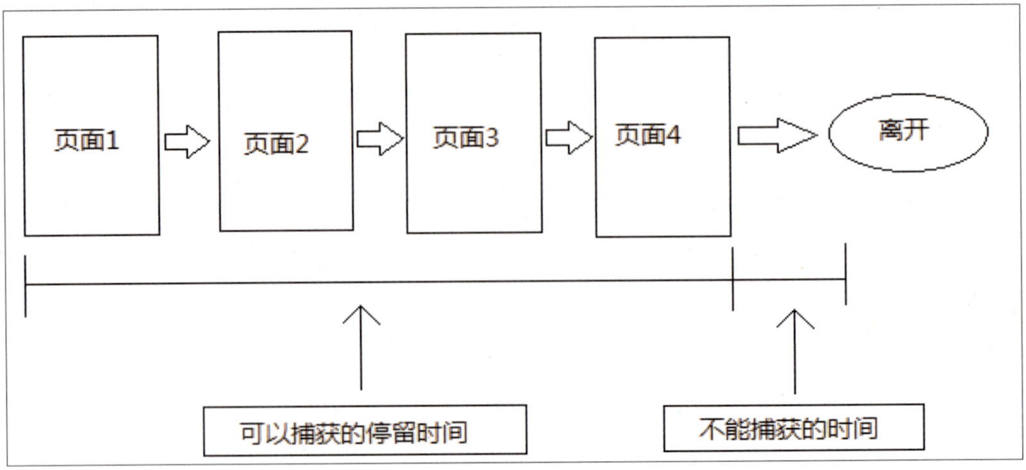

图 5-9 人均停留时间计算方式

换句话说，这也是目前的店铺人均停留时间的计算公式。

停留时间＝用户访问最后一个页面的时间点－用户访问第一个页面的时间点

这也意味着，实际的用户停留时间往往要比我们在量子后台看到的长一些。

停留时间也并非越长越好，用户购物是有一个最佳购物时间的，如果停留时间过长，要么可能是单品价格偏高，用户需要更长时间考虑才能决定购买；要么就是页面还没有完善到可以让客户毫不犹豫下单的程度，因为用户有疑虑，所以才会需要更多时间来查看和考虑。

但停留时间太短，一定会影响实际的店铺转化。这很可能表示店铺商品缺乏基本的吸引力，没有让用户停留的理由。

停留时间的影响因素，比较重要的有以下三点。

第一，商品的丰富程度。

一家正常的店铺，如果商品数量过少，可能造成用户在没有更多可选商品的情况下离店而去。丰富的商品可以给用户更多的选择，相应的也会有更长时间的停留。

第二，商品导购是否清晰。

同样以线下为例，没有导购员的情况下，我们可能进店里晃了一圈就出来了，但如果有一个优秀的导购员，给我们介绍商品的特性和优点，我们就会多停留一段时间。

线上虽然没有导购员，但购物路径的设计、导航条、图标等，都是一位无声的导购员，带领用户浏览我们店铺的各个页面和商品。

第三，其实和我们的店铺活动有关，一个有诱惑力和吸引力的活动，同样能让用户更多的停留在店铺中。

5.2.4 浏览回头率

一句话解读：不要太高，也不要太低。

浏览回头率即浏览回头客占店铺总访客数的百分比。

目前量子恒道后台统计的浏览回头率是过去 6 天的数据，也就是 6 天之内在本店浏览过的用户，今天又重新回到店铺浏览的比例，成为浏览回头率。如图 5-10 所示。

	浏览量(PV)	访客数(UV)	浏览回头率
今日	46,874	17,711	6.49%
昨日	29,030	10,752	19.84%
上周同期	95,628	36,337	10.97%
前7天日均	60,572	22,465	13.68%

图 5-10 浏览回头率示例

如果大家仔细观察，可能会发现一些奇怪的现象。查看当天的浏览回头率，有些店铺上午的回头率一般低于平时的平均水平，到了晚上 6 点以后又逐渐回到平均值水平。这说明这家店铺的一些浏览回头客习惯下班以后上网购物，或者这家店铺早上的广告投入比较大，引入的新流量比较多。

浏览回头率，一个也许会被不经意间忽视的数据，其实也有更多深层的意义可供解读。

首先，从这个数据可以判断一个店铺的类型，是属于筛子型的店铺还是磁石型的店铺。

筛子型店铺的典型特征是浏览回头率偏低。说明之前费尽千辛万苦拉来的访客，基本很少有人愿意回头。这是一个危险的信号，这样的店铺对用户缺少吸引力，因为难以留住用户，后期就需要不断地开拓新客户，店铺的运营压力会非常大。

与此相反的是磁石型的店铺，这类店铺的流量或许不大，但浏览回头率却很高。说明凡是进来的用户都被店铺、商品、风格等元素所吸引，愿意一而再，再而三的回来继续逛，做有特色的、让用户喜欢的、浏览回头率高的店铺，将会是未来的发展趋势。因为流量成本越来越高，如果一家店铺只能靠活动、广告不断引入新流量，而无法让这些用户回头，将会做得非常痛苦。

既然如此，是不是说一家店铺的浏览回头率越高越好呢？并不尽然。

如果一家店铺的浏览回头率过高，则说明这家店铺近期引流比较少，新客户不多，大多都是老客户的回访造成的。就如我们前面所说，要保持店铺的健康发展，一定比例的引入新流量是非常有必要的。

浏览回头率这个数据的优化，除了店铺自身的吸引力之外，还可以通过其他方法来进一步加强。

首先保持一定的上新频率，这个对于女装店铺而言显得尤其重要。对于女性而言，新款上市和清仓打折是最能吸引她们注意力和下单购买的理由。有些做的比较成功的店铺，上新日成了老客户的疯抢日，可见魅力之大。

除了上新外，也可以利用店铺自身的活动去吸引用户的关注，以此来养成用户定期光顾店铺的习惯。习惯的力量是惊人的，当你发现越来越多的客户已经习惯于每天登录到你的店铺逛逛的时候，相信你的店铺离成功已经不远了！

5.2.5 店铺跟踪统计表

由于目前量子统计中的很多数据只能查看近期的，而没有办法长期留存，所以我们很有必要对关键数据每天跟踪记录，这个时候，一个简单的 Excel 表格就能满足我们的需求。

如图 5-11 所示就是一个可以对店铺整体流量数据指标做长期跟踪记录的 Excel 表格。

店铺跟踪统计表

	A	B	C	D	E	F
1	时间	PV	UV	访问深度	停留时间	浏览回头率
2	2011/10/6	7297	3652	1.91	330	5.42%
3	2011/10/7	8,189	3,934	1.99	352	5.72%
5	2011/10/9	9,105	4,183	2.09	335	6.29%
6	2011/10/10	9,557	4,581	1.98	331	6.11%
7	2011/10/11	10,003	4,803	1.98	351	5.89%
8	2011/10/12	9,201	4,084	2.15	345	7.88%
9	2011/10/13	8,352	3,791	2.11	369	8.39%
10	2011/10/14	7,189	3,291	2.09	390	8.66%
12	2011/10/16	3,786	1,714	2.11	398	9.86%
13	2011/10/17	7,200	3,321	2.06	350	8.34%
14	2011/10/18	6,673	3,069	2.09	344	7.56%
15	2011/10/19	7,639	3,392	2.13	354	7.22%
16	2011/10/20	6,644	3,281	1.95	311	6.89%

图 5-11 店铺跟踪统计表示例

5.3 服务与退款

一家店铺的服务水平，不但对是否有稳定的老客户产生二次或多次购买有影响，而且对于这家店铺的新客户引入也有影响，因为店铺整体服务水平会在很大程度上影响店铺权重，进而影响店铺通过淘宝搜索带来的免费流量的大小。

5.3.1 DSR 动态评分

DSR 评价系统是独立于淘宝卖家信用等级之外的另一个店铺运营参考指标。买家在交易完成后，除了可以对卖家做好评、中评和差评的信用评价之外，还可以通过匿名的方式为卖家留下更加详细的卖家服务评级，即 Detailed Seller Ratings，简称为 DSR。无论作为卖家还是买家，他们都只能看到卖家评级分数的平均值，因此卖家无法分辨具体是由哪位买家留下的特定评级。

DSR 是一个长期的用户信用评级系统，纯粹由用户来做单方面的考核和打分，而且随着销量的增长，以及评价数量的增加，很难在短时间内立刻改变这个评分。

DSR 评价系统是对一个店铺运营实力的综合考核指标，店铺运营越久，改变起来难度也越大。现在不但淘宝各项活动报名都将 DSR 评分纳入硬性门槛，而且淘宝的排名算法也对 DSR、好评率、退款率、退款纠纷率进行了综合加权。

所以大家务必要对 DSR 评分有更加清醒的认识，认真对待并努力改进。

如图 5-12 所示，DSR 三项评分分别为宝贝与描述相符、卖家的服务态度和卖家发货的速度。那么针对 DSR 评分的提升，其中一项工作便是针对这三条内容，做好相应的基础工作。

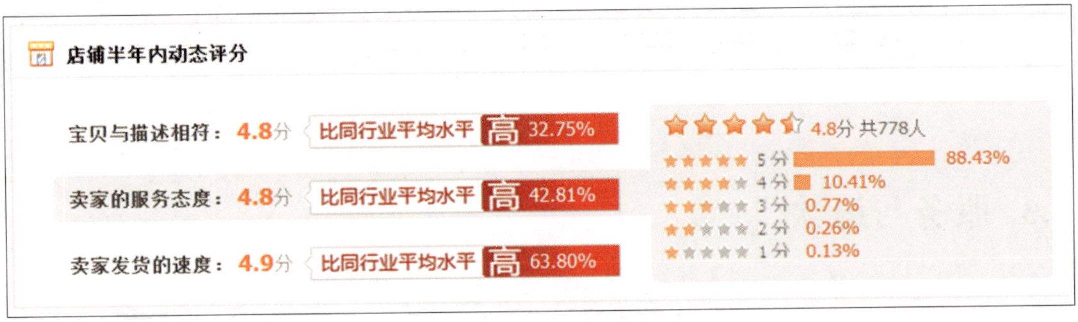

图 5-12　店铺动态评分示例

宝贝与描述相符：做好产品的拍摄工作，尽量减少色差，后期的图片处理也尽量保留商品本身特质，不过分美化，以免用户对拿到手的商品产生过大的心理落差。另外也可以在宝贝描述页尽可能多地展示商品细节，如实描述商品特性、不夸大、不虚假宣传。

卖家的服务态度：建立专业的客服团队，及时、清楚的与客户沟通，高效回复买家的旺旺咨询，很多店铺因为咨询客户多造成回复用户咨询过慢，容易给用户造成被冷落的错觉，有可能影响用户的服务评分。当发生问题的时候，不要推卸责任。以专业谦和的态度，立即处理问题，帮助用户解决。

卖家发货的速度：首先可以在商品描述中明确说明商品运送到各个省市大致所需要的时间，以及所选择的快递公司。如果周日不能发货，也要提前注明，这样让用户有一个正确的心理预期。也可以在发货的时候给用户发送短信通知，让用户随时了解自己商品的发货状况。另外，选择合适的快递公司也是卖家需要考虑到的，不是说发货以后卖家就对货物的配送没有任何控制力了，如果发现某些快递的递送时间超过买家的忍耐程度，那就要好好考虑是否该换一家快递公司合作了。如果遇上大促，快递爆仓这样的突然性事件，一定第一时间通知客户，或者在包裹中附上道歉信，对于用户情绪的安抚都是大有裨益的。

除了这个之外，很多时候用户的打分具有随意性，如果某一项能做到大大超出用户的期望，那么很多用户都会毫不吝啬的打上三个 5 分。

也有一些卖家会选择一定的激励措施，鼓励买家打满分，对于这样的做法，我们持中立的态度。毕竟，从用户的真实意愿出发，能做到真正令客户满意，从而赢得客户的芳心，远比一个漂亮的 DSR 得分有意义的多。

5.3.2 退款率

在 2011 年第三方电子商务交易平台高峰论坛上，商务部正式发布了《第三方电子商务交易平台服务规范》，鼓励平台经营者设立冷静期制度。这也就意味着，国家通过法规的形式，保护消费者自由退货的权利。如图 5-13 所示。

对于退货，乐淘网的 CEO 毕盛有一段很著名的言论："如果一款商品两个网站都有，选货到付款两个都订，哪个先到要哪个，把另外一个退回去。"

图 5-13　网购冷静期制度

对于一些用户而言，这无疑是一个不错的方法；但对于电商企业而言，会让人听了背后一阵发凉。

即使没有那么多恶意捣乱的坏家伙，正常运营过程中一样会产生一定比例的退货和退款。

如图 5-14 所示的这家店铺，最近 30 天总计退款次数 11241 次，也就是说，平均每天都会收到接近 400 个退货的包裹，再算上拆包裹、统计商品信息、核对退款用户信息、确认退款等，将会是一个庞大繁杂需要耗费很多人力和时间的工作。

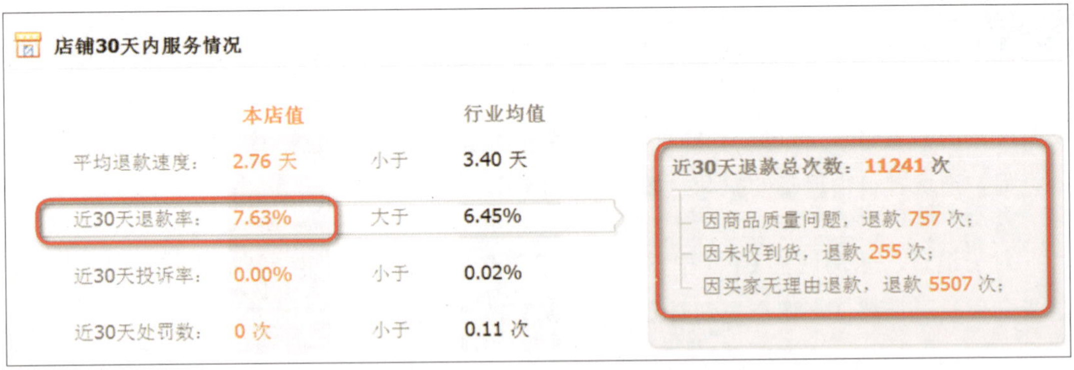

图 5-14　30 天退款率示例

退款不但加大售后客服的工作压力和心理压力，而且对店铺销售额的影响也是直接的。

不管是量子恒道还是数据魔方，我们看到的销售额数据都是有一定水分的，这部分水分就是退款额。在销售稳定的情况下，实际的成交额根据退款率就可以进行大致的预测。

$$月净成交额 \approx 月销售额 \times 退款率$$

如图 5-15 所示是在淘宝官方帮派公布的 2011 年双十二全民疯抢过后一周的店铺发货和退款情况统计表。

卖家nick	发货率	退款率	卖家nick	发货率	退款率
仙水	96.00%	20.92%	qingshanxiaozhang	81.14%	6.94%
cxa888	87.07%	16.48%	huaniaoyuchong83	91.13%	6.93%
zaobanhuoche75	98.61%	14.93%	小萍淘淘乐	96.51%	6.83%
清清名品	94.97%	13.41%	fineea	96.14%	6.82%
soso199	98.62%	12.40%	xlms1985	97.02%	6.79%
i9shop	98.56%	11.57%	windgarlic	97.84%	6.78%
jxdxpeng	98.53%	11.30%	johnsenhero	94.12%	6.68%
天才地才	97.30%	10.83%	吴恩泽鞋王	91.46%	6.52%
gxg格调馆	96.77%	9.91%	￥流行依夫￥	96.70%	6.43%
rachel0109_cn	92.07%	9.51%	prince4413	99.25%	6.38%
主流一点	86.23%	9.34%	ehomey	99.42%	6.32%
little_lazy	98.11%	9.34%	大集会	98.17%	6.24%
s2citylifezm	97.54%	9.30%	jinxiu0212	94.91%	6.22%
吴越之星	95.68%	8.97%	iiiiiiiiiiiiii懒猫ing	96.97%	6.21%
jqf918	77.24%	8.89%	邦邦商务	96.03%	6.17%
daichengqi_1983	97.29%	8.82%	巴黎花香	96.37%	6.17%

图 5-15 双十二后一周退款率统计表

我们看到，仅仅一周时间，有些店铺的退款率已经超过了 20%！也就等于对双十二当天的销售额打了八折。更有甚者，我们还发现了超过 200% 退款率的商家，如图 5-16 所示。

图 5-16 258% 的超高店铺退款率

之所以出现这样的情况，是因为大促活动过后，销量直线下降，而退款率居高不下，才造成了 258% 的惊人退款率的情况。

退货对于一些店铺的打击是致命的，有很多上过大型活动之后店铺突然死掉的，很大一部分原因都是被大量用户退回之前所销售出去的商品所造成的。

所以，退款率不单单是售后部分的事情，更应该将这个指标作为运营部门一个要经常关注的数据进行深入分析和改进。

对于退款率的改进，首先从对退款率分析开始。

分析退款率，可以从两方面入手，一个是分析高退款率的商品，另一个是分析高退款率的理由。

从店铺后台可以下载所有的商品退款订单详情，找到退款率最高的一个或多个商品，就从这些商品着手，分析出为何这些商品的被退款的次数最多，看是商品质量问题，描述的问题，色差的问题还是别的什么原因，努力改进，如果没有办法改善，那也可以考虑将这些商品做下架处理。因为每一笔退款对于店铺而言都是一笔损失和开销，宁愿不卖，也不要卖了之后再让用户退货回来，这样对店铺影响也不好。

除此之外，还可以着手分析造成用户退款的原因。

用户在选择退货的时候，可以手动选择退款理由，从这里的数据也可以得到有益的启发。

如图 5-17 所示的 A 店铺和如图 5-18 所示的 B 店铺有很大的不同。

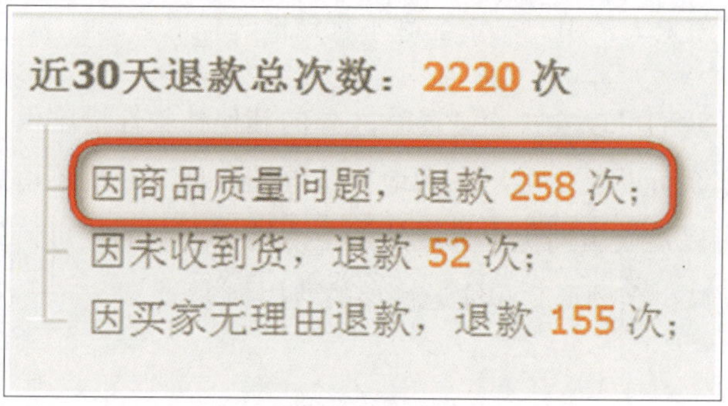

图 5-17 商品质量问题退款次数

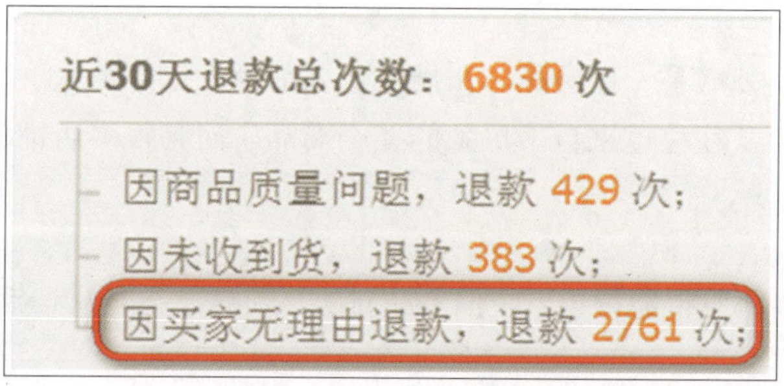

图 5-18 买家无理由退款次数

A 店铺因商品质量问题所造成的退款次数已经占到所有退款理由的 11.6%，而 B 店铺因无理由退款则占到了全部退款理由的 40.4%。

那是不是意味着 A 店铺的商品质量更差，而 B 店铺的买家更多时候愿意买来又退为了好玩呢？只看数据本身，还不足以得出这样的结论。

有很多店铺出于其他方面的考虑，会引导用户在退款的时候选择 7 天无理由退货。这种情况下，就需要店铺自己对用户退款理由做更详细的统计了。

如此，我们便得知了一个大概的用户高退款理由的情况，那么就可以针对这种现状做进一步的改善。

除此之外，我们还有其他几个小建议用于帮助大家优化退款率。

一个是做好严格的入库和出库检查，杜绝将有瑕疵的商品发到用户手中，要从根源上做好产品质量的把控；另一个是在商品描述中尽量还原商品本质，如果商品的图片和实物在用户心里造成的落差太大，用户一定会毫不犹豫地选择退款。

最后一个建议是我们可以安排除了退款之外的其他补救性措施供用户选择。比如仅仅是衣服扣子掉了，那么可以建议用户在当地找裁缝铺修理，并退还用户修补的费用；或者对心有不满的用户可以发放店铺优惠券或给予下次购买包邮的优惠，最差的也可以让用户选择部分退款，以此减少全额退款和往返快递的费用损失。

5.4 数据打造无敌单品

单品，也就是单独的某一件商品。在淘宝，大部分流量都是从单品进入店铺的，很多人对店铺的第一印象，往往也来自于单独的某个商品。而且很多店铺的销售额，完全由某个或某几个单品所支撑。

也许，得单品者不见得能得天下，但单品对卖家而言，绝对具有异乎寻常的重要性。

本节会从 3 个不同的维度对单品的数据做解读和分析，如图 5-19 所示，即跳失率、收藏率和转化率。

图 5-19 单品的 3 个数据指标

首先来了解一下用户访问商品的路线图，如图 5-20 所示。这张图基本还原了一个用户访问店铺的行为路线图，图中很清晰地标注了引发用户跳失、转化率和访问深度的几个结点。

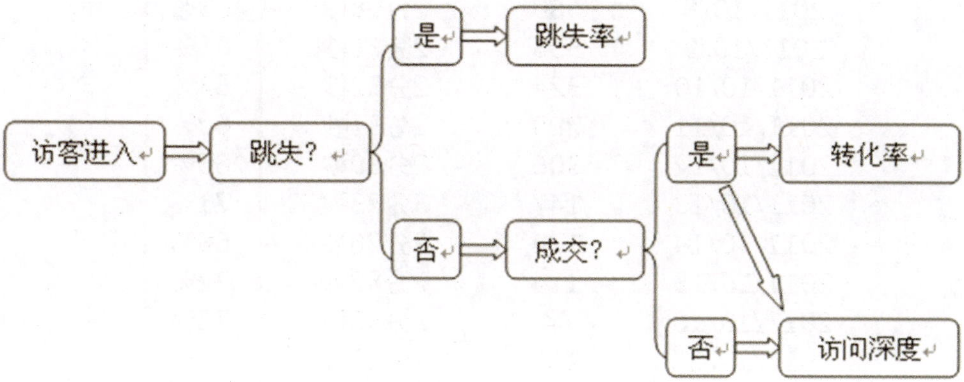

图 5-20 用户访问店铺行为路线图

5.4.1 跳失率

跳失率即顾客通过相应入口进入，只访问了一个页面就离开的访问次数占该入口总访问次数的比例。

针对单品的跳失率而言，就是用户从相应入口进入，只访问了当前宝贝页面就离开的人数占总访问人数的比例。

如图 5-21 所示显示的是某单品 12 天的跳失率跟踪统计表。可以看到这个单品的跳失率在 70% 上下浮动，而且有不断升高的趋势，可见是一个比较明显的信号。

对于店铺重点推广的产品，建议对其进行长期的数据跟踪。因为跳失率在很大程度上反映了当前产品的受欢迎程度，其比较重要的影响因素有以下三点。

第一，产品本身的吸引力，包括产品的款式、价格、外观、评价内容、描述等不够吸引人，到访的客户对当前商品不感兴趣，而且没有其他感兴趣的产品，于是造成了跳失率升高。

日期	宝贝页访客数	平均访问时间	跳失率
2011/10/6	582	2分40秒	69%
2011/10/7	610	3分0秒	74%
2011/10/8	580	2分58秒	68%
2011/10/9	555	2分31秒	61%
2011/10/10	324	2分52秒	64%
2011/10/11	295	2分37秒	62%
2011/10/12	306	2分39秒	65%
2011/10/13	147	3分23秒	71%
2011/10/14	124	2分26秒	66%
2011/10/15	114	2分52秒	72%
2011/10/16	44	3分58秒	72%
2011/10/17	103	2分13秒	76%

图 5-21 单品跳失率示例

第二，流量的质量问题，如果引流不够精准，用户群体与商品的契合度低，也容易引起跳失率提高。

第三，这个因素容易被大家忽略，那就是宝贝页面的加载速度。也许卖家自己的网络带宽很大，所以打开页面没有感觉到有任何加载慢的问题，但用户来自全国各地，且很多用户的带宽比较小，打开图片较多的宝贝时，就容易造成加载时间过长，让用户失去继续等待的耐心而关闭当前页面的状况。

对于这种情况，首先检查自己使用的图片空间是否为淘宝图片空间，这点可以确保打开速度在全国都在一个合理的范围之内，另外就需要对自己的宝贝描述页面进行减肥，删减过多的图片，对图片进行压缩和裁剪等，尽量让用户可以正常的打开页面。

优化跳失率，可以先从跳失率高的商品入手；另外要把控流量来源，做到精准引流，无价值的流量反倒会对店铺造成负面的影响，不要也罢；接着可以重点优化宝贝描述的前三屏以及最后一屏，因为这些地方是容易引发跳失的节点。在页面底部加上返回首页的链接，或者推荐其他商品，也是一个降低跳失率的好方法。

5.4.2 收藏率

收藏率，这是唯一在量子后台没有现成数据的指标，但可以通过下载报表非常容易的计算出来，而且这个数据对单品而言，意义也非常大。很多时候可以和转化率相提并论。

一句话解读：今天的收藏，明天的购买。

收藏量即收藏当前访问宝贝的用户占全部访问当前宝贝用户的比例。

宝贝收藏率 = 宝贝收藏量 ÷ 宝贝访客数

在量子后台通过查看或下载宝贝的被访数据，可以得到当天当前宝贝被收藏的数量，用收藏量除以宝贝访客数，就可以得到当前宝贝当天的收藏率。

如图 5-22 所示就是某宝贝连续 8 天统计的收藏率数据，因为访客数较少的缘故，所以收藏率数据的波动比较大，但基本也维持在 2% 左右。

日期	宝贝页访客数	收藏量	宝贝收藏率
2011/10/6	80	2	2.50%
2011/10/7	102	3	2.94%
2011/10/8	102	3	2.94%
2011/10/9	100	1	1.00%
2011/10/10	140	0	0.00%
2011/10/11	126	3	2.38%
2011/10/12	73	1	1.37%
2011/10/13	118	3	2.54%

图 5-22 单品收藏率示例

根据一些店铺的实际测算，从收藏夹点击进来的用户，实际成交购买的比例相对会比较高。所以，想办法提高当前商品的收藏率，也就成了一件比较重要的事。

关于提升收藏率，第一，建议有意识引导用户收藏当前宝贝，而不是单单收藏店铺。

第二，可以在宝贝页面的头部或者底部添加有关收藏当前宝贝的图片，并添加收藏链接，方便用户直接单击收藏当前宝贝。

第三，也可以在店内举办一些类似收藏有奖的活动，奖励用户的收藏行为，以此来提升单品的收藏率。

5.4.3 转化率

转化率即所有到达当前商品并产生购买行为的人数占所有到达当前商品人数的比率。

毫无疑问，转化率已经取代流量大小成为电商们最为关心的数据指标。因为流量终归是有限的，如何把有限的流量更加充分的利用好，才是各家电商内功实力的真正比拼。

如图 5-23 所示是某商品 8 天的转化率跟踪统计表。

日期	宝贝页访客数	平均访问时间	跳失率	当日销量	宝贝页转化率
2011/10/6	582	2分40秒	69%	2	0.34%
2011/10/7	610	3分0秒	74%	4	0.66%
2011/10/8	580	2分58秒	68%	2	0.34%
2011/10/9	555	2分31秒	61%	4	0.72%
2011/10/10	324	2分52秒	64%	0	0.00%
2011/10/11	295	2分37秒	62%	2	0.68%
2011/10/12	306	2分39秒	65%	3	0.98%
2011/10/13	147	3分23秒	71%	3	2.04%

图 5-23 单品转化率示例

关于转化率有太多的话题可以聊，在《数据化营销》这本书中，有三分之一的篇幅都在讲“转化率”这个小小的数值。

我们在这里不做过多的展开分析，而是从另外一个角度，看看转化率和其他几个单品的数据指标结合起来，会给我们带来什么有益的启发。如图 5-24 所示。

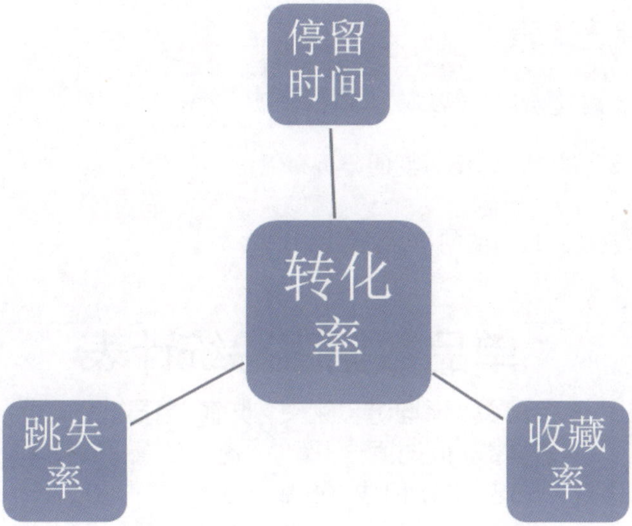

图 5-24 转化率与其他数据的关系

我们首先来看一个商品的跳失率和转化率的关系。

假设某款单品 A，跳失率很低，但转化率不高。那么这样的商品可以说是非常好的引流单品，适合通过它来为其他商品引入流量；而如果跳失率很高，转化率不高，那么这样的商品绝对不适合作为店铺重点推广的商品，因为毫无疑问会浪费投入的广告费。

停留时间和转化率结合起来，比如某些商品的停留时间非常短，但转化率却非常的高。会不会有这样的商品呢？答案自然是有的。很多话费充值、虚拟类、QQ 增值业务类，都属于这类商品的范畴，大部分到访的用户都对商品非常熟悉，不需要花太长时间研究商品的描述等，直接付款买单就行。但也有些商品是停留时间很长，但转化率不高的，这类商品的特点一般是单价比较高，描述还不够完善，用户需要更多时间来下决心购买。对于这样的商品，考虑如何增加用户的信任度是件很重要的事。

收藏率和转化率呢？收藏率高，但转化率低的商品，说明商品本身很有吸引力，但没有打动用户立即下单购买。这类商品如果是单价比较高的，同样也要想办法博得用户的信任。另外也可以想办法通过活动等方式吸引用户即刻下单，比如限时折扣或者赠送礼物的方式，都可以尝试。

5.4.4 单品跟踪统计表

前面提到店铺跟踪统计表，同样，我们也建议大家对于店铺重点推广的商品建立单品跟踪统计表，进行长期记录，以便后期的分析和优化。

如图 5-25 所示就是一张示例的单品跟踪统计表。

单品数据跟踪统计表

日期	宝贝页访客数	平均访问时间	跳失率	收藏量	当日销量	宝贝页转化率	宝贝收藏率
2011/10/6	582	2分40秒	69%	8	2	0.34%	1.37%
2011/10/7	610	3分0秒	74%	9	4	0.66%	1.48%
2011/10/8	580	2分58秒	68%	11	2	0.34%	1.90%
2011/10/9	555	2分31秒	61%	12	4	0.72%	2.16%
2011/10/10	324	2分52秒	64%	5	0	0.00%	1.54%
2011/10/11	295	2分37秒	62%	10	2	0.68%	3.39%
2011/10/12	306	2分39秒	65%	5	3	0.98%	1.63%
2011/10/13	147	3分23秒	71%	4	3	2.04%	2.72%
2011/10/14	124	2分26秒	66%	2	0	0.00%	1.61%
2011/10/15	114	2分52秒	72%	1	0	0.00%	0.88%
2011/10/16	44	3分58秒	72%	1	0	0.00%	2.27%

图 5-25 单品跟踪统计表示例

数据很多时候仅仅是几个数字而已，如果不去对这些数字做进一步的分析和挖掘，那么这堆数字对于店铺而言就没有任何意义了。

通过前面的章节，我们掌握了对店铺核心数据解读和分析的基本技能，希望大家能在以后的实际店铺运营过程中，灵活运用，通过数据指导店铺运营，为店铺创造更大的价值。

电商图书
旗舰品牌
博文电商
全面拯救你的店铺！
淘宝(天猫)这么玩才赚钱！
淘宝大学卖家秘籍 官方权威作品！
集20位淘宝大学老师与核心卖家多年经验，
从卖家角度出发，诠释如何做好淘宝（天猫）！
官方微信：
wangshang03
视觉不哭
美人心计
运营不累
弹指神通
客户不丢
收心大法
精品电商图书
O2O来了
品途网O2O入门级教程，国内外O2O案例对比写作！
移动营销圣经
移动互联网时代网络营销箴言
传统企业电商实战策略
传统企业做电商、上天猫就该这样玩！
左手微博 右手微信
上百个微信微博运营案例大揭密，一本书掌握微营销的奥妙
跨境电商 阿里巴巴速卖通宝典
阿里巴巴官方作品！
中国淘宝村
农村电商新趋势参考图书！
移动互联网营销宝典
微信、O2O、二维码、微店……能够落地的移动营销宝典
电商时代传统企业O2O之道
让您的O2O战略顺利落地执行！